CS 比 较 译 丛 40

比 较 出 思 想

比较
Comparative Studies

战争中的经济学家

经济学家如何影响世界大战的胜负

[新西兰] 艾伦·博拉尔德（Alan Bollard） 著

张极井 胡宇清 译

ECONOMISTS
AT WAR How a Handful of
Economists Helped Win and Lose the World Wars

中信出版集团｜北京

图书在版编目（CIP）数据

战争中的经济学家 /（新西兰）艾伦·博拉尔德著；张极井，胡宇清译 . -- 北京：中信出版社，2023.10
书名原文：Economists at War: How a Handful of Economists Helped Win and Lose the World Wars
ISBN 978-7-5217-5621-0

Ⅰ.①战… Ⅱ.①艾… ②张… ③胡… Ⅲ.①经济史－世界－现代 Ⅳ.① F119.5

中国国家版本馆 CIP 数据核字（2023）第 066227 号

Economists at War: How a Handful of Economists Helped Win and Lose the World Wars by Alan Bollard
Copyright © Alan Bollard 2020
Economists at War was originally published in English in 2020. This translation is published by arrangement with Oxford University Press. CITIC Press is solely responsible for this translation from the original work and Oxford University Press shall have no liability for any errors, omissions or inaccuracies or ambiguities in such translation or for any losses caused by reliance thereon.
Simplified Chinese translation copyright © 2023 by CITIC Press Corporation
ALL RIGHTS RESERVED
本书仅限中国大陆地区发行销售

战争中的经济学家
著者： ［新西兰］艾伦·博拉尔德
译者： 张极井　胡宇清
出版发行：中信出版集团股份有限公司
（北京市朝阳区东三环北路 27 号嘉铭中心　邮编　100020）
承印者： 北京盛通印刷股份有限公司

开本：787mm×1092mm　1/16　　印张：24.25　　字数：310 千字
版次：2023 年 10 月第 1 版　　印次：2023 年 10 月第 1 次印刷
京权图字：01-2020-2869　　书号：ISBN 978-7-5217-5621-0
定价：79.00 元

版权所有·侵权必究
如有印刷、装订问题，本公司负责调换。
服务热线：400-600-8099
投稿邮箱：author@citicpub.com

目 录

"比较译丛"序 V
序言与致谢 VII
七位经济学家之间的联系 XIII

第1章　跌倒七次，第八次还能站起来吗？
　　　　高桥是清在1934—1935年的日本 1
高桥是清如何学到专业技能？ 1
1934年：从萧条中拯救日本 21
1935年：约束军费开支 30

第2章　世界上最有钱的人？
　　　　孔祥熙在1936—1937年的中国 38
孔祥熙与中国第一家庭 38
1936年：当时中国的征税 52
1937年：争取外国援助 66

第3章　自封的经济奇才
　　　　亚尔马·沙赫特在1938—1939年的德国 76
"一个德国强人" 76
1938年：填补信贷短缺的新型票据 101

1939 年：为节省外汇而进行的贸易安排 …………………… 108

第 4 章　"在我们这个时代没有人比他更聪明"
　　　　　凯恩斯在 1939—1941 年的英国 ………… 119
"我为一个令我痛惜的政府工作" ……………………………… 119
1939—1940 年：如何支付战争费用 …………………………… 136
1941 年：国际清算联盟 ………………………………………… 154

第 5 章　精打细算的冰雪人
　　　　　列昂尼德·康托洛维奇在 1941—1942 年的苏联 …… 166
来自彼得格勒的男孩 …………………………………………… 166
1941 年：求解线性规划 ………………………………………… 180
1942 年：经济资源的最佳利用 ………………………………… 188

第 6 章　帮助制定轰炸战术的反战分子
　　　　　瓦西里·里昂惕夫在 1943—1944 年的美国 ………… 199
另一个来自彼得格勒的男孩 …………………………………… 199
1943 年：苏联经济形势报告 …………………………………… 213
1943—1944 年：投入产出法和大轰炸 ………………………… 221

第 7 章　"如果他们说轰炸在 1 点开始"
　　　　　约翰·冯·诺依曼在 1944—1945 年的美国 ………… 238
冯·诺依曼和其他美国人 ……………………………………… 238
1944—1945 年：轰炸、计算和模型 …………………………… 253
1945 年：博弈论与对抗 ………………………………………… 271

第 8 章　战后经济学家
　　　　　1946 年，战后的经济学家 ……………………… 278
"即使原子弹没有被投下" ……………………………………… 278

1946 年：东方的和平 ·· 280
1946 年：西方的和平 ·· 287

第 9 章　冷战中的经济学家
1946—1955 年的金钱、电脑和模型 ················· 313
孔祥熙的热钱 ·· 313
冷战中的冯·诺依曼 ··· 316
战时与和平年代的康托洛维奇 ···································· 325
和平时期的里昂惕夫 ··· 340

第 10 章　附录 战时经济学 ································ 349
战争对主要战时经济体的影响 ···································· 349
战时经济政策概述 ·· 351

参考文献 ·· 356

"比较译丛"序

2002年,我为中信出版社刚刚成立的《比较》编辑室推荐了当时在国际经济学界产生了广泛影响的几本著作,其中包括《枪炮、病菌与钢铁》、《从资本家手中拯救资本主义》、《再造市场》(中译本后来的书名为《市场演进的故事》)。其时,通过20世纪90年代的改革,中国经济的改革开放取得阶段性成果,突出标志是初步建立了市场经济体制的基本框架和加入世贸组织。当时我推荐这些著作的一个目的是,通过比较分析世界上不同国家的经济体制转型和经济发展经验,启发我们在新的阶段,多角度、更全面地思考中国的体制转型和经济发展的机制。由此便开启了"比较译丛"的翻译和出版。从那时起至今的十多年间,"比较译丛"引介了数十种译著,内容涵盖经济学前沿理论、转轨经济、比较制度分析、经济史、经济增长和发展等诸多方面。

时至2015年,中国已经成为全球第二大经济体,跻身中等收入国家的行列,并开始向高收入国家转型。中国经济的增速虽有所放缓,但依然保持在中高速的水平上。与此同时,曾经引领世界经济发展的欧美等发达经济体,却陷入了由次贷危机引爆的全球金融危机,至今仍未走出衰退的阴影。这种对比自然地引发出有关制度比较和发展模式比较的讨论。在这种形势下,我认为更有必要以开放的心态,更多、更深入地学习各国的发展经验和教训，从中汲取智慧，这对思考中国的深层次问题极具价值。正如美国著名政治学家和社会学家李普塞特（Seymour Martin Lipset）说过的一句名言："只懂得一个国家的人，他实际上什么国家都不懂。"（Those who only know one country know no country.）这是因为只有越过自己的国家，才能知道什么是真正的共同规律，什么是真正的特殊情况。如果没有比较分析的视野，既不利于深刻地认识中国，也不利于明智地认识世界。

相比于人们眼中的既得利益，人的思想观念更应受到重视。就像技术创新可以放宽资源约束一样，思想观念的创新可以放宽政策选择面临的政治约束。无论是我们国家在上世纪八九十年代的改革，还是过去和当下世界其他国家的一些重大变革，都表明"重要的改变并不是权力和利益结构的变化，而是当权者将新的思想观念付诸实施。改革不是发生在既得利益者受挫的时候，而是发生在他们运用不同策略追求利益的时候，或者他们的利益被重新界定的时候"。* 可以说，利益和思想观念是改革的一体两面。囿于利益而不敢在思想观念上有所突破，改革就不可能破冰前行。正是在这个意义上，当今中国仍然是一个需要思想创新、观念突破的时代。而比较分析可以激发好奇心、开拓新视野，启发独立思考、加深对世界的理解，因此是催生思想观念创新的重要机制。衷心希望"比较译丛"能够成为这个过程中的一部分。

钱颖一

2015年7月5日

---

* Dani Rodrik, "When Ideas Trump Interests: Preferences, Worldviews, and Policy Innovations," NBER Working Paper 19631, 2003.

序言与致谢

将军不能仅凭自己赢得战争。本书讲述了六个国家的七位经济学家在1935—1955年世界频繁爆发各类战争期间扮演的角色，其中涵盖了中国的抗日战争、第二次世界大战和冷战。这些经济学家来自不同的背景，有着不同的立场，面对不同的挑战。这是一个关于好与坏的经济思维、好与坏的政策、好与坏的道德立场的故事。尽管存在差异，但这七位经济学家也有相似之处或者互有联系。

1935—1955年是一个充满冲突、对抗和毁灭的时期，可能有多达8 000万人死于这一时期。以此衡量，这是世界历史上最糟糕的时代。也正是在这一时期，经济学家的技能被用来为军队融资、识别经济脆弱性以帮助战后重建。经济学开始被视为一种政策工具，经济学家作为顾问越发受到重视。宏观经济学、管理经济学、计算科学全部诞生于这一时期。

战争带来了许多创新与进步，经济学也不例外。政治经济学家罗伯特·多夫曼（Robert Dorfman）认为，凯恩斯宏观理论、投入产出分析、国民收入核算、线性规划、博弈论、一般均衡理论是20世纪最重大的六项经济学发展成果（Dorfman，1995，第305页）。所有这些成果都与本书中的经济学家有关，而且都是他们在战时斗争中发展或使用的。

战争也带来一些好处。第二次世界大战期间，经济学家从他们的经济管理实践中学到了很多东西。正是在这一时期，经济学从古典的自由放任原则和封闭经济体的临时财政管理，发展出了管理经济的多种新方法：这就是我们今天已了解的更为复杂的财政和货币稳定政策、对动态增长过程的理解、各国际机构在国际经济互动中的作用，以及利用经济理论、计算能力和数据方面的技术进步建立更复杂的数学模型。这些新方法加上政府职能的增强，最终在战后帮助人们实现了较好的生活水平。

本书聚焦的七位经济学家全部为男性（女性在经济活动中也扮演着重要的分析、计算、规划和组织的角色，书中也提到了几位，但多数情况下她们都是在幕后），他们当中有日本人、中国人、德国人、英国人、俄罗斯人和移民到美国的人。他们的经济学背景不同，有人自学成才，也有人学术性很强；他们的动机不同，有人爱国，也有人追逐私利；他们的职位不同，有人是政府高官，也有人是大学学者；他们的角色不同，有人处于核心决策层，也有人在大学从事象牙塔式的学术思考。

但他们也有很多共同点。他们当中几乎所有人都来自从事专业工作的中产阶层家庭，父母知识渊博，经历过艰难时期。几乎所有人年轻时都曾经历动乱和分裂，多数人在革命和战争期间经受过苦难，有时还会为个人和家庭的安全而逃亡。他们聪明过人，父母欣赏他们并给予支持（尤其是他们中的大多数都有一位既支持他们又有影响力的母亲）；他们设法获得了良好的教育，尽管有时是在极端情况下；他们挑战自己的良师，多数人还有颇具影响力的妻子。他们兴趣广泛，多数人因偶然机会才开始学习经济学；他们聪明又傲慢，在那个困难且不寻常的时期四处游历；他们有国际视野，愿意承担风险，勇于探索；他们与政治现实作斗争，不寻求利用经济学知识为战争服务；他们都很有韧性；这造就了他们的洞察力和影响力。

这些人都相信经济实力能够发挥作用，都对经济做出了贡献，这些贡献对政治结果和军事目的产生了影响。他们在不同制度下工作，具有不同的意识形态，但每个人都有一个强大的经济思维框架。他们种族不同，但都是（或成为）信奉决定论传统的基督教徒。从不同的方面来说，他们都是出类拔萃的人。

这七位经济学家都不是"战争贩子"（也许有一个人例外）。他们中的多数更喜欢安静的书房而不是战场，更喜欢钢笔而不是步枪。虽然他们下定决心执行战时任务，但他们中的大多数同样满足于研究经济发展、探索新思想，以及挣钱。他们并没有寻求战争，而是战争找到了他们。

这些经济学家中的大多数都知道其他人或互相认识。他们是否曾经想过他们之间是直接的对手，是梦想用新的经济武器打败另一方的经济学家，就像第二次世界大战北非战争期间，蒙哥马利将军把隆美尔将军的照片放在自己的营房里那样？或许没有，但他们都敏锐地意识到他们对经济的贡献能够如何改变国家的战时前景，也知道敌对国家是如何使用经济学家的。

他们的故事从20世纪30年代到50年代大致按时间顺序讲述。每一章讲述一位经济学家的故事，通过他的战时经历，回溯他的早期生活和经历，将故事连接起来。本书不是这七个人的完整传记，相反，叙述的重点是他们每个人面对的几个重大经济问题，以及他们是如何处理这些问题的，叙述按时间前后进行，并突出他们之间的互动。

故事从第二次世界大战的起源开始，一直讲述到冷战时期。我们的第一位经济学家是日本的高桥是清，他比其他几位都年长。事实上，本书是以他的死亡开场的，然后再回过头来解释，这样一位如此重要并多次出任日本大藏大臣的政治家，一个曾出色开拓债务市场并将日本从严重衰退中拯救出来的人，为什么在1936年却因他的财政信念而惨遭杀害。叙述接着转向被侵略的中国以及当时担任财政部长兼央行行长的孔祥熙的混乱生活，他周旋于士兵、军阀、帮派头目之间，在极为动荡的环境里筹措战时资金。与此同时，他也把自己的腰包填满，满到即使是今天的寡头们也只能在梦里想象。当中国需要援助时，他通过亚尔马·沙赫特与德国搭上关系。沙赫特是德国经济重建和军备重整的设计师，当时正心神不安地为纳粹工作。沙赫特是一个独断专行、纪律严明、教条主义的经济学家，与孔祥熙完全相反，他目睹了由自己提供资金的武器最终被用来入侵西欧。

由于对全面冲突毫无准备，英国不得不为战争努力筹措资金，从而严重依赖那位无所不知、固执己见的经济学天才约翰·梅纳德·凯恩斯的洞察力，他开创了经济管理的一种新思路，并展示出这种思路如何帮助支付战争费用。此时的欧洲风起云涌，苏联正陷入残酷的战争，那里有一位才华横溢的青年经济学者列昂尼德·康托洛维奇，他发现自己身在前线，处境危险。他一直在探索新的方法，以提高苏联工厂的运营效率，但被偏执的斯大林阻止，无法将他的技术应用于整个经济。

最终德国和日本战败，流亡美国的经济学家瓦西里·里昂惕夫和冯·诺依曼发挥了一定的作用，他们以各种方式运用经济学和数学使轰炸更有效和更致命。停战终于带来了和平,但随着冷战的爆发,东西方之间的对峙变得日益尖锐。随着紧张气氛升级,美国的冯·诺依曼和苏联的康托洛维奇运用他们的思想以帮助自己的国家,而里昂惕夫则试图促进和平的经济。

这些经济学家不都是道德上的英雄:没有某种程度的经济管理,重大战争将不可持续。也许有人会用第二次世界大战中更为复杂的经济管理来解释为什么会有这么多人被屠杀并造成如此巨大的破坏,附录概述了这些经济政策发挥作用(或失败)的许多不同方式,以及各种背景条件如何影响这些政策的有效性。

从根本上说,本书不是一部战争经济史,不是一部经济政策的学术研究,也不是一部传记研究,更不是一部关于在战时如何提高经济效率的指南。相反,本书描述了这些经济学家所处的复杂,有时甚至是可怕的境地,以及他们如何利用自己的经济学和个性去解决问题。这是一本关于经济学的书,但也是一个关于人性的故事。

军队一向知道人力、物资和补给线的重要性,但通常不考虑如何筹措资金,也不会考虑如何管理面临大规模军事破坏的经济。单凭战术高明的将军和聪明的政客无法赢得战争。他们也需要顶尖的经济学家。

我在此感谢所有提供过帮助的人,我在与他们的讨论中获得了很多有益的建议,我特别要感谢罗伯特·巴克尔(Robert Buckle)、珍妮·莫雷尔(Jenny Morel)、阿尔伯特·博拉德(Albert Bollard)、马克·哈里森(Mark Harrison)、凯蒂·毕肖普(Katie Bishop)、约翰·斯莫尔曼(John Smallman)、沙曼·巴克尔（Sharman Buckle）和迈克尔·詹斯（Michael Janes）。还要感谢牛津大学出版社。此外，我还要感谢原来的同事在注释、翻译和音译方面提供的帮助，特别是有关日本、中国和苏联的外文材料。相关版权已确保合规。

七位经济学家之间的联系

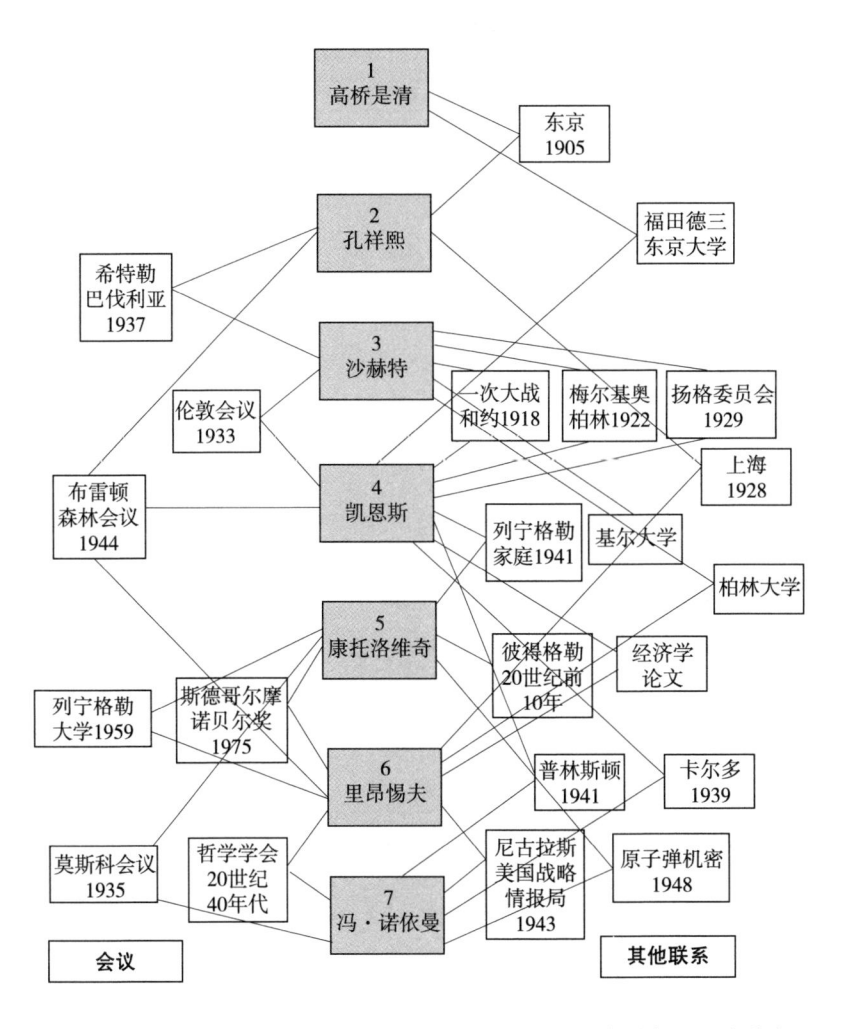

```
                    ┌─────────┐
                    │    1    │────────┬─ 东京
                    │ 高桥是清 │        │  1905
                    └─────────┘        │
                          │            ├─ 福田德三
                    ┌─────────┐        │  东京大学
   希特勒            │    2    │────────┤
   巴伐利亚─────────│  孔祥熙 │        │
   1937             └─────────┘        │
                          │        ┌─ 一次大战  ┌─ 梅尔基奥  ┌─ 扬格委员会
                    ┌─────────┐    │  和约1918 │  柏林1922  │  1929
   伦敦会议─────────│    3    │────┤           │            │
   1933             │  沙赫特 │    │           │            ├─ 上海
                    └─────────┘    │           │            │  1928
                          │        │           │            │
   布雷顿            ┌─────────┐    │           │            ├─ 基尔大学
   森林会议─────────│    4    │    │           │            │
   1944             │  凯恩斯 │────┴─列宁格勒──┘            ├─ 柏林大学
                    └─────────┘      家庭1941
                          │
                    ┌─────────┐    彼得格勒    经济学
   列宁格勒─┬───────│    5    │    20世纪前   论文
   大学1959 │斯德哥尔│康托洛维奇│    10年
            │尔摩诺贝│         │
            │尔奖1975└─────────┘
            │             │        普林斯顿    卡尔多
            │       ┌─────────┐    1941       1939
            │       │    6    │
            │       │ 里昂惕夫│
            │       └─────────┘
            │             │        尼古拉斯    原子弹机密
   莫斯科   哲学学会┌─────────┐    美国战略    1948
   会议1935 20世纪  │    7    │    情报局
            40年代 │冯·诺依曼│    1943
                    └─────────┘

   ┌──────┐                                    ┌──────────┐
   │ 会议 │                                    │ 其他联系 │
   └──────┘                                    └──────────┘
```

注：这七位经济学家在不同的地方过着不同的生活，但他们之间有着实际上和理论上的联系。上图按章节顺序列出经济学家，左边的方框标志着一些重要的面对面会议，一些经济学家在这些会议上相聚。右边的方框标出了其他的联系，如家庭关系、机构联系、共同居住的城市以及共同的工作。

近师者贵卖，贵卖则百姓财竭，财竭则急于丘役。
——《孙子兵法·作战篇》，公元前5世纪

制造的每一支枪，下水的每一艘军舰，发射的每一枚火箭，归根结底都是从饥寒交迫的人们那里偷窃来的。
——艾森豪威尔总统（前将军），1953年

第1章 跌倒七次,第八次还能站起来吗?

高桥是清在1934—1935年的日本

高桥是清如何学到专业技能?

东京,一个寒冷的冬夜,在黎明前的黑暗之中,士兵们安静地准备好步枪和刺刀,军官们身穿厚重的军大衣,佩戴着军刀。他们悄无声息地在军营前集结完毕后,沿着白雪覆盖的街道列队行进。在一座美丽的传统木结构宅院的大门前,队伍停了下来,门卫试图阻止他们并拼命打电话呼救,但一切已经太晚了。在军官的一声令下,士兵们粗暴地撞开大门,冲进住宅,在一间卧室里找到一位正在睡觉的老人,为首的两名军官拔出了军刀和手枪。

这位老人就是德高望重的日本政治家高桥是清。他曾担任过日本首相,并曾七次出任大藏大臣(即财政部长)。正是他运用现代财政、货币、汇率政策相组合的一揽子方案,成功阻止日本陷入大萧条。他也许是世界上第一个设计出这样一套政策的人。在经济学理论尚未认识到可以将这些政策手段相互关联使用之前,高桥是清就已在1934年将其付诸实践了。通过实施一揽子政策方案，他帮助日本建立了强大的经济。然而，不幸的是，强大的经济却被用来服务于军队，进行战争准备，最终使数百万人遭受了深重的苦难。高桥是清是20世纪30年代唯一一位敢于直面日本军部的政治家，与不可阻挡地滑向军国主义的大势进行抗争，通过制定有约束的现代财政政策，在一定程度上限制了1935年及之前军费的过度支出。为此，他也付出了生命的代价。

日本在19世纪末和20世纪初发动了两场重要战争，对东亚地区的格局产生了深远影响。高桥是清从这两场战争的经历中逐步学习到他的专业技能。第一场是1894—1895年的中日甲午战争，日本给予衰落的清王朝以羞辱性的打击，占领了朝鲜半岛，使朝鲜成为附庸国。第二场战争发生在10年后的1904—1905年，日本无可争辩地击败了俄国海军舰队，趁势扩张在中国东北地区的影响力，军事实力膨胀。

高桥是清是那个时代一位非常独特的日本绅士，他的人生经历极为丰富。1854年，高桥是清出生于江户（旧时的东京），他不寻常的成长经历与正处于巨变之中的国家命运交织在一起。他的父亲川村守房是江户幕府的御用画师，一个大吃大喝、喜欢参与各种热闹活动的人，并以酒量大而出名。尽管他已经有两任妻子和多名子女，而且年纪也大了，但他还是与一个名叫北原金的16岁漂亮女佣生下一个男孩，取名为和喜次。和喜次出生后不久，就被邻近的高桥家收养。高桥家是一个低级的武士家族（为江户幕府时期称为"足轻"的步卒），和喜次改姓高桥，由寡居的祖母喜代子抚养，祖母对他的成长产生了重要影响。

高桥是清出生的那一年，美国海军将领佩里率领舰队打破了日本的对外封锁，迫使其开放门户，带来了一系列重大变化。执政的幕府将军把权力交还给明治天皇，后者意识到需要与外部世界交流，并向西方学习。祖母喜代子是一个理性、独立且具有现代意识的人，她在这样一个纷乱的世界中养育着高桥是清。高桥是清从小就表现得机灵、早熟，具有惊人的学习能力。他引起了一位现代派高级武士的注意，他把高桥是清送到一位传教士的妻子那里学习，当时高桥是清只有10岁。高桥是清英语学得既快又好，与外国人交流也充满了热情。他11岁时就被横滨的英国特许商人银行（Chartered Mercantile Bank）雇为僮仆，开始了他漫长而多姿多彩的金融职业生涯。

大多数日本年轻人都被培养成安静和有礼貌的人，高桥是清则不同，他从小就非常喜欢社交，这种个性有助于他学习外语，但与其生父一样，高桥是清也喜欢寻欢作乐，如酗酒、赌博、加入欺诈妓女的东京帮派，这很快就给他带来了麻烦。后来他与其中一位年轻艺伎开始交往。他的家庭试图对他加以约束，但丝毫没有作用。

高桥是清向往能够出国旅行，去看看日本之外的现代化世界，这对当时的日本年轻人来说是非常稀有的机会。1867年，高桥是清只有13岁，他说服了一个武士家族为他安排去美国旅行。祖母喜代子尽其所能为他的旅行做准备，甚至把他祖父的武士刀也赠给他，并教他在需要的时候如何剖腹自杀。

跨越太平洋的海上之旅枯燥乏味，高桥是清与一位年轻的日本人同行，他们俩以捉弄其他乘客为乐，但也常常给自己惹来很多麻烦。轮船最终停靠在旧金山码头。高桥是清原以为他可以进学校读书，但这个愿望一直未能实现，最后只能给旧金山的一个家庭做了僮仆。接着在不知情的情况下，他又签了一份卖身契，把自己卖给了奥克兰的一个农场主做仆人。不久，他与农场的一名中国厨师发生了激烈争吵，那位厨师甚至举着斧头扬言要劈死他。年轻的高桥是清受到农场主的惩罚，他试图逃走，但被警告不能离开。后来，他被卖给另一个家庭。用他自己的话说，当时的日子不比奴隶好到哪儿去。

没有人愿意被奴役，高桥是清一直在寻找机会逃走，最后他终于逃到了太平洋沿岸。1868年，他设法登上一艘轮船并返回了日本。他发现国家正处于动乱之中，因为幕府军阀发动了武装起义，反对新成立的联合文官政府，高桥是清及其朋友加入了与政府对抗的地方武装。有一段时间，他们不得不逃离东京，躲藏起来。

最终，高桥是清回到东京安顿下来。他在教会学校得到一份教职，先是教英文，随后又增加了其他科目。虽然高桥是清没有受过任何正规教育，但他的外向性格和语言表达能力使他成为一名出色的教师，没有什么新的科目是他学不会的。然而，他的私生活依然放荡不羁，在教会的清规戒律以及与艺伎、帮派的酗酒狂欢之间任情恣性。

在出发去旧金山之前，他曾想与在帮派里认识的艺伎女友御君结婚。令人意外的是，他的祖母竟然同意了，也许是希望他能就此安定下来并确保他一定会回来。但御君已经签了另一份艺伎合同，她的雇主不同意放她走。高桥是清回到东京时已20岁出头，他的祖母担心他继续胡来，就为他安排了一桩婚事，与一位名叫西乡里的女孩结婚。一年后，他们的第一个儿子高桥是贤出生，又过了几年，第二个儿子高桥是福出生了。

随后的20年里，高桥是清在多所不同的学校里工作。他的天赋——语言能力、思维能力、交际能力和学习能力——很快就引起东京一些政府官员的注意。他在财政、内政、农业、商业等政府部门接连不断地得到了一些工作机会。随后，他在一所主要的农林学院工作时，曾获得"精明管理者"的称号。他还在一家证券公司工作过一段时间。对那个时代的年轻日本官员来说，这是一条非同寻常、跨度巨大且不可预料的职业生涯轨迹。这种多元化的角色，给予高桥是清难得的机会去广泛接触正处于重要现代化进程中的日本政府体制。虽然他还没有确定具体的职业发展规划，但前景看起来是光明的。

此时的高桥是清已从矮胖圆润的小伙子成长为衣着得体的年轻人，矮小强壮并已开始脱发，留着帅气的翘八字胡，脸上总是带着微笑。他现在是一个虔诚的基督徒，有着幸福的家庭，而在1884年，他的夫人去世了，幸福生活也随之被打断，但高桥是清在困难面前从来都是坚强的。三年后，他又与一位名叫志奈的年轻女子结婚。

1889年，36岁的高桥是清被任命为政府专利特许厅长官，参与制定日本第一套西方风格的产业政策。他后来回忆说，他工作的第一步就是阅读《大英百科全书》中有关产业政策的词条。这份工作给予高桥是清再度访问美国的机会，此次旅行舒适很多，也是在旧金山登陆，没有遇到任何意外。在访问期间，他的好学态度和交际能力帮助他学到了很多其他国家有关知识产权、产业援助和竞争政策等方面的知识。

在同一年，他还经历了一起让他付出巨大代价的不寻常事件，从中也可以看出他的冒险精神和适应能力。虽然过程十分严酷，但他还是通过这一事件学到了很多。日本几乎没有矿产资源，但其工业需要原材料，因此日本把目光第一次投向国外去寻找资源。拉丁美洲是日本投资者最喜爱的地方。有人劝说高桥是清参与投资一个地处遥远的秘鲁安第斯山脉高海拔处的银矿项目。他不仅投资，还被要求管理这个项目。他长途跋涉向安第斯山脉进发，途中遇到无数危险，艰辛的海上旅行、险恶的高山跋涉、艰苦的居住环境等。在终于抵达矿山现场后，他很快就发现了坏消息：矿山早已被开采殆尽，商业故事基本上就是一个骗局。

经过漫长而危险的返程之旅，高桥是清终于回到东京，也把坏消息带了回来。他努力工作，以尽量减少股东的损失，也学到了很多有关贵金属及其交易方面的知识，尽管如此，公司最后还是破产了。他以个人名义向银行借款投资于矿山，此时的他已经债台高筑。他别无选择，只能节俭度日。他卖掉了现代化的日式豪宅，搬入附近出租的一所小房子中。高桥是清失业了，只能用他微薄的抚恤金来维持两个儿子及他们继母的生活（他不是本书中唯一陷入过个人财务困境的经济学家）。

虽然高桥是清的适应能力极强，但仍然花了很长时间才使自己的健康、精力和声誉从这次危机中恢复。终于在1892年，即他出发去秘鲁三年之后，他原来的一个支持者帮他找到一份新工作。日本银行①是当时着力于促进市场繁荣和经济增长的重要现代化金融机构，正因为如此，它们打算建造一座宏伟的新风格的东京总部大厦。这是日本的第一批西式大型建筑项目之一，但陷入了重大建筑设计、工程以及财务上的困境。日本银行聘用高桥是清来解决问题，虽然他此前从未做过类似工作，但和以往一样，他很快就能进入角色，证明自己完全不负重托。

他的能力给日本银行留下深刻印象，因此任命他担任地处西

---

① 日本银行（Bank of Japan）是日本的中央银行，成立于1882年。——译者注

南部山口县的地区经理。在山口县任职期间，高桥是清经历了第一场战争。1894年，日本与清王朝开战，山口县所属的广岛市是军部的大本营，日本天皇和政府都临时搬到那里，以便更好地指挥战争进程，日本帝国议会也在广岛举行会议。由于日本当时处于战时状态，因此广岛成为一座繁忙的港口城市，军舰和部队频繁出入。它与东京通过新建的三越铁路相连，是距离朝鲜半岛和中国东北最近的日本港口。在海峡对面，就是附庸国朝鲜和正在衰落的清王朝。

作为日本银行的西部地区经理，高桥是清的工作是为当地工业的发展以及军队的扩张融资。战争需要花钱，政府希望在国内募集资金，高桥是清的任务是在当地推销战争债券，这就需要他去说服地方政府和商业领袖或者向他们施压来购买这些债券，并以他们为榜样向其他人出售更多的债券。高桥是清做得非常成功，他利用人们对战争的狂热或通过施加压力等手段取得了比预期高得多的销售业绩。

但战争也给该地区带来了苦难，军部征用了大量的物资、库房和粮食储备。高桥是清意识到军队带来的破坏，并设法减轻这种破坏。中日甲午战争使高桥是清看到了未来的景象：日本军国主义抬头、军费开支增长、高额负债，以及民众生活困难。

高桥是清对于如何运用经济政策提高农民的生产率，以及如何建设更为强大的工业基础很感兴趣。他发现，地方小型企业很难从银行系统获得融资，因而他请求日本银行动用资金为这些企业提供帮助。高桥是清的请求被总部否决，但他还是想方设法帮助农民以较低的利率借到钱，而不必支付传统的地区利差。他还获得了处理银行问题的第一份经验：当严重的洪灾和高负债的填海项目给一家地方银行造成财务危机时，他动用日本银行的资金来支持这家地方银行的运营，前提是他经过认真的研究，认为尽管该银行出现流动性问题，但仍然具有偿付能力（这种针对经济可行性而不是财务流动性的测试方法是由白芝浩①在19世纪提出的，迄今仍为银行监管者使用）。

高桥是清开始将自己视为一个民族主义者，但他的兴趣在于经济发展而不是军事扩张方面。1895年，停战谈判在广岛举行，清政府被迫接受了极为严苛的惩罚性条款：清朝军队投降，日本占领中国东北若干城市并控制当地铁路，割让台湾和辽东半岛，以及给予日本投资者特权待遇等。此外，清政府还需支付巨额战争赔款。高桥是清警告日本政府，如此严苛的停战条件将会在中国引发大范围的反日浪潮，可能也会引起西方列强的反对。他的国际主义倾向和中庸路线成为他一生的特征。

到1895年，高桥是清超出常人的才能逐渐得到认可，他被日本银行任命为横滨正金银行的经理。横滨正金银行持有日本大部分官方贵金属，既是一家进出口贸易促进银行，也是接受并管理中国战争赔款的机构。高桥是清发现，这是一家旧式金融机构，他发誓要对其进行重组，以期建立完整的具有现代化商业和国际概念的新借贷规章制度。

日本在这个时期采用的是金本位制。金本位制是一种固定汇

---

① 白芝浩（Walter Bagehot，1826—1877），1826年出生于英国，《经济学人》杂志总编。以他名字命名的白芝浩原则是指，在金融危机时，因为信贷紧缩，市场面临流动性困境，各家商业银行尤其是小型银行，都缺乏现金。这时，中央银行必须对商业银行放贷。等金融危机过去，商业银行再慢慢归还中央银行的贷款。只有这样，才能避免从一场流动性紧缩发展为普遍的金融危机。——译者注

率，但它也被看作成为发达国家俱乐部成员的标志，体现日本应该被视为一个世界大国来认真对待。其实，在当时对于应采用哪种货币本位制以及采用何种汇率，存在相当大的争议。

1898年，日本银行派高桥是清出国考察各地的银行分行运作情况，并学到了更多的现代银行业知识。他乘坐蒸汽轮船先后访问了中国上海、中国香港和新加坡，最后抵达伦敦。在亚洲旅途中，他目睹了贸易港口的繁荣景象和中国商人的充沛精力及进取心。这次经历使他确信日本的未来应更加倚重于拓展与中国商人的贸易往来，而不是对中国进行军事干预。

在伦敦，高桥是清拜会了一批银行家，并与其中的一些人建立起非常亲密的友谊。高桥是清从他们那里学习到伦敦和欧洲主权债券市场的运作机制，包括如何向市场发行债券、政府债券的发行金额、债券持有人对收益和发行先决条款的要求，以及如何建立正式的信用评级等实际操作流程，所有这些对东亚国家来说都是陌生的，也从未尝试过，但很快就被证明是至关重要的。

高桥是清从伦敦前往欧洲大陆，访问了比利时、法国和德国的金融市场，随后再次访问美国。他善于与人交往的个性，很快帮助他建立起一张有价值的银行人脉网络。他希望，为日本在国际市场上打造一个高起点的借款人地位，与其不断自我膨胀的世界强国形象相匹配。高桥是清对于如何利用国际金融市场、通过购买重型工业装备促进日本经济发展也很感兴趣。然而，他的资本市场经验被用于战争而不是和平，这令他非常失望。

1899年，在回到日本后不久，高桥是清因其成功的国际经历，被提升为日本银行的副行长。这是一个非常高级别的职位，他的新任务是代表中央银行处理商业银行的财务危机。高桥是清曾富有诗意地描述他任职日本银行副行长最初几年的情况,"在横滨正金银行工作的日子里,我感觉自己就像一朵在田野中开放的菊花,不引人注目但环境优美舒适;来到日本银行,恰好相反,我感觉自己就像一朵美丽芬芳的玫瑰,工作闪光且引人注目,但谁也躲不过花丛阴影中的棘刺"(Smethurst,2007,第137页)。

此时,高桥是清已人到中年,成为东京社交圈的成功人士,拥有优渥的财富和社会地位,是五个孩子的父亲。他修建了一座融合了日本和西方建筑风格的新住宅,坐落在东京高档地段的青山,距离太子官邸不远。他还购置了位于叶山的一座海滨度假屋,同样也靠近皇室度假别墅。

作为日本银行的副行长,高桥是清确立了新的政策取向:人为压低贷款利率以促进经济和贸易的发展。这项政策挑战了日本政府长期以来秉持的儒家理念,即在道德上,勤俭光荣、奢靡可耻。高桥是清不是唯一持有该新理念的人,但他的做法是对传统的重大突破。在他担任副行长的10年中,日本银行放款的速度加快了一倍,却仍保持着谨慎的信贷标准。他的做法很有纪律性,侧重点在于增长而不是节约,目标是发展日本经济并使其在世界上获得更强大的地位,但同时也注重寻求政府预算的平衡。

随着国力的增长以及在东北亚势力的扩张,日本不可避免地与俄国在远东的利益上产生越来越多的冲突。随着战争风险的增加,日本开始扩张军备,并从英国和其他西方国家订购战舰和武器装备。中日甲午战争的代价很高,因此东京方面清楚,如果与俄国开战,必将需要大量军费开支,不可能全部由国内税收和国内借债解决,特别是不可能在和平时期的正常预算范围内解决。

高桥是清熟悉欧洲资本市场，尽管他不太情愿，但仍被紧急派往伦敦，动用他之前建立的关系为战争筹集资金。1904年，高桥是清带上20岁出头的大儿子高桥是贤一起出访。

　　东京方面估计，对俄战争大约要花费4.5亿日元（在当时约合2.2亿美元），与中日甲午战争的花费差不多。故此他们测算，至少需要向国外借贷1亿日元。从某个角度说，这是一场关于资金的战争：俄国（国家预算要比日本多得多）预期，它能够筹集到供四年战争使用的资金，并认为日本不可能做到。在东京，也有很多人对筹集巨额资金的前景感到悲观，特别是在此前几年国内储备下降了近一半的情况之下。

　　高桥是清被告知，国家的命运就取决于他的努力。他分析了各种可能性，原本希望向英国政府借款，但由于英国王室与俄国王室来往密切而变得不可能。从策略上考虑，他会见了英国、美国和德国的一批主要的犹太裔银行家，这些人对俄国虐待犹太人的做法持强烈的反对态度，愿意提供帮助。事实证明，他非常擅长与伦敦城的关键人物打交道，在纽约市场同样如此。为了证明借款给日本的合理性，几个月来，他游说银行家、金融家、记者和政府官员，其中包括一些大人物，如华尔街的雅各布·希夫[①]、伦敦的罗斯柴尔德家族，甚至接触到英格兰国王爱德华七世。经过努力，高桥是清设计出一个1 000万英镑（相当于现在的10亿

[①] 雅各布·希夫（Jacob Hirsch Schiff，1847—1920），是一位出生在德国的犹太裔美国银行家及著名金融战略家，库恩雷波公司高级合伙人。在1880—1920年间，他创办了许多新的公司，包括纽约国家城市银行、公平人寿保险协会、富国银行公司和联合太平洋铁路。出于想要报复俄国虐待犹太人的目的，他曾经提供巨额贷款资助日本军队击败沙皇俄国。——译者注

美元）的债券发行计划。对任何国家来说，此类债券都是在市场上的第一次公开发行，高桥是清必须做大量的工作。面对俄国的反对，他不得不大力宣传日本作为可靠债务国的形象。最后，债券成功发行并出人意料地在国际二级市场上大受欢迎。此外，媒体打造的日本勇士形象，以及日本在一些小规模关键战役上取得的胜利起到很大的助推作用。

1904年，日本海军突袭了驻扎在中国辽东半岛最南端旅顺口①的俄国海军远东舰队。两天后，日本正式对俄宣战。在打垮俄国海军太平洋舰队之后，他们又等候了八个月，直到俄国海军波罗的海舰队长途跋涉而来，日本海军再次突袭了俄国舰队，并在两天内就将其主力击沉。这是日本的一次重大胜利，导致俄国转让了其在中国辽东半岛以及库页岛南部的租借权。

日本的胜利获得了其他亚洲国家的赞赏，并将日本视作第一次打败西方列强的亚洲国家，同时西欧和美国也从中认识到日本的发展壮大。此外，这也是1905年俄国革命②最直接的导火索。战争的胜利激发了日本国民的自豪感，催生出日本民族优先以及应在世界占有一席之地的极端民族主义情绪。然而，战争的代价远远高于预期，军费开支一直居高不下。战争释放了日本军国主义的黑暗势力，最终导致了20世纪的浩劫。

---

① 原文为亚瑟港（Port Arthur），即旅顺口。——译者注
② 1905年俄国革命是指1905—1907年间，发生于当时的俄罗斯帝国境内的一连串范围广泛、以反政府为目的，或没有目标的社会动乱事件，诸如恐怖袭击、罢工、农民抗争、暴动等，导致尼古拉二世政府于1906年制定等同于宪法的基本法，成立国家杜马与施行多党制。沙皇指挥不力，导致军队在日俄战争中惨败，是革命最直接的导火索。——译者注

到那年底，高桥是清认为日本已经借了足够多的钱，希望能够回家，但他失望了。由于战争花费远远大于预期，日本政府命令他留下来进行新一波筹款。他最后花了近三年的时间，在海外为安排国际借款而奔波，其间仅设法短暂回过一次家。他又成功地安排了四笔共计8亿日元的战争借款，超出日本政府最乐观的预期，但是贷款条件变得越来越严苛，日本政府不得不将关税以及烟草、酒精等垄断收入作为贷款抵押物。

最后一笔也就是第四笔贷款的苛刻条件曾招致贷款人的抵制，也在日本国内引发不满。此时日本发现自己处于西方的压力之下，西方国家要求日本不向俄国索要战争赔款，而这种做法获得高桥是清的支持（他与英国经济学家梅纳德·凯恩斯持有同样的立场，后者在第一次世界大战之后也曾提出类似的观点）。1895年的中日甲午战争，日本花费了2.5亿日元。而1905年日俄战争结束时，日本则花费了近20亿日元①，其中3/4是通过公募债券融资，而当中的一半是由高桥是清在海外筹措的。

1907年，高桥是清终于回到东京，他为战争做出的重大贡献获得了国家的认可：他被任命为日本帝国议会的上院议员，并被授予男爵勋位。更重要的是，他还带回了对西方思维及其金融体系价值难得的深入理解。他知道，如果没有筹集到欧洲和美国的资金用来购买英国战舰、壳牌汽油和西方武器装备的话，日本不可能赢得这场战争。同时他也担心，日本将面临偿还新增巨额外

---

① 原文为2万亿日元（¥2 000 billion），但估计是笔误，从上下文来看，20亿日元（¥2 000 million）比较合适。——译者注

债以及控制未来军备开支方面的困难。

日本经济得到了进一步发展。自明治维新以来，日本的人均收入已翻了一番，并已建成初等教育制度，改善了公共卫生和交通体系，政府决策过程也开始民主化。但是，这个逐步改善的政府依然缺少一个有纪律的预算编制程序。

1911年，高桥是清获得了重要任命，担任日本银行行长，承担起控制利率和监管银行业的重任。此时日本经济的焦点在内部事务上，如铁路系统国有化计划。高桥是清曾看到，铁路建设在促进广岛经济繁荣中发挥的重要作用，但他感觉这应该是私营部门的业务，而政府应该尽量避免增加债务。他认为政府的角色应该是实行低利率和低商业税率以促进商业投资，他也提倡政府为交通和农业基础设施项目提供资金。一些较大的自治市政当局也逐渐效仿高桥是清的样板，通过海外融资为本地的基础设施建设提供资金。

作为一个多年奋战在公募债券市场上的人，高桥是清对控制政府开支和确保外债偿还的必要性有着很现实的看法。这强化了他反对过度军费开支的立场，他反对军事扩张政策，主张日本应该更关注区域内的贸易发展机会，但他的观点在内阁中不受欢迎。根据明治宪法，日本军部的运作不受首相制约。在1912年的大正政变中，军部就曾控制并胁迫内阁成员，批准了他们在朝鲜殖民地的额外军费开支。

这是日本政坛极不稳定的一段时期：每届政府都是短命和软弱的，在20世纪前20年平均任期不到两年，而到30年代平均任期则只有一年。高桥是清不是典型的"政治动物"，但1913年他加入了统治日本政坛近半个世纪的两大政党之一的立宪政友会。① 当时的新任首相山本权兵卫任命高桥是清为大藏大臣，但这届政府是短命的，高桥是清仅在位一年就下台了。然而，这却是高桥是清一系列大藏大臣任职的开始：他在职业生涯中曾担任七次大藏大臣。

1914 年，第一次世界大战爆发，这时高桥是清已不在政府任职。开战后的一个月，日本选择加入了协约国，并与轴心国作战，主要是为了夺取德国在中国东部以及密克罗尼西亚群岛的控制权。日本意识到战争打破了传统列强的平衡，遂向中国政府提出"二十一条"②，厚颜无耻地要求拓展日本在东北南满地区的土地、铁路、采矿和其他权益，其做法将把中国北方变成一个傀儡政权。高桥是清看出这种做法的危险性，把日本外务大臣的"二十一条"贴上"荒谬"的标签。他的担心在中国发起的抵制日货运动以及英国和美国的抗议行动中得到了验证，但这仅仅是日本不断升级的控制中国战略的又一步。1917 年俄国爆发布尔什维克革命，日本感觉更多的机会来了，于是开始在西伯利亚地区进一步部署军事干预，但这次日本付出了更高的人力和财力代价。

第一次世界大战开始时，日本经济已经债台高筑。但由于欧洲国家把工业生产转向武器装备，所以日本获得机会进入英国在东南亚的出口市场。日本工业从在中国东北新攫取的资源中获得

---

① 立宪政友会，简称"政友会"。1900 年由伊藤博文创立。代表日本封建地主和财阀及具有这种背景的政客利益，并受三井财阀的直接支持。先后组织多届内阁。1940 年解散。——译者注
② "二十一条"是日本帝国主义妄图灭亡中国的秘密条款。日本帝国主义趁第一次世界大战期间欧美各国无暇东顾的时机，于 1915 年 1 月 18 日由日本驻华公使向中华民国大总统袁世凯递交了"二十一条"文件，企图将中国的领土、政治、军事及财政等都置于日本的控制之下。——译者注

利益，并逐渐形成造船及其他重工业产品的生产能力。在战争期间，日本制造业出口增长了 2/3，并将贸易转为巨额顺差。第一次世界大战结束时，日本经济处于上升趋势，没有受到任何结构性损害，而与此同时，德国和俄国的远东利益则被大幅削弱。战争导致日本军部更加胆大妄为，使得文官政府很难对其进行遏制。

日本的民主政府仍然非常不稳定，充满一系列复杂变化的政治联姻和结盟。在这一动乱环境下，高桥是清的经济能力和国际视野是大家都需要的。在战后的几年中，高桥是清曾担任农业大臣、商工大臣，并几次出任大藏大臣，任职最长的一次是从 1918 年至 1922 年。在职期间，他是一名改革派政治家，倡导建立国际经济贸易合作框架、削减军费开支、主张内阁控制军部、推行积极的产业政策和渐进式所得税制，并主张下放部分税收和支出权力给地方政府。然而，他不是一个天生的政治家，特别是在具有密室结盟、军队效忠和政治交易特征的日本复杂政治环境下，他似乎永远是一个政治局外人，从未真正建立起利益联盟，而这些则是他实现所有经济目标的必要条件。

日本政府的支出继续攀升，作为大藏大臣，高桥是清最初坚持实行大预算和财政赤字，他相信这样的政策可以促进生产而不会引发通货膨胀，尽管当时的经济已经显露能力不足的迹象。但是，他没有考虑到军费支出的持续增长最终会导致通货膨胀和资产泡沫。1920 年 3 月，泡沫破裂、物价狂跌、国民收入萎缩，有些行业遭受重创，也拖累很多银行陷入困境。

出于对军费需求的担忧，1921 年，高桥是清向日本首相原敬提交了一份题为"关于树立东亚经济实力之意见"的备忘录。他主张应从中国撤军，减少对中国经济利益的压榨，取消强加于中国的赔款。在他看来，日本能够从一个强大的工业化中国获得的利益将远大于从一个弱小屈从的中国获得的利益。他倡导建立亚洲共同经济联合体、欢迎外国资本，这一思想超越那个时代，无法得到政治上的支持。

1921年，原敬首相被一名右翼极端分子刺杀，一个可怕的时代由此开启。高桥是清期待退休，但再次被要求为国家服务。为了保持内阁的连续性，67岁的大藏大臣高桥是清被任命为首相，并授予子爵勋位。高桥是清后来写道："当被任命为首相时，我曾试图拒绝，但正值华盛顿（海军裁军）会议召开之际，我们需要尽快组建一个政府……因此我别无选择，只能担任首相。"（Smethurst，2007，第224页）

高桥是清自知不是一个老练的政客，他很难把各持己见的政府成员团结在一起，他将七个月的首相任期看作临时任命。他仍然希望推进他的政策主张，完成重大政策改革，但内阁仍旧缺乏政治共识去推进相关工作。不过，他签署了限制海军军费和国际社会尊重"中国领土完整"的"华盛顿公约"①，这一做法改善了日本的国际形象，使日本对于美国资本市场和技术更具有吸引力。高桥是清注意到美国战后的成功，呼吁日本工业界效仿美

---

① 华盛顿会议是1921年11月12日至1922年2月6日在美国首都华盛顿举行的国际会议，出席会议的有美国、英国、日本、法国、意大利、荷兰、比利时、葡萄牙、中国九个国家。华盛顿会议的议程主要有两项：一是限制海军军备问题，二是太平洋和远东问题。为此组成两个委员会："限制军备委员会"由英、美、日、法、意五个海军大国参加；"太平洋及远东问题委员会"则由九国代表参加，两个委员会分别进行讨论。该会议的主要成果包括三个重要条约：四国公约、限制海军军备条约、九国公约。这三个公约统称为"华盛顿公约"。——译者注

国，通过建设规模更大、效率更高的工厂来增加生产能力。然而，"华盛顿公约"的签署也给他带来了负面效应：在"华盛顿公约"中，限制日本海军军费的条款引发日本军部的长期愤怒，高桥是清被指责要对此负责。

在立宪政友会下台的几年之后，高桥是清于1924年再次加入内阁，并在一年时间里轮流担任主管商务、工业、农业、林业和司法的大臣，这使他对经济和社会政策有了广泛而深入的了解。在一份题为"经济的首要原则：关注我国生产"的文件中，他提出通过与劳工分享利益来提升生产率的观点，而不是得出高工资必然导致高物价的结论，他同时指出资本投资能发挥重要的作用。他预测，政府分权化后，地方政府将以其土地税支持重工业和大工厂的发展，以满足当地需求。这届政府也没有持续多久，第二年就下台了，高桥是清又一次退休，回到他在东京的花园住宅。

1927年，因害怕银行倒闭而引起的金融恐慌情绪急剧上升，部分原因是几年前关东大地震后发行的"震灾善后处理公债"即将到期。政府辞职致使金融恐慌蔓延，这一事件被称为"昭和金融恐慌"。① 新一届政府组阁，高桥是清（此时已74岁高龄）又

---

① 1923年9月1日，日本关东地区发生大地震。震后发行的"震灾善后处理公债"及其他应付票据因难以兑付，几次延期，1927年春为最后清理期，日本各界民众对于金融界能否兑付感到惶惶不安，由此引发信用危机。1927年3月14日，日本若槻礼次郎内阁的大藏大臣片冈直温在议会上谈及"整顿震区票据"时，随口说出"渡边银行或将停止付款"，这引起群众到各银行挤兑，使东京、横滨许多二流银行歇业。23日，日本议会决定发行公债以救济震区票据持有者，日本银行又放出3亿多日元贷款，才使金融风潮暂时缓和，但这次风潮的余波仍冲击全日本各地银行及工商业。4月20日，日本若槻内阁宣布倒台。至4月21日，日本各地歇业银行达30家，许多工业部门倒闭，金融混乱达到极点。根据天皇诏令，由日本立宪政友会总裁田中义一于4月20日组成新内阁。——译者注

一次从退休中被召回，在新内阁中出任大藏大臣。他不情愿，但出于责任心还是接受了任命，提出银行应延缓偿还债务直至金融市场恢复稳定的意见，并立即起草了若干相关法案，授权日本银行在政府担保下可以提供特别贷款用以补充金融机构的流动性。随后又推出几项银行业结构性改革，包括新的资本金要求和治理要求。这导致许多小型银行不得不关门或被兼并，但重组的结果是产生一个更为强健的日本银行业，当几年后大萧条来临时避免了更大的伤害。

这些措施很快就把市场稳定下来，仅六周之后，高桥是清就能够再次愉快地退休了。他回到家中，沉浸于他最喜欢的爱好之中——在美丽宁静的东京豪宅里收藏和栽培复杂精致的盆景。佛教的盆景文化带给他美学的享受，也使他年迈的灵魂得以平静地安度晚年。

然而，事实再次证明，稳定是短暂的。当时的日本银行行长特别欣赏德国货币专员亚尔马·沙赫特采取的抑制恶性通货膨胀的紧缩政策，日本重新加入金本位制的决定就建立在对这些政策的错误理解之上。1929年，高桥是清从旁观察到，日本政府无视凯恩斯的建议，在一个高汇率点上又重新加入金本位制，并期望以此来"合理化改革"金融和实业界，即清理效益低下的公司，帮助日本成为世界强国。但是，以战前价格重新加入金本位制，意味着日元要升值超过10%，带来国内货币和预算紧缩，家庭支出减少，利率提高以及政府支出下降。这对经济的整体影响是灾难性的：贸易和物价下跌了20%，公司裁员，工资降低，投资停滞。

那年晚些时候，情况变得更糟。1929年纽约股票市场崩盘的影响跨越太平洋冲击了日本经济。日本的出口以真丝和纺织品为主，大部分销往美国市场。两年内，日本的纺织品出口量下跌了50%以上，真丝价格下跌了50%，而美国人造纤维的产量增长更是让这一情况雪上加霜。1930年，美国通过了臭名昭著的《霍利-斯穆特关税法案》，英国重新恢复了其帝国特惠制度①，其他国家也采取报复性措施保护本国产业：国际贸易环境恶化，国际贸易量大幅下降。

1931年10月，英国废除了金本位制。主要金融机构认为，日本也将被迫跟随英国采取同样的措施，因此它们大量抛售日元购进美元。日本政府试图实施资本管制，但无法阻止资本外流。为防止进一步的资本外逃，日本政府在1931年末提高了贴现率，但只能使经济增长放缓加剧，国内投资干涸，失业率进一步上升，工资及实际收入大幅下降。由于出现重大经济危机，日本内阁于1931年12月下台。此时的经济形势已十分糟糕：黄金流出日本，出口下跌一半，国民总支出下降18%，失业率飙升，劳工工资严重下跌，债务负担沉重的农民损失近一半的收入，有一个地区甚至出现了饥荒。

日本军部的极端派认为经济乱象是民族的耻辱。1930年，首相滨口雄幸被右翼分子暗杀，日本文官政府风雨飘摇，桀骜不驯的军部显现出其危险性：右翼极端民族主义者获得越来越多的支持，并要求更多地干预中国东北。

新政府于1931年底紧急组建。首相是70多岁的犬养毅，他

---

① 帝国特惠制度（Imperial Preference System），是指英国和其他英联邦成员国之间相互提供贸易优惠的关税制度，1932年在渥太华大英帝国会议上制定。主要内容是：对成员国之间的进口商品，相互降低税率或免税；对成员国以外的进口商品，则征高额关税，以阻止美国及其他国家的势力渗入英联邦市场。——译者注

说服信任的老同事、时年 79 岁的高桥是清从退休生活中复出，重新加入内阁，再一次出任大藏大臣。这一次，高桥是清既没有想到也不情愿，但他感觉自己对国家负有责任。当时的照片显示他驼着背，面带疲倦。

  1931 年 9 月，日本军队在中国东北炸毁了自己的铁路，并把罪名转嫁给中国对手，这就是"九一八"事变。显然，日本文官政府已无法控制军队，而日本军部则以该事件为由，开始侵占中国整个东北地区。日本内阁下令暂停侵略行动，但关东军无视命令，并在中国东北建立起傀儡政权，他们称之为"满洲国"，这种严重蚕食中国主权的行动一直延续到日本在第二次世界大战中战败才结束。一个月后，东京发生另一起未遂政变，即"十月事件"。① 高桥是清和其他一些较西方化的政客对这一系列事件感到震惊，他们预见到日本与西方的关系将更为紧张，并将给中国带来混乱和经济破坏。

1934 年：从萧条中拯救日本

  到 1934 年，战争阴云已开始在全世界弥漫。在欧洲，德国、意大利、奥地利和西班牙等国的极端右翼势力已展现出军事野心。

---

① "十月事件"，也称为"锦旗革命事件"，是日本极右组织樱会策划的一次未遂政变。樱会首领是日本陆军的一些中级军官，他们反对当时日本政府在"九一八"事变发生后不扩大战线的做法，密谋通过武装政变建立军人专政。他们在民间右翼势力的协助下，预定于 1931 年 10 月 21 日出动近卫师团的 12 个步兵中队和陆海军的 16 架飞机袭击首相官邸和警视厅，刺杀首相等政府高官，颁布戒严令，建立军人法西斯政权。后计划泄露，政变未遂。——译者注

在德国，希特勒成为总理之后，通过"长刀之夜"行动①进行政治清算并消灭政敌。在西班牙，内战即将爆发。在北非，意大利军队正在准备入侵阿比西尼亚。② 在苏联，对斯大林肃反运动的恐惧压倒了对国家社会主义的担忧。亚洲也在走向战争。3月，日本的傀儡政权伪满洲国在中国东北宣告成立，日本向中国沿海地区扩张的野心也愈加明显；在南方，中国工农红军③开始了长征。日本本土受到一系列自然灾害的袭击：北海道南部发生的函馆大火以及关西地区的多次台风，每一起事件都造成数千人死亡。年底，日本退出华盛顿和伦敦海军条约，开始重整军备。

此时，大萧条在主要经济体肆虐。发达国家饱受保护主义、贸易衰退、汇率动荡、金融混乱、企业倒闭和高失业率的摧残。但日本经济却在增长，这得益于年迈的政治家高桥是清的深谋远虑和创新能力，他通过实施世界上首个一揽子经济刺激计划，为日本经济带来复苏。

这位希望安享退休生活、在花园里侍弄盆景的81岁老人此时是什么状态呢？随着年龄的增长，高桥是清变得越来越胖、秃顶、留着白胡子、戴着圆圆的水晶眼镜；晚年的他看起来就像一个聪明、仁慈的侏儒。他一般身穿爱德华式的正式西装，但也可以看到他穿着官方庆典制服并佩戴肩章、勋章和头戴三角帽的照

---

① "长刀之夜"行动，也称为"长剑之夜"（德语为 Nacht der langen Messer）或"蜂鸟行动"（Operation Hummingbird），是发生在 1934 年 6 月 30 日至 7 月 2 日的一次表面上针对纳粹冲锋队头子罗姆的清算行动。希特勒通过该行动，进行了一系列政治处决，除掉反对他的政敌，并加强了德国军队对他的支持。——译者注
② 即今天的埃塞俄比亚。——译者注
③ 原文为中国人民解放军。——译者注

片。他在家庭照片里看起来更为舒适和放松，身穿日本和服和大氅，在东京家中美丽茂盛的花园里微笑地看着他的一群孙辈。

1932年初，高桥是清几经犹豫复出后，就立即召开紧急会议以应对大萧条中的问题。这是一个危险而动荡的时期，军队的右翼势力已失控，政治刺杀不断发生：1932年的"血盟团事件"①，造成前大藏大臣死亡；在"五一五事件"② 中，立宪政友会最后一任首相犬养毅被刺身亡。高桥是清目睹了朋友的死亡并了解到他面对的危险，但仍同意担任几个星期的临时首相，直至新的联合政府成立。高桥内阁面对着巨大威胁：军部宣称将行使他们在内阁中的否决权，以限制谁能够进入政府。新政府终于成立，但不再由执政的立宪政友会组阁，而是由军人、文官、政客组成一个联合政府，由海军上将斋藤实出任首相。这个军人主导的内阁标志着日本议会政治的结束，直到第二次世界大战结束后才得以恢复。

在日军侵占中国东北之后，一些日本官僚主张，在中国东北地区和日本建立带有苏联五年计划风格的指令性经济。高桥是清对此持反对态度，他说："满洲是中国的一部分，它不是日本。"高桥是清既不是自由市场的鼓吹者，也不是统制经济（di-

---

① "血盟团事件"是指，日本民间右翼激进组织血盟团于1932年2月9日至3月5日执行的一系列暗杀活动，接连刺杀了银行家井上准之助（前大藏大臣）等人的事件。——译者注
② "五一五事件"是指，1932年5月15日以日本海军少壮派军人为主举行的政变。政变者袭击了首相官邸、警视厅、内大臣邸宅、三菱银行、政友会总部以及东京周围的变电所，首相犬养毅被杀。由于政变规模小，缺乏建立政权的具体计划，未达目的，以政变者自首而结束。"五一五事件"是日本政治史上的一个大事件。随着首相犬养毅被暗杀，政党政治也随之终止。——译者注

rigiste）的拥趸，而是走了一条被称为"高桥路线"的中间道路，致力于推行他所谓的"生产力政治"，即积极支持经济发展同时控制军费支出。

高桥是清的一生充满活力和勇气，尽管此时他已年迈多病，但并没有丧失对经济事务的直觉。他总是愿意做一些冒险尝试。高桥是清建议推行一项激进的新经济政策，与大多数国家采取的紧缩性政策完全不同。

高桥是清采用三管齐下的方法，以推进日本经济尽快复苏（Shizume，2009）。在接下来的几年里，他与志同道合的日本银行副行长深井英五密切合作，推行了一项不断演进的经济刺激计划。高桥是清的第一个举措是切断日元与金本位制的联系，使日元贬值。理论上，这将允许日元汇率自由浮动，出于对没有货币锚定的担忧，他实施了外汇管制：只有得到大藏省批准，才能将日元兑换成外币，而这一批准很难获得。在一年内，日元被允许大幅贬值（对英镑贬值了44%，对美元贬值了60%），并在低位稳定下来后再与英镑挂钩，同时还实施了一些资本管制。

随着日元贬值，日本的出口变得很有竞争力，国际收支状况迅速改善：到1935年，出口几乎是原来的3倍，并自第一次世界大战以来首次出现贸易盈余。尽管政策提出时日本仍处于严重的通货紧缩之中，但还是有很多人反对货币贬值，担心引发通货膨胀。高桥是清的前任、大藏大臣井上准之助是金本位制的坚定维护者，但在他被刺杀后就几乎没有了反对的声音。当高桥是清的激进政策在帝国议会辩论时，获得了广泛的支持。

在汇率政策改革之后，高桥是清的第二个举措是实施货币政策。1932年中期，他大幅度增加货币供应量，为市场提供流动性并刺激国内需求。为此，他提高了日本银行发行无担保商业票据的最高限额。为了保险起见，他又颁布了《资本逃避防止法》。两年内，基准利率由5.8%下降到3.6%，这就能以更低的成本发行政府债券，并且以较低利率鼓励企业借贷和扩张。

高桥是清的第三个举措是财政政策。他建议实施一项为期三年、总价值6亿日元的中央政府融资方案，并由地方政府提供同等数额的配套资金。为了获得军部对该方案的支持，高桥是清不得不同意拨付额外资金用于支持在中国东北的军事行动。为了筹措这笔额外开支，政府将向公众出售大藏省增发的国债，由日本银行购入，日本银行在出售之前持有这些国债。这种做法有潜在风险，因为这些国债可能会涌入国内债券市场，但由于高桥是清与日本银行的联系，他有信心避免这些问题的发生。用今天的术语来说，这就是量化宽松政策。

高桥是清也将这些举措与更积极的产业政策联系在一起，为进口商提供融资，为工厂主、小企业主和农场主降低贷款利率，为区域性银行提供较便宜的资金，以及为问题贷款背书。他希望能够大幅提高政府的基础设施建设开支，特别是在农村地区的公共工程和紧急救援方面（海岸线保护、港口设施、土地填筑、灌溉系统、排水系统、堤防建设、新建道路和铁路等），目标是改善竞争力、提高就业和刺激消费。

在随后的帝国议会期间，高桥是清发表了几次重要讲话，概述应对经济萧条的主要建议。"我们将通过发债来弥补全部财政缺口，这主要因为支出的增长是临时性的、规模过大而无法通过提高税收和其他财政收入来解决，而且税收和其他财政收入的增加将会破坏处于萌芽状态的经济复苏。现在还不是增税的合适时机。"（Shizume，2009，第27页）高桥是清还特别提到，如果公共债务变得不可持续，金融市场就会出现早期预警（意指购买债券的意愿就会下降，而且会出现早期通货膨胀以及汇率承压的迹象）。

在接下来的几年中，这些新举措对经济产生了重大影响。通过大幅增加国债，政府支出增长了50%。在高桥是清的领导下，大藏省发行了约28亿日元的政府债券，全部出售给日本银行；日本银行又将其中的90%成功推销出去，吸收了过剩的流动性。日本银行副行长深井英五表示，通过这种方法，高桥是清"为经济复苏提供了资金，为满洲事件①买了单，并把利率也压了下来，他做到了一石三鸟"（Smethurst，2007，第263页）。

高桥是清的这些想法是从哪里来的？与本书中的其他经济学家不同，高桥是清没有受过正规的高等教育，他的经济学（以及金融学、政治学、社会学）知识是通过旅行、与人交流和阅读获得的。但是，他并不是反智主义者：他20多岁时就曾帮助将阿尔弗雷德·马歇尔②的《国际贸易纯理论》一书翻译成日文。他在日本银行和大藏省有一批知识渊博的同事，他们给了他经济事务方面的意见，他还与很多外国人有直接的交流。他受到一位传统日本学者前田正名③的特别影响，后者曾于19世纪末在法国学习，提倡经济唯物主义的重要性，即普通民众应分享经济增长成果，以及产业政策应关注农业和传统工业。

---

① 即"九一八"事变。——译者注
② 阿尔弗雷德·马歇尔（Alfred Marshall，1842—1924），英国经济学家，当代经济学创始人，现代微观经济学体系的奠基人，剑桥学派和新古典学派的创始人。——译者注
③ 前田正名（1850—1921），明治时期的日本官僚、男爵，是明治政府制定和实践殖产兴业政策的中心人物。——译者注

高桥是清对凯恩斯在这个时期的丰富著作非常感兴趣，包括《货币改革论》（1923）、《丘吉尔先生政策的经济后果》（1925），以及稍晚的《货币论》（1930），这些著作当时均有日文版，对高桥是清废弃金本位制的经济复苏计划有所影响。当他与经济学专业的女婿讨论金本位制时，高桥是清说，"在现实世界中，对症下药是最好的方法。理论是为学者而不是给我们这些其他人准备的"（Smethurst，2017，第266页）。高桥是清只有一次直接引用过凯恩斯，在1933年的一次发言中，他引用凯恩斯的论点来支持自己的观点，即金本位制是导致世界萧条的原因之一。但高桥是清对凯恩斯的了解无疑远不止于此，他除了阅读日文和德文报纸，还每天阅读英文的《泰晤士报》，该报当时刊登了大量有关凯恩斯理论的讨论文章，有时也会刊登凯恩斯自己的文章。

在1929年的短暂退休生活中，高桥是清在杂志上发表了一篇很长的文章，解释他对日本回归金本位制的时间和定价的疑虑。这篇文章可能受到凯恩斯与休伯特·亨德森（Hubert Henderson）合著的小册子《劳合·乔治能做到吗？》的影响，该书于1929年出版，其中包含了对凯恩斯经济学稍后正式定型的乘数效应的解释，以及对落入流动性陷阱的危险性提出警告。高桥是清的思想同样受到日本经济学家天野为之[①]的影响，后者是多本广泛使用的教材的作者，其中包含了类似乘数分析和储蓄悖论的内容。

高桥是清在文章中解释道，如果某人选择储蓄而不是消费，

[①] 天野为之（Tameyuki Amano），日本早期经济学家，著有《经济原论》等著作。——译者注

则在经济循环中对商品的需求就会减少,"用最简单的话说,如果一个人去游廊(即艺伎馆)玩,招来艺伎并吃奢侈食物,消费了2 000日元,我们从道德上并不认可。但是,如果从钱的流向上分析,我们会发现食物消费中的一部分帮助支付了大厨的工资,而购买鱼、肉、蔬菜、调味品以及支付运输成本的另外一部分则付给了供应商,其中一部分又进入了农场主和渔民的口袋。农场主、渔民和供应商可以用收到的钱购买衣服、食物和住房。艺伎也可以用收到的钱购买食物、衣服、化妆品及纳税"(Smethurst,2007,第245页)。

这篇文章展示了对收入循环和乘数刺激作用的直观理解,早于凯恩斯的弟子理查德·卡恩[①]1931年发表在《经济学杂志》(*Economic Journal*)上正式论述乘数效应的开拓性论文。

在观察主要经济体的"新政"式政策时,高桥是清知道20世纪30年代德国推行的再通胀和支出措施,以及墨索里尼统治下意大利的新社团国家(corporate state)政策,两者被西方观察家视为修复萧条问题的新方法。但在美国新政出台之前,高桥是清就尝试推行了他的新宏观经济政策。

在1933年的一场演讲中,高桥是清引述了耶鲁大学欧文·费雪[②]和芝加哥大学经济学家关于预算平衡的文章,指出预算不需要每年平衡,而是需要在一定年份内平衡。这个思想背后的经济学洞见主要来自日本银行副行长深井英五,同时也受到东京大学

[①] 理查德·卡恩(Richard F. Kahn),英国当代经济学家。——译者注
[②] 欧文·费雪(Irving Fisher,1867—1947),美国经济学家、数学家,经济计量学的先驱者,是美国第一位数理经济学家,1929年与熊彼特、丁伯根等发起并成立计量经济学会,1931—1933年任该学会会长。——译者注

教授福田德三的影响［福田德三的职业生涯说明了这个时期经济学家之间的一些国际联系：福田德三与亚尔马·沙赫特大约同时间在慕尼黑大学学习，他的导师卢乔·布伦塔诺（Lujo Brentano）也是沙赫特的导师。福田德三是德国历史学派的追随者，尤其是与瓦西里·里昂惕夫的导师桑巴特教授有联系。并且，福田德三在1935年的一次莫斯科会议上，听过凯恩斯谈论自己的观点］。

从宏观经济的角度看，高桥是清的政策在短期至中期发挥了非常积极的作用。经济环境的迅速改善，引致信心和经济活动的快速恢复，从而在大萧条时期实现了强劲的经济增长。从20世纪30年代初开始，人均国民收入回升，五年内的年均增长率为6%。随着经济活动的增长，失业率大幅下降，到1936年几乎实现了充分就业。平均工资上升，个人收入也开始增加。

近期的一些研究文章分析了高桥是清的哪项政策在经济复苏中起到了最重要的作用。财政性再通胀（fiscal reflation）政策大致上是成功的，尽管没有正式的机制控制不断增长的军费预算。一项研究认为，财政扩张对扭转经济衰退有重要作用，但产业政策、世界经济复苏以及民族主义政权在迫使工人减薪方面的影响则支持了经济的持续增长（Cha，2000）。经济计量模拟得出的结论是，汇率调整对经济复苏的影响最大（Shibamoto and Shizume，2011）。

总之，从国际视角看，高桥是清政策方案更加令人印象深刻。日本从大萧条中恢复的速度，比美国快了五年，也比德国以外的其他世界强国要快。日本专家休·帕特里克认为，这个政策方案"在世界前所未有的不利国际环境下，最成功地组合运用了财政政策、货币政策和汇率政策"（Hadley，1989）。

1935年：约束军费开支

1935年，德国悍然撕毁《凡尔赛和约》，开始重整军备，引入普遍征兵制，并通过《纽伦堡法案》剥夺犹太人的公民权。在东亚，争夺中国控制权的斗争愈演愈烈。苏联与日本达成了一份令人不安的协议，承认后者对中国东北地区南满铁路的控制，而苏联则控制中东铁路。[①] 在中国，国民政府已经实际承认日本对东北地区的军事控制，但中国共产党则号召建立统一战线抗击日本。在日本，日益激进和失控的军队派系发动政变，继续海外侵略，并试图刺杀反对他们的日本政客。

高桥是清对重掌财政大权犹豫不决：他知道军部拥有实际的内阁否决权。他长期反对激进的军部，也知道这样做的危险性。1931年，他曾威胁说，如果日本军队按计划进攻中国东北的锦州市，他就辞职。第二年，他又成功阻止了军部准备将日元作为伪满洲国货币的计划，主张伪满洲国实际上是一个独立的国家。他还反对日本军队在伪满洲国的军费开支，理由是这会挤出与其他国家更重要的贸易往来。日本军队一开始侵占中国东北，高桥是清就呼吁陆军大臣撤回军队，这令军部愤怒不已。军事极端分子给高桥是清贴上"日本帝国的敌人"这一标签。

[①] 中东铁路是"中国东方铁路"（China Eastern Railway）的简称，亦称作"东清铁路""东省铁路"，是沙皇俄国在19世纪末20世纪初为攫取中国东北资源，称霸远东地区而修建的一条"T"字形铁路。1905年日俄战争结束后，俄国只保留了满洲里至绥芬河的铁路支线（中东铁路）的管理权，而南满铁路（长春至大连）则归日本人控制。1935年3月，苏联又把中苏共同经营的中东铁路北段（北满铁路）以1.4亿日元卖给了日本扶植的伪满洲国。——译者注

高桥是清一直希望他的财政扩张政策是临时性的。1934年，他终止了萧条救助基金，但限制军费开支则非常困难。他给陆军和海军提供的经费一直低于他们的要求，这让内阁中的将军们大为恼火，有时演变成公开对峙。1933年底，英美两国提高了对日本商品的关税，高桥是清将此部分归因于日本军事集团对苏联和美国的威胁。

1933年初，预算编制审批过程对所有人来说都特别艰难。高桥是清当时已78岁高龄且疾病缠身，他对整个预算程序极不满意，考虑再次辞职，但是首相斋藤实鉴于他的实力、知识和声望，极力挽留，他又一次同意了。他再次试图改革预算制度，限制大臣们为自己争取利益并夸大自己的诉求。高桥是清希望建立一套自上而下的预算程序，首先确定国家优先事项，然后其他初级大臣再参与进来。但是，他从未得到支持。事实上，由于军部此时任命了执行强硬路线的军官担任陆军大臣和海军大臣，局势进一步恶化。

1934年中，斋藤实内阁因腐败指控而倒台，起因是"帝人事件"①，政府被指控救助了失败的企业家，造成投资人获得不义之财，后来证明所谓的指控是右翼军部人士捏造的。高桥是清的几位同事遭到逮捕和判刑，其实真正的目标可能就是高桥是清本人，但他并没有被吓倒。他的增长政策依然受到广泛的支持，包括大小企业、中间派官员、政党政客和温和的工会联盟等。但军部和某些右翼分子主张建立一个更强势的专制政府、更强大的军

---

① 帝人的全称为"帝人株式会社"，是日本具有代表性的化学纤维生产商，现在仍是日本化学行业的巨头。——译者注

队以及向海外扩张。时任海军大臣冈田启介被任命为新首相。冈田启介要求高桥是清继续留任，但后者深受"帝人事件"的伤害没有答应，而是推荐他的副手接任。但这位继任者经过四个月的紧张工作后就去世了。1934年11月，80岁且身体状况持续不佳的高桥是清又被召回，担任他的第七任也是最后一任大藏大臣职务。

高桥是清的1934—1935年预算以不得不拨付更多军费而结束，这个结果几乎是不可避免的。军费开支与前几年相比大幅增长，已几乎占到政府支出的一半。程序几近失控，名义上的文官政府已经被军部大臣绑架。但至少经济增长得更快，为缩减债券发行规模和提高公司所得税率提供了空间，尽管后者被证明是不受欢迎的。军部政客和激进分子通过政治宣传及刺杀手段，继续恐吓对手。他们对美国的贸易政策及美国对待日本移民的态度感到愤怒，对列强批评日本在中国东北的军事行动感到愤怒，对《伦敦海军条约》和《华盛顿海军条约》感到愤怒，对中国的抵抗运动感到愤怒，以及对大萧条造成的经济损失感到愤怒。

到了1935—1936年预算年度，高桥是清致力于回归平衡预算，此时经济增长已经改善，通货膨胀正在抬头，债务也在增加。他经常说，财政刺激措施必须被视为暂时性措施。

日本对中国东北军事控制的关键在于铁路网，军队想对铁路网进行扩建。1935年，高桥是清是唯一一位反对南满铁路公司扩张计划的资深大臣，在他看来，这是在助长日本军国主义。他似乎比军部更清楚地预见到，军队离不开西方的技术和关键原材料，如航空燃油。

由于预算需要全体大臣（包括陆军大臣和海军大臣）的一致

同意，在不断升级的困难气氛中，高桥是清在其任内最后的四次预算编制中均与军部发生了公开的冲突。这一次，军部再次反对高桥是清提出的预算方案，以非常对抗的方式增加不切实际的军费开支要求。高桥是清中断了预算谈判，并公开批评大臣们没有诚意。他将日本经济与西方经济进行比较，指出美国的人均收入几乎是日本的10倍，并拥有丰富的自然资源，因此，日本无法像西方大国那样花钱。军队以最强硬的语言指责他，"我们的领导人必须彻底改变和撤换"（Smethurst，2007，第291页）。

在高桥是清最后的几张照片中，有一张拍摄于1935年末，照片中的他面带困惑的微笑，正在喧闹的帝国议会预算辩论中读书。他读的书是费比安·西德尼和贝特丽丝·韦伯合著的《苏维埃共产主义》。很显然，高桥是清安排一家大报社发表这张照片有故意和挑衅的成分，因为该书宣扬共产主义已经被日本政府审查机构禁售。高桥是清意识到自己面临的风险，告诉其他人自己可能是被刺杀的对象，但他除了坚持下去，别无选择。

陆军大臣最终同意了年度预算，但为时已晚。军方开始分裂：一个强大的派系坚决反对军费受到任何限制，他们绝不妥协。在接下来的几天里，政府召开了冗长而繁复的预算会议，试图打破僵局。在长达20个小时的会议之后，高桥是清对外发出达成协议的信号，得到了新闻媒体的称赞，称他为82岁的"创造奇迹的达摩"。①

1936年初，日本获悉意大利公然入侵阿比西尼亚。高桥是清

---

① "达摩"，也称为"达磨"，原意是佛教祖师或高僧；在日本有一种基于菩提达摩形象的传统木偶也称为"达摩"，有点类似于中国的不倒翁。——译者注

直言不讳地对此进行了批评，指出这种殖民主义侵略行径的危险性。军部将高桥是清的言论解释为，这也许实际上是对他们占领中国东北行动的新一轮批评。2月20日有一场大选，高桥是清的立场获得了公众的支持，但此时他的生命安全正受到右翼分子的直接威胁。

日本帝国军队有派系化抗议的传统。"青年军官"发起了一场运动，他们认为国家已偏离正确的方向。他们抱怨天皇被"围绕君主的邪恶法师"误导（在他们心目中高桥是首要目标）。青年军官们要求清除西方思想，恢复国家的传统纯洁理念。这场运动规模不大，但在总参谋部和皇室中有一批很有影响力的支持者，并在1934年的军事学院事件和一年后刺杀一位著名的保守派陆军将领的行动中展示了他们的力量。

刺杀和起义是在"国体"①的旗帜下进行的，这是一种超国粹主义的日本文化。1935年底，青年军官运动制订了一份新的秘密计划：在一份题为"起义宣言"的机密文件中，他们谴责官僚、政客和其他危害国家政体的人，并计划为国家消灭这些反民族主义的敌人。一批军官将率领一支特遣分队刺杀"国体"的主要敌人，控制首都，并向天皇提交请愿书，他们相信天皇会同情他们的动机。他们列出了一份六个人的刺杀名单，首相名列其中，而排在第一位的就是大藏大臣高桥是清，他的罪名是"卷入政党政治，图谋削弱军队，继续维持现有经济结构"。

由于生命受到越来越严重的威胁，日本政府采取了一些特别预防措施来保护高桥是清的安全：他接受了如何在汽车中躲避刺

---

① 日本的超国粹主义文化。当时日本军部内有一个"国体原理派"。——译者注

杀的训练，他的办公室装有特别的安保设施，他的家配备了特殊门锁、隐蔽出口、警卫和秘密逃生室。高桥是清很清楚他的危险处境，他说，"我再次加入政府，知道这是我最后一次为国家服务，我已做好死亡的准备了"（Smethurst，2017，第295页）。

1936年2月25日晚上，疲惫不堪的高桥是清从马拉松式的预算工作中抽身，比平常稍早一些回家，看望回娘家来的已婚女儿。全家人一起吃完晚饭后，感到疲惫的高桥是清早早就上床休息了。

那一夜，由25名军官率领大约1 500名士兵准备政变。他们给自己起名为"新义勇军"，口号是"拥护天皇，消灭叛徒"。他们在东京市中心的三个营区集结。这是一个非常寒冷的夜晚，一直在下雪。第二天凌晨5时，在凛冽的寒风中，陆军步兵中尉中桥基明和陆军工兵少尉中岛莞尔率领帝国第三禁卫军的120名士兵，向距离军营只有500米的一个带有围墙的旧式风格花园住宅进发。那是高桥是清的住宅。一半的士兵在住宅外停下并形成一个防御圈，另一半则推开门卫闯入住宅。门卫设法打电话给大藏副大臣，警告他这里发生的事情。但是他阻止不了士兵们冲破大门、闯入住宅并涌进高桥是清的卧室。高桥是清被噪声吵醒，困惑地坐起身来，要求知道发生了什么事情。

中桥基明对他大喊："天罚！"他拔出军刀砍向高桥是清，几乎砍断了他的手臂。中岛莞尔大叫"叛徒"，并向高桥是清的胸部和腹部连开数枪。高桥是清倒床而亡。大藏副大臣津岛寿一赶到并勇敢地试图干预，但为时已晚。高桥是清一动不动地躺在床上，睡衣上沾满鲜血，他死了。

刺杀者的狂热目的达到了，他们从住宅中撤出，加入其他政变军人的队伍,向皇宫进发。狂热分子当晚继续暴力狂欢:他们又成功地刺杀了一位前首相和另一位保守派大臣。

在一系列刺杀后,反叛士兵占领了东京市中心的一座大楼,要求成立军政府。但经过几天的犹豫,天皇拒绝宽恕刺杀者,下令平息叛乱,叛军此时意识到他们失败了。军部起初不愿意介入并惩罚误入歧途的军官,但最终颁布了戒严令,反叛士兵被逮捕并接受审判,尽管这一结果姗姗来迟。

"二二六事件"以新义勇军的失败而告终。经过非公开审判,19 名军官被判处死刑并立即执行,多人被监禁。但是,该事件也终结了高桥是清一直倡导的许多思想,包括建设现代经济、国际经济合作、民主内阁控制和限制军费开支等。虽然军事政变未遂并被镇压,但这一事件标志着文官政府对军队控制的结束。日本内阁辞职,即将接任的新首相被迫屈从于军部的许多要求,其中包括只有在职军官可以担任战争大臣和海军大臣的新要求。这意味着,如果内阁不同意军部的资金要求,军部的指挥官可以命令他们辞职,从而拖延预算审批,导致政府倒台。

高桥是清的严格预算程序已经不复存在。军部增加了军费开支。第二年,日本军队全面入侵中国沿海地区,正式发动战争,开启了让世界陷入战争的恐怖时期。

在接下来的几年里,不受限制的军费开支主导了日本政府的预算,远远超出日本经济的承受能力,即使加上日本军队掠夺的殖民地资源也入不敷出。债务迅速攀升,通货膨胀率起初跃升到 10%,而后达到了天文数字般的水平。

东京处于戒严令控制之下,最初的一个月,军部不允许高桥是清的家属为他举行葬礼。最后举行葬礼时,由于担心引发骚乱也不允许发布任何公告。但消息不胫而走,很快就在社会上传开。得知葬礼消息,成百上千的民众沿街而立等待送葬队伍,向这位勇敢的老人致敬。当时的皇后无视军部意见,也送上了花圈。在街上,人们向一位英雄的去世表达哀伤和敬意,也是向一个时代的结束致敬。

高桥是清是一位非常受欢迎的政治家,一位了解人民的人。由于身材矮胖,他的昵称就是"达摩",基于菩提达摩形象的日本传统木偶,通常是矮胖的、留着胡须的男人,被视为坚韧不拔和好运的象征。木偶的形状类似鸡蛋,重量在其底部,因而被推倒后可以重新站立起来。达摩通常与一句著名的日本谚语连在一起,即"七転び八起き",翻译成中文就是"摔倒七次,起来八次"(含义如同中文的"百折不挠")。高桥曾七次担任大藏大臣,但即使是他也未能重新站立起来。

高桥是清阅读英文日报

第 2 章 世界上最有钱的人?

孔祥熙在 1936—1937 年的中国

孔祥熙与中国第一家庭

高桥是清遇刺身亡和"二二六事件"的消息很快就在中国传播开来,南京国民政府知道了,上海的银行家和实业家知道了,在云南的共产党人也知道了。最值得信赖的日本经济政策制定者和其他一些人遇刺身亡,以及日本政变未遂的报道成为新闻焦点。中国人明白,审判和处决阻止不了日本军部的野心,他们看到东京的民主文官政治正在消亡,他们知道这意味着中国将面临更大的军事压力。国民党高层对日本这些事态的发展更为了解,因为他们当中很多人早年曾在日本生活过,或者作为年轻的激进分子逃避镇压,或者在日本的军校接受训练。国民党政府本身就是军政府,可以看出日本军队几乎不受控制。

其中,对此次事件最感兴趣和最关注的一个人就是孔祥熙,他通常被称为"HH"。① 此时的孔祥熙 55 岁,同时担任国民政府

---

① 孔祥熙的韦氏拼音为"Kung Hsiang-hsi",所以当时的英文简称为"HH"。——译者注

的财政部长和中央银行行长。他很清楚，服务于以战争为目标的政府时，财政部长会面临什么样的困境。对他本人而言，这是一个非常困难的时期，因为他需要维持货币稳定、抑制失控的通货膨胀、筹集公共资金、支持脆弱的金融机构，以及恢复正在多条战线上同时打仗的政府的经济信用。在一个贪腐、逐利、残酷无情和充斥着敲诈勒索的年代，国民政府在政治上是不稳定的，处于蒋介石贪得无厌且通常不合理的命令之下。

对于这个要求很高的职位，孔祥熙有一些优势。与高桥是清不同，孔祥熙是科班出身的经济学家；另外与高桥是清不同的是，孔祥熙用做生意的方法处理经济政策问题。孔祥熙面对的经济问题巨大，但他是一个在如此复杂环境中游刃有余的人，在履行公职任务的同时，也利用他的官方身份积累了巨额的个人财富。他不认为把家庭利益与政府利益混在一起有什么不妥，利用中国的资源和劳工，一方面安排资金与共产党作战，另一方面又与日本商人合作，暗中谋取商业利益。孔祥熙没有高桥是清那样的道德水准或家国情怀，他只是一个在充满战乱和矛盾的世界里如鱼得水，通过建立关系、做政府生意并同时为个人谋利的经济学家。

在任职期间，孔祥熙的主要精力用于筹集资金。1936年，爆发战争的可能性越来越大，加之国民党政府急需扩张军备，因此他致力于建立一个国内税收体系、一个政府拥有的银行体系和一个新的货币体系。从1937年开始，随着冲突的蔓延，他想方设法从德国获得军事援助，并开始从美国得到巨额援助资金。

在19世纪与20世纪之交，日本东京为亚洲民族主义者中的年轻骨干分子提供了一个有吸引力的避难所。日本因战胜俄国而名声大噪，年轻一代的亚洲激进分子朝圣般地涌向日本，为摆脱本国旧王朝的束缚及殖民统治寻找良方。孙中山就是其中之一。孙中山是一位中国革命家，曾发动过几次不成功的政变，试图推翻衰落的清政府以及随后统治中国的军阀。为了躲避当局的追捕，他在日本避难。1905年，他前往美国发表演讲，阐述他对新的共和制中国的构想，并在华人移民社区为革命活动努力募捐。

那一年，一名在美留学的年轻中国学生专程前往繁华的工业城市克利夫兰，因为他听说当地华人社区会堂将有一位来自中国的重要演讲者。演讲者就是孙中山先生，他凭借自己革命性的雄才大略和世界主义背景，当晚给这位年轻的中国学生留下了深刻的印象，后来他们建立了密切的联系。

这位受影响的年轻人就是孔祥熙。1882年，他出生于中国北方山西省一个名叫太谷的地方，家境富裕。① 家族财富来源于遍布全国的当铺生意，这是一种初级形态的银行业务，给农民和小生意人提供贷款。孔家将当铺生意逐渐转向货栈和银行，在农业歉收的年景，他们慷慨放贷，而那些还不上贷款的人的土地就会被孔家收走，其结果是随着时间的推移，这个家族变得非常富有，而资金借贷链也随之拉长。在那个年代做生意，意味着必须与地方军阀合作。事实证明，孔家很善于此道，平衡各方利益冲突，成为值得信赖的顾问，并从匪帮提供的保护和联系中获益。孔家以山西为基地，在那里有权有势，随后向全国各地拓展，并在蒙古、越南和日本开设了分支机构。

孔祥熙的母亲在他很小的时候就去世了。孔家是一个非常传

---

① 原书有误。实际上，孔祥熙出生于1880年9月11日。——译者注

统的家族（孔祥熙自称是孔子的第75世孙），反对孔祥熙接受西式教育，但他说服了父亲，西式教育是在商业生活中获得成功的新途径。当父亲把全部精力投入家族生意时，孩子们就被送到当地美国人开办的教会学校读书。孔祥熙在学校里进步很快，他学习英文并体会到其中的好处，秘密地皈依了基督教。1896年，他从死气沉沉的家乡来到直隶通州（现北京通州区），在传教士创办的潞河书院[①]上学。在那里，他以极大的热情学习数学、化学、物理等课程，而这些从来都不是中国传统教育的一部分。

1900年，义和团运动在中国北方爆发，随后蔓延到山西省，当时孔祥熙正在太谷的家中度假。义和团是激进的中国爱国者，他们反对欧洲人控制中国北方的主要城市，于是掀起一场暴力抵抗运动，斩杀传教士和当地的教徒。1903年的一篇传教士文章讲述了19岁的青年学生孔祥熙当时扮演的角色。受附近地区残杀传教士和教徒消息的鼓动，一群义和团支持者涌入太谷城，当地教徒和欧洲传教士知道自己将成为被攻击的目标。孔祥熙把自己伪装起来，并帮助传教士在其驻地修筑防御工事。在极度危险的情况下，他尽力充当中间人，表现得非常勇敢，不顾当地义和团的辱骂和嘲讽，也不顾家人要他逃往安全地方的多次恳求。义和团包围了传教士驻地，陷入了失控的狂热状态。

[①] 原文使用的名字是华北协和学院（North China Union College），但在当时实际应是潞河书院，故更正。潞河书院前身为八境神学院，清同治六年（1867年）由美国基督教公理会创办于当时的直隶通州。光绪十九年（1893年）改名潞河书院，开设圣经、基督见证、哲学、三角、算学、国际公法、理财学、心灵学、是非要义、地质学、自然地理、世界史和中文等课程，孔祥熙是其著名校友。1912年改为华北协和学院，1919年与北京汇文大学等校合并，改称燕京大学。——译者注

传教士们看到被包围的驻地已无路可逃，知道这次凶多吉少，便给亲人写下最后一封信。在最后一刻，孔祥熙乔装打扮，带上传教士们最后的书信，不顾危险设法从驻地偷偷逃了出来。他的家人把他藏了起来，因为城里到处都是失控的义和团民众，杀害传教士和教徒。尽管情况危急且家人力劝，但孔祥熙拒绝放弃他的基督教信仰，最后他躲在一辆牛车里，逃出了太谷地区。

当起义的义和团到达北京并围攻欧洲使团驻地时，软弱的清政府做出了支持义和团的致命决定。由于对清政府的态度以及对传教士被杀害感到愤慨，六个欧洲占领国①派出军队，残暴镇压北京的起义活动，屠杀了大量的中国人，肆意焚烧财产。

在惩罚北京之后，复仇的西方军队把注意力转向山西，那里有许多传教士被杀害。在太谷，孔祥熙帮助收集死难者遗体，发放赈灾款，恢复教会财产。作为一名年轻的基督徒，他能够与西方联军的司令官交涉，劝说他们不要屠杀也不要洗劫这些城镇。作为交换，他提出由省里支付现金赔款，并给予外国企业特许经营权。作为这笔交易的一部分，孔祥熙设法没收了一个亲义和团家庭的大量地产，并在未来几年使用这片土地作为几所学校的场地。他的做法虽有基督徒善行的成分，但也是在帮别人忙的同时借机为自己谋取个人利益。义和团杀害教民和传教士是一场灾难，但灾难是可以利用的；义和团赔款是羞辱性的，但羞辱也是可以忍受的。孔祥熙在成年之后非常精通此类交易：与棘手的、

---

① 原文如此，但实际上是八国联军，包括英国、美国、法国、德国、俄国、日本、意大利和奥匈帝国。——译者注

不道德的以及不可靠的合作者打交道,并与他们达成经济协议,通常也会从中为自己谋利。

孔祥熙成功避免了山西地区遭受进一步的暴力和赔偿,他的谈判技巧引起了清政府的注意。为此,他受到嘉奖,并获得赴美留学的机会。通州的一位传教士教育家安排他和另一名学生去美国俄亥俄州的欧柏林学院深造,该学院与他原来上学的太谷学校隶属同一个系统。1901年,他们从上海出发,乘船经日本抵达旧金山。说到旧金山,让人回想起几十年前年轻的高桥是清遇到的麻烦:孔祥熙遭到移民局的阻挠,被拒绝入境,并被美国移民局扣押在船上一个星期。当时美国爆发了一股反亚洲情绪,中国留学生不受欢迎。最终从船上获释后,他不得不在旧金山停留一年,等待他的移民文件获得批准。

孔祥熙在旧金山的华人教会住了下来,这也给他一个学习英语的机会。最后他获得欧柏林学院的入学资格,但不幸的是,驶往东部的火车需要途经加拿大,当他再次进入美国时,又被美国移民局带有种族偏见的工作人员扣押,直到欧柏林学院设法通过当地的国会议员施加政治压力,他才获释,终于在1903年1月到达欧柏林学院。该学院位于俄亥俄州的一个小镇,距离混乱和拥挤的中国北方有数千英里之遥,是一个适合安静学习的地方。在欧柏林学院,孔祥熙决定学习经济学,获取文科学位。他的身体并不健壮,适应力也不是很强。尽管受到美国当局的严苛对待,但他似乎并没有心怀不满。相反,这为他提供了一个近距离观察美国制度如何运行的机会,他后来运用这些知识从美国获取了巨额资金。

几年后,孔祥熙从欧柏林学院毕业,凭借家族财富,他进入美国东海岸纽黑文的耶鲁大学继续求学，他在那里攻读经济学硕士学位。耶鲁大学的政治经济学资深教授欧文·费雪是一位多产作家、发明家、数学家、建模师、统计学家和研究员。当时，他正在写作《资本和收入的性质》(1906)及《利息理论》(1907)两本书，这是帮助发展货币数量理论的关键著作。费雪的开创性研究对本书提到的其他几位经济学家运用的经济学理论有重要贡献。孔祥熙已较为熟练地掌握了英语，并能完成所学课程，但他不是一个受费雪经济学理论吸引的人。他在实际的经济事务中表现出更多的才能：商业关系、银行业务、做交易与赚钱。

在美国获得学位之后，孔祥熙返回中国，加入在太谷的家族生意。他重新熟悉中国的商业运作，但也了解谁在掌权，并学会如何使自己成为他们中不可或缺的一员。那是一段非常不稳定的时期，经常发生挑战清王朝的革命和起义。孔祥熙很快就被地方军阀阎锡山任命为官方顾问、代理人和商业掮客。阎锡山曾在东京留学，非常欣赏日本军队的效率。1911年辛亥革命期间，孔祥熙帮助阎锡山组织军队推翻了清王朝在山西的统治，他还帮助阎锡山与正在崛起的政治领袖袁世凯进行谈判，使阎锡山获得了山西督军的职位。阎锡山以他的魅力、狡诈和贪婪而闻名，孔祥熙则欣赏和认可他的这些品质，并愿意加以利用。除了学习谈判与妥协的艺术之外，孔祥熙还从阎锡山那里学到关于山西经济发展的一些经验，尽管山西偏远贫穷，但还是获得了模范省的声誉。

利用义和团在太谷赔偿的土地，孔祥熙帮忙建立了两所新的基督教会学校，一所男校和一所女校。几年后，他在附近的教会学校遇到了一位年轻姑娘，名叫韩玉梅，是一个孤儿。他们结婚了，并在孔祥熙任校董的新校园里开始了幸福的家庭生活。在一次给毕业生的演讲中，孔祥熙提出"青年人成功的指南——认真观察、科学思考、虔诚决策、有力行动"，这句话给人留下了深刻的印象，尽管并非完全用于指导他本人的职业生涯。

动荡仍在继续。在另一次起义之后，革命领袖孙中山于1911年当选中华民国临时大总统。两年后，袁世凯为了攫取全部权力，把矛头转向他的同僚，派刺客暗杀对手。孙中山成为袭击目标，只能逃往东京。

孔祥熙已经成为当地的天然领袖，树立起青年进步分子的形象。他担任地方民团的领导，照片显示他身穿民团制服，看上去既整洁又聪明。然而，这种安静、富足的家庭生活被突然打断：他的妻子体弱多病，1913年死于肺结核，去世时非常年轻还没有小孩。高桥是清也曾遭遇年轻妻子的早逝，此时的孔祥熙同样感到无助、孤独并失去生活的方向，他辞去了学校校长的职务。最终，他决定与其他受过自由主义教育的中国年轻人一样，前往进步国家日本去考察其制度运作，同时也想看看能否在那里发展家族生意。他与中国基督教的关系，很快就帮他在东京获得了华人基督教青年会的管理员工作，这里是中国侨民的主要聚会场所。孔祥熙发现，他身处基督教华侨社区和孙中山国民党的支持者当中。

这个时期，高桥是清也在东京，担任日本中央银行行长，没有迹象表明他们见过面。但像孔祥熙这样一个对商业前景充满疑问的年轻人，肯定听说过高桥是清，也许还很欣赏他。他可能还曾反复思考过这样一个问题，为何中国没有如此强大的文官政府，没有运行中的中央银行，也没有正式的经济顾问。

孙中山的一位密友是非常富有的中国商人宋查理（即宋嘉

树），他的女儿宋霭龄担任孙中山的秘书。当孙中山逃离中国时，由于担心自己也会成为暗杀目标，宋查理带着他的家人也离开了中国。在中国，宋查理用他的财富帮助建立了基督教青年会，因而他经常去东京基督教青年会的办公室也就不足为奇了。在那里，他遇到了年轻的孔祥熙，他们在交谈中发现，孔祥熙几年前在纽约的一次学生聚会上就见过宋查理的女儿宋霭龄。宋查理邀请年轻的单身男子到家里做客，共进晚餐。孔祥熙以他所有的魅力，给这个强大的中国商业家庭留下了非常深刻的印象。坐在餐桌边，他的举止谈吐令宋查理很满意，也使他的妻子（倪桂珍）着迷，特别是迷住了家里的大女儿宋霭龄。西格雷夫记录下了当时的气氛：

> 孔祥熙发现他迷上了宋霭龄，同时他也符合宋霭龄的择偶标准。他身材矮胖、稚气未脱，举止彬彬有礼，相貌并不出众。但是，如果说他不够帅气迷人的话，宋霭龄也是如此。处在一群政治空谈家中，孔祥熙是一个比较现实的人。当其他人谈论令人兴奋的乌托邦计划时，孔祥熙谈论的却是钱。对于霭龄来说，理想主义只不过是蛋糕上的糖霜，而蛋糕需要由权力来烘焙，而权力只能用金钱购买。她在工作中已经看得太多了，因此深谙此道。（Seagrave，1985，第135页）

1915年，孔祥熙与宋霭龄在樱花盛开的横滨的一座基督教堂中结婚，孔祥熙的亲戚和宋霭龄的家人出席了婚礼。时间证明这是天作之合：他俩对金钱和权力有共同的兴趣，并且双方的才能相辅相成。孔祥熙是场面上的人物，有魅力、关系和商业能力。在接下来的半个世纪里，宋霭龄则是孔祥熙孜孜不倦的支持者、谋士以及坚定的执行者。与他第一任妻子不同的是，宋霭龄是一个令孔祥熙能够欣赏并愿意与之做生意的女人，孔祥熙以和蔼的姿态衬托出宋霭龄钢铁般的意志。

孔祥熙非常清楚，他与一个非常强大的家族联姻了，这个家族将在财政上和政治上主宰中国近半个世纪。他们是基督徒，表面看起来虔诚，但实际上精明而无情。宋查理是一位非常富有的白手起家的商人，孩子们主要在美国接受教育。孔祥熙的新婚妻子是家里最大的孩子，有着精明操盘手的名声：一个诡计多端的幕后操纵者，掌控资金，在商人、军阀和家族利益之间游刃有余，既是战术家也是执行者。她对任何商业行动都毫不退缩，对消灭那些制造麻烦的对手从不感到内疚。她的敌人后来给她贴上的标签是"中国最邪恶的女人"。

孙中山此时已经50多岁，忙于组织各种政变，试图在遥远的东京改变中国的政治局面。宋霭龄与孔祥熙结婚后，孙中山需要再找一个秘书。幸运的是，宋家不乏有才华的孩子：宋霭龄的妹妹，年仅20岁的宋庆龄正好从美国学习归来，担任了孙中山的秘书。与她冷酷且商业化的姐姐不同，宋庆龄热情、理想化、浪漫、有革命情怀。宋庆龄与孙中山很快陷入热恋，但孙中山已经结婚。作为一名坚定的基督徒，父亲宋查理对此持不可原谅的态度，割断了与孙中山的友谊，举家搬回上海。尽管那里的动乱仍在持续，但宋庆龄非常有主见，不顾孝顺和服从的中国传统理念，从家中偷偷逃了出来，秘密返回东京，在那里她与孙中山迅速结婚，后者则声称他已与前妻离婚。宋查理非常气愤，与宋庆龄也断绝了关系。宋庆龄一直与孙中山生活在一起，直至他去世。宋庆龄保持着她的革命立场，后来成为共产党的一位标志性人物。

1916年，孔祥熙带着新婚妻子返回山西老家。政治环境十分恶劣，但由于家族势力的庇护，偏僻的太谷则相对安全。在那里，他们过着奢侈的生活，居住在一个由花园包围的巨大但丑陋的宫殿式房子里（今天这座建筑作为博物馆被保留下来），有500余名仆人。宋霭龄在那里生下了他们的第一个孩子。孔祥熙在当地创办的学校（基于他对美国欧柏林学院的回忆而取名为"铭贤"）仍在正常运行，他后来又投入很多资金创办了"欧柏林在中国"的连锁学校。

宋霭龄的大弟弟宋子文是作为家族接班人精心培养的，他聪明且有智慧。从上海的大学毕业后，他赴哈佛大学学习经济学，后来又在纽约从事银行工作。由于展示出家族需要的金融敏锐性，宋子文回到中国后，在多个家族企业工作。1919年，孙中山回到中国，在广州建立临时政府。宋子文加入他姐夫孙中山的团队，成为财政顾问，并帮助新政府建立财政基础，事实证明他在公共政策方面很有天赋。

但在组建早期国民政府的过程中，起主导作用的是宋子文的妹夫蒋介石。蒋介石是一个出身贫寒的年轻人，曾在街头接受过帮派训练，后来又在东京学习军事战术。他长袖善舞精于钻营也颇有军事谋略，但性情暴躁，有暴力倾向。他曾是青帮的执法者。青帮是上海最有势力的帮派组织之一，控制着沿海地区大部分合法和非法的商业活动。蒋介石凭借自身能力逐步成长起来，并加入羽翼未丰的孙中山政府。

这时，另一个宋家姊妹走上历史舞台，小女儿宋美龄从美国的卫斯理安学院毕业回国。她机敏、聪慧、迷人，富有感染力，很快就引起了正在崛起的蒋介石的注意。此时蒋介石已经是黄埔军校的校长，他无情地与前两任妻子离婚，抛弃了他的儿子，只为了迎娶这位既令人着迷又有政治关系的宋家女儿。起初，宋家反对与这个有多次婚史的街头混混联姻，但孔祥熙和宋霭龄从中觉察到交易机会：他们可以预见到这种结合能带来的好处，并在1927年极力促成了婚事。孔祥熙安排蒋介石成为基督徒，并陪伴他出席由宋霭龄精心策划的婚礼盛典。

孔祥熙此时发现，他已成为中国最有权势家族的一员。他本人很富有，而他的财富又得到了岳父宋查理的财富和人脉的支撑，他娶了一位才华横溢的女商人，他是中国第一任总统孙中山的连襟，也是国民党委员长蒋介石的连襟，他的妻弟宋子文将成为中国最富有和最有权势的人物之一。宋子文的两个弟弟也将成为有钱人。他的大姨子宋庆龄将成为中国的殉道者，而小姨子宋美龄将成为美国最有影响力的女性之一。有一句话是这样形容宋氏三姐妹的：霭龄爱钱，美龄爱权，庆龄爱国。

孔祥熙此时所处的位置，使他可以充分利用20世纪早期中国的家族财富及人脉、街头帮派混战、军阀利益、军事冒险主义和国际压力等交织在一起的复杂环境。那是一个动荡的年代，而他可以利用混乱依次帮助自己、他的家族、他的政治同党以及他的国家。

孔祥熙与孙中山一直保持着联系，他对曾收到一本孙中山亲笔签名的《建国大纲》而十分自豪，此书是新中国的创始性文件之一。孙中山在南部城市广州和后来的武汉建立了第一个持久的共和制政府①，并通过不断变换政治和军事联盟的方式，保持着对中国南方大部分地区断断续续的控制。孙中山需要建立政府的军事力量，但没有现代化的税收制度去支持这些行动。政府资金的主要来源是由腐败官员和帮派管理的摇摇欲坠的城市税和乡村田赋体系。地方军阀和官员代表政府收取称为"利金"的地方税，并自留一定比例。更让人憎恶的盐业垄断制度也在榨取农民的血汗钱。被称为"茶俸"的贿赂无处不在。这是一个非常腐败的系统，无论是有钱的商人还是贫苦的农民都极其鄙视它。

孙中山向孔祥熙的大舅子宋子文求助，这时宋子文正在宋家与日本财团合资的一家上海工业联合企业里工作。日本对中国北方的军事侵略似乎对他们没有影响：宋家可以和任何人做生意，只要对方能够带来利益（具有讽刺意味的是，高桥是清被刺杀前也是大力鼓励日本对华投资，在他看来，这是一条既能获得资源，又不需要承担侵略的危险、代价和破坏的道路）。孔家的当铺、银行和商业帝国与宋家的人脉关系、日本的投资，以及青帮的残暴势力结合在一起，在20世纪二三十年代混乱的中国，构成了一个极为强大的商业组合。

孙中山授权宋子文改组国民党的财政体系：对重点产品征收特别进口税，对某些产品征收消费税，并号召所有广东商人"借钱"给政府。广州国民政府与列宁的苏联共产党政府谈判，获得了一笔1 000万美元的贷款，用作组建中央银行的原始资金，为发行新钞票提供资产背书。（讽刺的是，列宁曾有一句名言："颠

---

① 原文如此。实际上，广州国民政府于1926年12月迁入武汉，此时孙中山已经去世。——译者注

覆资本主义的最好方法就是使其货币不断贬值。"）宋子文委托一支部队监管征税工作，税收人员若被发现卷入重大贪腐事件即被迅速惩罚，有时甚至被处以死刑。这一极端做法看起来很有效，提高了南方省份的国库收入。

孙中山于 1925 年逝世，蒋介石此时在南方（广州）趁机夺取政权。蒋介石早年研究过中国的军事经典著作《孙子兵法》，孙子认为战争的最高艺术是"不战而屈人之兵"。① 蒋介石终其一生都遵循着这条兵法，主张战术上的谋略胜于武力。这也是孔祥熙理解和支持的哲学理念。

蒋介石需要资金来养活他基于广州黄埔军校和日益壮大的国民党军队发展起来的权力基础，他发行了一种短期"政府债券"，并利用士兵和帮派匪徒强迫商人们购买，若拒绝购买将遭到绑架和暴力威胁。蒋介石任命宋子文为财政部长和中央银行行长。跟随高桥是清的脚步，宋子文建议限制军费开支、审批国家预算、建立铸币厂以规范硬币生产和减少假币、废除令人痛恨的封建税收制度，以及引入一些基本的劳工法律。他一再警告国民党中央委员会，无节制的支出可能会导致政府破产。

蒋介石通常会当面同意宋子文的意见，但一转身就不遵守承诺。他总是提出巨额的资金要求来维持他的军队，并把大量资金拨给自己，用金钱收买对手，他根本不受任何道德或法律的束缚，不屑于说明开支用途或为敲诈行为道歉。每当宋子文提出反对

---

① "不战而屈人之兵"出自《孙子兵法·谋攻篇》，原文为："是故百战百胜，非善之善者也；不战而屈人之兵，善之善者也。故上兵伐谋，其次伐交，其次伐兵，其下攻城。"——译者注

意见时，孔祥熙的太太宋霭龄就会对宋子文施压，要求他答应蒋介石不断提出的要求，甚至不惜动用青帮匪徒威胁她的亲弟弟。孔祥熙支持他的妻子，家庭内部的裂痕在不断扩大。

宋子文是姐夫孙中山的忠实顾问，但他与妹夫蒋介石的关系很不好，两人之间的争执日渐增多。在一次激烈的争吵之后，蒋介石扇了宋子文一个耳光。这是不能被原谅的侮辱，宋子文愤而辞去了财政部长和中央银行行长的职务。他已尽最大努力，将自己从西方学到的政策工具运用于经济管理，但西方的经济政策似乎无法在这个混乱的环境中发挥作用。于是，他离职为自己赚钱去了。

1936 年：当时中国的征税

战争阴影笼罩着整个欧洲。在德国，希特勒已完成对权力的整合，违背《凡尔赛和约》，重新占领了莱茵兰①的非军事区，任命亚尔马·沙赫特为战争经济全权代表，并以凯旋者的姿态站在 1936 年柏林奥林匹克运动会的主席台上。在非洲的西班牙右翼军队的一场政变引发了西班牙内战，这场内战将成为德国武器与苏联武器相互竞争的试验场。意大利法西斯军队入侵了阿比西尼亚，德国与意大利签署了轴心国条约，与日本签署了反共产国际条约。苏联的军备重整正在进行中，但由于斯大林的大清洗行动

---

① 莱茵兰（Rhineland），旧地区名，也称"莱茵河左岸地带"。今德国莱茵河中游，包括今北莱茵-威斯特法伦州、莱茵兰-普法尔茨州。在拿破仑帝国时代，莱茵河左岸北段被并入法国。——译者注

而进展缓慢。

1936年的中国是一个分裂的国家：国民政府在东部和南部地区的控制很薄弱，因此以富裕的中部和南部沿海城市为基础，建都南京。中国共产党此时在苏联的支持下，正在南方地区建立根据地，并向北方推进。国共两党之间的斗争日趋激烈，地方武装、军阀及帮派组织在这两大政治组织之间游荡，零星的暴力事件最终爆发为一场全面内战。农业歉收导致大面积饥荒，造成数百万中国农民死亡，这使情况变得更糟。

这时，日本军队已完全控制了中国东北。该地区的矿产资源和工业对日本实业家非常有吸引力，为日本本土提供了关键资源。中国就日本占领东北一事曾向国际联盟①和西方列强发出呼吁，但没有成功。很快，日本军队开始南下，利用并操控中国内部的分裂势力，向蒋介石和中国领土发动进一步攻击。混乱的局面为日本人制造了许多的可乘之机。到1935年，他们通过军阀已将影响力扩展到中国北方，包括北京、天津地区。中方甚至被迫同意在"国际城市"上海不能使用自己的军队，国民政府实际上已经失去了对整个中国北方的控制，即使还有抵抗运动存在。

与此同时，蒋介石正在扩编国民党军队，把他的政府说成抵抗日本侵略的中流砥柱，但他一直不愿意与日军进行正面交战，而是与军阀和地方武装谈判并操控他们进攻日益壮大的共产党军队。这个策略鼓舞了日本人，遭到广大民众的反对，也使得共产党获得了对农民的舆论宣传胜利。国民党正在与他们的中国同胞

---

① 国际联盟（League of Nations），简称国联，是《凡尔赛和约》签订后组成的国际组织，成立于1920年1月10日，解散于1946年4月。——译者注

作战，军阀之间也在混战。而此时的孔宋家族却私下与上海的日本财团保持着秘密联系。

蒋介石迫切需要更多的资源，在与宋子文的关系破裂后，他转而求助于他更加中国化的连襟、在政治和生意场上善于投机钻营的孔祥熙。孔祥熙先被任命为财政部长，随后又被任命为中央银行行长。

孔祥熙个子不高，此时的他已经没有年轻时的帅气，矮胖的身材带着富态相，同事们都称他为"孔爸爸"。他的发际线逐渐后退，留着八字胡，戴着圆眼镜，面带轻松的微笑。他总是身穿西服打着领带，即使去边远的乡村出差也是如此。在家里与宋家姊妹共处时，他会穿传统的中式长衫。他喜爱奢华的生活，《时代》周刊报道说，他每天要抽15支哈瓦那雪茄。白修德[①]对他的描述是："一个矮胖、面部柔软、下巴松弛的男人……是漫画家喜欢的类型……一个和蔼可亲的人，不喜欢争吵或危机，用一个微笑或一个悲伤的故事就可以诱导他去做几乎所有事情……他最大的愿望就是被爱，那些熟悉他的人会发现他如此可爱，所以称他为'孔爸爸'。"埃德加·斯诺则没有那么客气，他写道："他不仅腐败无能，也没有什么意志力，任何与他接触的势力都可以把他推来搡去，就像对待一袋松软的食物那样。"（Hamilton，2003，第114页）

但是，这些西方评论家都低估了孔祥熙，他是一个西方基督

---

① 白修德（Theodore Harold White，1915—1986），毕业于哈佛大学，抗日战争时长期任美国《时代》周刊驻重庆记者，采写了大量关于中国战场的报道，访问延安后写出影响巨大的名著《中国的惊雷》。在抗战期间所有驻华美国记者中，白修德被认为是最倾向于中国共产党的人之一。——译者注

教意识和中国家庭利益意识相结合的复杂混合体。与宋子文相比，他的做事风格完全不同，他注重的是关系而不是政策，善于处理含糊不清的问题，喜欢做交易，在公共利益与私人利益之间的灰色地带运作起来游刃有余。他利用宋氏大家族的亲信和跟班为他效劳，喜欢古老的中国传统和中国传统语言。虽然他自称为孔子的直系后裔，却很少表现出这位圣人的深邃思想，并且他自己也很难说是儒家信徒。他在谈判中发现，无论是与政客、商人、士兵还是军阀做生意，展现出一副宽厚慈祥的面孔都是有益的。他有一张写字台，上面堆满了各种橡皮图章和闪亮的印章，营造出友好的气氛。

孔祥熙有了第一个女儿孔令仪之后，全家离开了太谷，搬到繁华的上海。在那里，又有三个孩子出生：孔令侃、孔令伟和孔令杰。孩子们从小娇生惯养，爱惹是生非。孔令伟长大后尤其傲慢专横跋扈，喜欢穿男装并留男式短发，后来对她的姨父蒋介石和姨妈宋美龄产生了很大的影响。

20世纪二三十年代中国的生活一点也不安全，即使孔家也不能幸免。孔祥熙在上海法租界买了一幢富丽堂皇的现代住宅。对当时的中国富人来说，没有任何地方是完全安全的，尽管上海的国际租界可以提供一些保护。孔祥熙居住的区域是青帮的地盘，如果定期向青帮头目杜月笙缴纳保护费，安全就可以受到保障。这不仅关系到孔祥熙的个人安全，而且关系到他的家庭成员是否有被绑架的风险，以及他的家庭佣人是否会被刺杀。

宋霭龄与青帮头目维持着一种特殊的密切关系。星期日上午，她通常去教堂做礼拜，接下来在家里接待杜月笙，而杜月笙的保镖则守在住宅外面。他们在控制生意和赚钱方面有着共同的兴趣。青帮控制着一些当地的生意，通过敲诈勒索获取金钱，并经营鸦片和妓院等罪恶行当。据估计，当时上海有1%的房屋用于经营妓院。青帮拥有数量庞大的武装暴徒队伍，当地警察根本无法控制，黑社会火并厮杀经常发生。恐吓形式多种多样，但杜月笙最喜欢的方式是给受害人送上一口华丽的中国棺材。他对同伙也能做出这类事情，即使对有权有势的宋家也是如此。他的心腹有一次在大街上枪杀了宋子文的秘书，作为对宋子文的一个温和的警告，提醒他不要忘记青帮的利益。

孔祥熙有充足的理由时刻关注其家庭在上海的安全问题。他保留着山西老家的房子，在北京、广州、南京也都有住宅，并在当时英国管辖下的香港也购置了房屋，一旦有需要就可以逃离内地。

在20世纪20年代末南京政府成立时，孔祥熙曾充当蒋介石的中间人。最初他被任命为工商部长，主要掌管工业、商业和劳工等行政事项。但是，他实行的产业政策相当混乱，中国当时的产业状况说明他的任职并不十分成功。他更善于使腐败的制度发挥作用，而不是去改造它。企业家对国内的高税收结构怨声载道，如果他们进口原材料，就需要支付沉重的进口关税。他们抱怨道，日本进口商似乎可以规避这一关税，从而超越国内竞争对手，尽管许多中国消费者不愿意从侵略者那里购买商品。

到20世纪30年代末①，相对稳定的南京政府给中国的一些地区，特别是主要沿海城市带来了经济增长。启动基础设施投

---

① 原文如此，但估计是笔误，因为1937年抗日战争全面爆发后，南京政府就撤退到重庆，不存在文中叙述的场景。——译者注

资,开始建设数千公里的铁路,从国外进口数千节火车车厢,第一台火车机车开始组装;也出现了一些与德国企业合资的工厂,组装卡车和飞机。

孔祥熙随时待命,为蒋介石出面斡旋于作战各方。他是一个善于解决问题的人,知道解决一个问题应该花多少钱,应该向谁付款,以及到哪里找到资金。他曾通过收买北洋军阀,协助蒋介石谈判推进北伐战争。然后,他利用这些谈判结果建立金融杠杆,借以把债务转给银行,并从中获得好处。孔祥熙对《孙子兵法》中"不战而屈人之兵"的解释,就是贿赂、敲诈、收买,甚至与主要对手建立利害关系。他不仅能够使用粗暴手段,而且可以是一位外交家,处理好国民政府与国际社会的关系。在现存的照片中,有很多是关于孔祥熙为美国海军指挥官和其他著名外国访问者举行热闹宴会的场景。

在孔祥熙继续其公众生活的同时,宋霭龄则在幕后工作,管理着家族财富,在家里指挥着秘书和会计团队。她毫无顾忌地利用丈夫的地位获取机密的财务信息,然后进行内幕交易。据西格雷夫说,美国联邦调查局保存了一份关于宋霭龄的档案,其中提到她雇用刺客杀害对手,鉴于她和青帮、杜月笙以及秘密社团之间的联系,她完全有能力做出这种事。一位同时期的观察家解释说,孔夫人是一个"冷酷世界的产物,拥有恶魔般的能量和对权力的渴望,能干、狡诈、野心勃勃,她是中国最有权势的人物"(Seagrave,1985,第261页)。我们很难判断这些评论的真伪,因为在20世纪30年代的中国,她有太多的诋毁者,但她的坏名声是真实存在的。

孔祥熙的本领是寻求短期解决方案,他几乎没做任何努力去延续宋子文有关改革中国经济财政基础的工作。他很快就意识到，蒋介石正陷入债务泥潭，但他忠诚地宣称，镇压"共匪"（即共产党）的努力比平衡预算更重要。当孔祥熙1933年接任财政部长时，他曾表示预算平衡固然理想，但为消灭共产党的战争提供资金则是更紧要的事情。他的策略是寻找新的途径，为日益增长的军费开支筹措资金。

孔祥熙在财政部长任上的第一项工作就是为1933年的财政预算安排资金。他把烟草税提高了50%，很多卷烟厂因此倒闭。他威胁说要增加臭名昭著的盐业税。他又发行了更多的政府债券，这些债券很快就占据了上海银行业资产的1/3。银行用白银储备购买债券，其结果是抑制了银行对农业和商业的放贷。债券的收益率非常有吸引力，导致投资者不愿投资实业，而是把资金投到蒋介石的军队中。很快，银行体系的贷款能力就被吸干。然而事实证明，孔祥熙善于随机应变：那年晚些时候，他筹集了更多的银行贷款，包括一笔来自16家银行组成的财团提供的4 400万加元的贷款，创造性地以意大利的义和团赔款（"庚子赔款"）收入作为担保。

世界经济正处于大萧条时期，国际贸易大规模萎缩。6月，美国放弃了金本位制，试图降低美元汇率、增加货币供应量以及降低美元利率。美国的做法对中国产生了不利影响：美国增加白银国库储备，主要是出于国内的政治原因，人为地把白银价格确定为每盎司50美分。上海的投资者很快就发现，他们把手中的白银卖给美国的收益，比购买南京政府债券的收益更好，从而导致中国白银大量外流。没有白银的支持，南京政府债券的销售锐减，货币市场收缩，银行利率大幅上升。在耶鲁大学时，孔祥熙曾学习过国际资本流动如何对国内造成冲击，但他现在似乎对如何阻止白银外流束手无策。他宣布对白银出口实行禁运，但遭到银行业的普遍忽视。如果禁止不了白银出口，那能否对白银出口征税呢？1934年末，政府对白银出口征收10%的出口税，这一税项可以抵消将白银卖到美国和英国市场的价格优势。尽管存在大量的走私活动，这项税收还是减缓了白银外流。然而，此时中国的白银储备已经大幅减少，银行无法为中国的实业再融资，经济增长受到影响。

毛泽东领导的工农红军①突破了国民党的封锁，开始了著名的长征，前往陕西延安②的新根据地。蒋介石把"围剿"共产党失败的原因归咎于资金缺乏，尽管他一直避免与共产党军队正面对抗。由于需要更多的资金，加上私人银行部门的资金枯竭，孔祥熙把目光转向中央银行，该行对能持有多少南京政府债券是有限额的。孔祥熙大幅提高了这个限额，利用这家政府银行购买政府债券，并通过购买政府债券向政府发放贷款。高桥是清在日本也做过类似的事情，但是以一种更为规范和透明的方式进行。

此时中国内地和香港是世界上仅有的还将货币与白银挂钩的地区，银价上涨，中国货币的币值也上升，造成出口竞争性下降。1934年是非常困难的一年，大量企业倒闭，上海外国租界的房地产价值下跌了近50%，出口下滑了20%。政府的对策是把所有现存白银资产收归国有，此举有助于币值与银价脱钩，起到了

---

① 原文为人民解放军。——译者注
② 原文为云南省。——译者注

正面但短暂的效果。尽管采取了这些措施，但非法白银贸易仍在继续，其中一部分是在伪满洲国的日本人的暗中协助下走私出去的。

发现白银交易缺乏吸引力的投机者把目光转向价格飙升的黄金。孔祥熙宣布中央银行是中国所有黄金交易的独家代理机构，以确保政府能够从这个新市场中获利。他试图控制私人交易，没能成功之后，则将私人交易商挤出市场，为国民党政府赚取投机利润。在继续限制其他人从事交易活动的同时，政府自身却出口了大量白银，获取了高额利润。这些利润主要投资于蒋介石的军事预算，但有传言说，孔宋家族也从中获利。

和蔼可亲的孔祥熙随时准备扮演中间人的角色，尤其是在涉及利润的时候。他鼓励上海的银行为政府筹集更多资金，当银行抵制时，孔祥熙就请他的执法者杜月笙和青帮出面，帮助说服他们。杜月笙安排了一个"银行业座谈会"，在会上他说明了不遵守规矩的后果，借以恐吓到场的银行家。政府通过了一部储蓄银行法，要求银行将其1/4的资产投资于政府债券和有价证券，而这些债券和证券则由中央银行以"信托"方式代为持有。各银行很清楚其中的风险，提出过多次抗议，但收效甚微。

到1935年，银行业危机再次发生。当时的中国银行和交通银行是中国最大的两家金融机构，其各自的规模都要比中央银行大得多，而且发行货币。这两家银行试图通过抛售政府债券的方式，反击南京政府这些贪得无厌的政策，实际上是在向政府宣战。孔祥熙决定，如果不能用其他方法控制这些银行，那他就要接管这些银行，但他不想让公众对这两家机构发行的钞票失去信心。他采用了典型的马基雅维利式①手段:针对两家银行先散布谣言,指责它们不贷款给实业,加剧了大萧条的灾难。他承诺,如果上海的两大私人银行和中央银行能够组成一个三行财团,商业活动将处于更为有利的地位。孔祥熙夫妇亲自宴请当地的重要商人帮助说服他们,与此同时,他也授意杜月笙以其特有的方式进行威逼利诱。

一个月后,孔祥熙准备妥当并宣布,政府将接管中国银行和交通银行。表面上看,这样做是为了增强银行向小企业发放紧急救助贷款的能力并与大萧条作斗争。但是,给企业的贷款从未兑现,大萧条也仍在继续。为了确保家族利益不受侵害,也为了限制蒋介石及其军队同僚的影响,孔祥熙任命他的大舅子宋子文为改组后的国有化中国银行的董事长,并凭借其惯用的魅力、施压、恐吓以及必要妥协的手段,操控董事会选举,把受过美国教育的两个更年轻的宋家兄弟以及杜月笙选为董事。

孔祥熙对这次银行业变革的结果感到很满意,于是又有计划地接管了上海另外三家重要的商业银行,这三家银行突然发现它们与大银行之间的信贷额度已经崩溃。这三家银行被置于孔祥熙家族控股的中国国货银行(Manufactures Bank)的监管之下,宋家三兄弟都是董事会的成员。中国南方的另外四家私人银行也没有逃脱同样的命运,最终有更多的银行和公司被孔宋家族控制。到此时,孔祥熙、他的家族和国民政府控制了中国正规银行体系

---

① 马基雅维利(Machiavelli,1469—1527)是意大利政治家和历史学家,以主张为达目的可以不择手段而著称于世,马基雅维利式(Machiavellian)也因之成为权术和谋略的代名词。——译者注

的 80% 以上。

孔祥熙接着把宋霭龄最小的弟弟，同样是哈佛大学毕业的宋子安派去负责由政府垄断的盐业公司。该盐业公司地位重要且实力雄厚：它控制着食盐交易并对其征税，涉及每一个农民的利益。该机构掌控着一支庞大的盐业武装执法队伍，而这些又很快被宋子文的太太、上海社交名媛张乐怡控制在手中。宋霭龄的另一个弟弟，毕业于美国范德堡大学的宋子良则负责家族银行业务，并同时担任上海港务局的负责人。上海港是重要的战略性港口，控制着中国大部分进出口贸易，而港务局与青帮势力也沆瀣一气。

由于担心英国利益受到干扰和潜在损害，1935年，英国政府派遣凯恩斯在英国财政部的同事弗雷德里克·利思－罗斯爵士（Sir Frederick Leith-Ross）来华，担任孔祥熙的顾问。其中的一个结果就是在1935年11月，南京国民政府决定放弃银本位制，转而将汇率与英镑挂钩。

孔祥熙接着宣布，政府将发行新的法定货币（即"法币"①）。这一措施将给予他印刷更多钞票的空间。1935年11月，一项政府法令要求所有银行及个人持有的银圆必须兑换成由四家银行发行的法币，而这四家银行均在孔祥熙的权力控制之下。为了保障新货币的信用，货币发行将受到货币储备局的监管，担保有足够的白银储备来对冲通货膨胀。孔祥熙保障货币信用的想法是建立

---

① 法币是旧中国在1935年11月4日至1948年8月19日流通货币的名称。旧中国长期采用银本位制，1933年4月"废两改元"以前，实际上是银两与银圆并用。"废两改元"后，虽然货币得到统一，但国民政府财政经济上的困难并未解决。英美两国为控制旧中国的货币权，又展开了激烈的争夺。——译者注

一个由他自己、杜月笙和宋家两兄弟主导的机构。当英国顾问利思－罗斯反对任命一个黑帮头目在这样的官方机构任职时，孔祥熙很现实地指出，杜月笙确实是一个黑帮头目，但他手下有10万人的势力，他们可以制造混乱破坏秩序，他实在太强大了，所以不可能被排除在外。

不出所料，货币储备局在限制法币发行方面没有起到任何作用。1935年至1937年间，法币的流通量增加了3倍，其中只有一半有白银作为支撑。最初大量印发钞票有助于刺激经济，接着不可避免地隐约出现物价上涨。随后失控的通货膨胀在第二次世界大战期间加速发展，这被认为是导致国民党最终失败的原因之一。1935财政年度以后，政府不再公布国家预算，甚至也没有完整的支出记录，因此无法获得准确的数据。1936年，流通的法币有14亿元，到战争结束时已经超过万亿元。1937年3.7元法币可以兑换1美元，1941年贬值为19元法币兑换1美元，到1949年新中国成立前则完全失控，2 300万法币才能兑换到1美元。

孔祥熙刚就职时，南京政府已负债累累。到1936年，政府的贷款发放量增加了10倍还多，而债务总额则增加1倍以上。随着经济形势的恶化，商人和实业家都抱怨，由于公共部门的挤出效应，他们根本无法获得资金。1936年，新的"合并债券"以毫无吸引力的条件发行给银行，但没有人愿意购买，青帮头目杜月笙再一次出面，说服银行家履行他们的公共责任。此时，2/3的政府债券由上海的银行持有，而这些银行则主要由政府控股。

虽然结果如此混乱，但孔祥熙在1945年晚些时候发表于《外交事务》杂志的文章中，赞扬了自己在发展以管理货币为基础的中国新货币体系方面所做的努力。他声称，如果没有这一点，中国就不可能继续抵抗日本的侵略。

蒋介石军事机器的另一个重要收入来源是鸦片。自19世纪英国实行鸦片贸易以来，无论是谁控制这一贸易都能够获得巨额收益。而在这个时期，青帮控制着上海和长江流域的鸦片贸易以及伴随而来的妓院生意。孔祥熙没有试图改革这种邪恶的交易，而是致力于确保鸦片收入可以在青帮和南京政府之间更公平地分配。

此时，国民政府管辖下的大部分中国经济，已经直接或间接地由孔祥熙和宋家兄弟控制，宋霭龄则在幕后悄悄指挥。这是一个狗咬狗的世界。有关白银政策的一些讨论是在孔家公馆进行的，宋霭龄也在场。宋霭龄对政策制定有很大的影响力，她提前告诉杜月笙，要注意政策的变化，但杜月笙错误理解了策划中的事情，自己的银行投资押错了方向，损失惨重。杜月笙向孔祥熙抱怨，并要求中央银行对他个人基于内幕消息而做出的错误决定予以赔偿。孔祥熙拒绝了。当天晚上，孔祥熙吃惊地发现，6个身穿制服的殡仪人员把一口"老大风格"的华丽棺材送到了他家的大门口，无情的青帮头目传达的信号再清晰不过了。孔祥熙匆忙召集中央银行董事会开会，投票决定赔偿这位"爱国公民"。

针对孔祥熙、宋霭龄以及儿子孔令侃利用政府政策变化进行内幕交易的指控日益增多。很难判断这些指控是否完全真实，因为这些指控大多来自外界的宣传。宋霭龄的七星公司在把旧债券转换为新债券的交易中受到怀疑，另外中国发展金融公司（孔祥熙担任董事长）安排优惠贷款，也帮助了孔宋家族持有股份的很多企业。孔祥熙本人担任着一系列私营工业和矿业公司的董事，他还被怀疑从与外国政府进行的各种武器交易中收取回扣。

尽管孔祥熙受过西方的大学教育，但在他实施的经济政策背后看不到任何西方经济理论的影子。一些中国学者，特别是燕京大学的学者，曾在英国留学并了解凯恩斯不断发展的思想，然而大多数中国学者对马克思主义经济学更感兴趣。孔祥熙可能从宋子文那里听说过凯恩斯（宋子文于1935年曾见过凯恩斯），并且他们后来在布雷顿森林也愉快地交谈过，但是孔祥熙不可能认真考虑过在中国推行凯恩斯主义的经济复苏政策。

凯恩斯本人并不了解中国，尽管这不能阻止他17岁时高傲地告诉父亲，他"支持义和团运动"。当他听到孔祥熙童年时期的真实经历后，他也许会改变看法。1912年，凯恩斯曾为《经济学杂志》写过一篇长文，评论陈焕章所著的《孔子及其学派的经济原理》。① 在当时的中国，凯恩斯最出名的应该是他的《和约的经济后果》一书，该书于1920年被翻译成中文。凡尔赛和平解决方案对中国产生了很大影响，因为该方案把原德国占据的中国领土转让给日本，激发了中国年轻学生的抗议活动。1932年，国民政府曾建议邀请凯恩斯来华担任经济顾问，但一直没能实现。

1936年末，西安事变爆发。蒋介石当时在古城西安视察军队，被东北军兵谏，东北军的支持者是抗议国民政府不与日本侵略者作战反而"围剿"共产党的学生。在蒋介石被抓且与外界失去联系的情况下，孔祥熙就任政府代总理。虽然情况危急，但他

---

① 陈焕章（Huen-Chang Chen，1880—1933），广东高要人，1907年以翰林身份被选派赴美留学，在哥伦比亚大学学习经济学，1911年获得哲学博士学位，其博士论文《孔子及其学派的经济原理》(The Economic Principles of Confucius and His School) 当年作为"哥伦比亚大学历史、经济和公法丛书"之一同时在纽约和伦敦出版，在西方经济学界产生较大影响。——译者注

还是决定前去西安，在动荡的政治环境中，与一群学生和士兵代表进行谈判。虽然不清楚达成协议必须牺牲蒋介石多少利益，但在巨大压力之下，孔祥熙最后还是谈出了一个换取总司令自由的条件。参与各方最终接受了东北军提出的"八项要求"，并同意支付赎金。对孔祥熙来说，任何事情都有价格。他随后安排把钱打入指定的外国银行账户，为这次和解方案提供资金。蒋介石在压力下被迫接受了所有要求，一旦获释之后又完全背信弃义，这就是他的真实风格。

1937年：争取外国援助

1937年又是一个动荡不安的年份。当法国人关注国内政局不稳以及英国人关注国王退位时，意大利正在阿比西尼亚进行大屠杀，苏联发生了肃反大清洗，西班牙内战则造成了巨大的人员伤亡。在东方，日本开始了全面侵略中国的计划。国际联盟再次无能为力。

高桥是清非常清楚军队失控的危险以及日本军队的侵略野心，他的死亡向中国发出了一个可怕的信号。在日本，将军们抓住高桥是清去世的机会，大幅增加预算要求。1937年的军费支出是过去三年平均值的三倍，而到1939年又翻了一番。战争机器已全面开启，1937年日本军队入侵中国沿海地区。

日本经济已建立起强大的工业基础，拥有先进的工厂生产线、机床、铁路和航运。从1937年起，日本国内的船舶和飞机产量大幅增长，重整军备的速度仅受到外汇储备以及能源和原材料供给的限制。日本有煤炭资源，但几乎没有石油、燃料、木材、镍、石棉、纤维和其他许多战争急需的矿产品和化工原料。日军最初从被占领的"日元区"（朝鲜和中国台湾、中国东北、中国沿海地区）掠夺这些资源。美国出于对日本扩张主义态势的担忧，开始对其实施石油禁运并冻结日本在美资产。这使日本人相信，他们需要入侵东南亚获取资源，并最终导致"珍珠港事件"。

尽管蒋介石在抗日战争中表现不佳，但他仍在要求提供更多的战争资金。随着失去中国沿海城市的商业核心区域，孔祥熙已没有能力在国内筹集到更多的钱，尤其是日本人占领上海是对国民党财政收入的一个重大打击。这时他只能向更远的地方寻求帮助。

起初，这意味着把目光投向德国。对希特勒而言，中国是一个非雅利安人种的落后、混乱的国家。但俄罗斯人已开始向中国共产党提供援助，希特勒很欣赏蒋介石选择与共产党作战而不是与日本人作战的做法。中国对德国也具有重要的战略意义，因为中国与苏联（这个德国最恐惧的政权）的边界接壤，另外中国也拥有一些重要的矿产资源。

蒋介石钦佩希特勒和墨索里尼的国家社会主义运动，特别是其信条展现的力量、团结和组织性，而暴力也符合他的一贯做法。他将纳粹视为警察和军事组织的典范，也如此看待把一个无纪律国家团结在一起的意大利法西斯。蒋介石曾推行"新生活运动"，试图严格规范民众生活。以希特勒的褐衫军和墨索里尼的黑衫军为样板，蒋介石此时建立了自己的蓝衣社秘密组织。①

为了开拓共同利益，蒋介石呼吁德国提供军事顾问、经济援

---

① 蓝衣社的正式名称为"中华民族复兴社"，简称"复兴社"，推行对蒋介石的个人崇拜，是蒋介石用来控制军官思想、以黄埔系精英军人为核心组成的一个带有情报性质的军事组织。由于复兴社模仿意大利黑衫军和纳粹德国褐衫军，均穿蓝衣黄裤，故又称为蓝衣社。——译者注

助和机械设备。德国在中国成立了一家由军火商主导的工业品商贸公司,将中国的农产品和矿产品(特别是钨、锑等军工生产所需的关键原材料)出口到德国,换取德国的工业产品、武器,以及由德国援助建设飞机工厂和钢铁厂。1935年,蒋介石曾致函德国财政部长亚尔马·沙赫特,表现出对进一步经济合作的巨大兴趣。1936年,蒋介石直接写信给希特勒,他说道:"如果我们两国的经济实力连结在一起,并通过货物互换来弥补两国的经济弱点,那么我们就将真正实现合作目标。"(Chen Hongmin,2001,第285页)希特勒回复道:"我们两国之间的货物互换将给各自的经济发展带来巨大的实质性利益……"这两封信也许是沙赫特和孔祥熙起草的。在交换信件之后,两国政府签署了商品互换协议,中国承诺在年内提供价值1 000万美元的原材料。

德国也提供直接的军事援助。德国军事顾问不以官方身份而是以"退休军官"的名义来到中国,参与众多的政治和军事事务,包括建议如何"围剿"江西的共产党运动。他们的战术是在遍布山脉的省份里修筑公路、铁路、碉堡和掩体,引进卡车和装甲车,对根据地周边的村落实施焦土政策,代价巨大,后果极其残酷。在这场德国军事顾问直接指挥的行动中,有约15万共产党游击队队员被杀害,多达100万民众被杀害或者饿死。

蒋介石的大儿子被送到莫斯科学习,在那里他成为苏联的热心支持者。蒋介石决定把收养的小儿子蒋纬国送到德国学习。蒋纬国对德国军事生活充满了热情,拥护纳粹主义,加入精英轻步兵部队,甚至参加了1938年纳粹入侵奥地利的行动。

此前几年,孔祥熙被任命为特派员,研究西方工业,学习如何实现中国工业现代化。他携夫人和大儿子孔令侃一起去了美国。1932年，他在华盛顿拜访了时任美国总统赫伯特·胡佛。宋霭龄到访了她的母校，位于佐治亚州的卫斯理安学院，她向学校捐赠了一笔奖学金，这与孔宋家族为未来慷慨解囊的策略相符。

一家人随后乘船前往欧洲，在德国驻华将领的陪同下，孔祥熙乘火车来到柏林，讨论德国军事工业问题。他用热情的个性来吸引纳粹东道主，代表国民党政府大肆采购，花费了2 500万美元购买德国军火，主要用来与中国共产党而不是与日本人作战。

国家社会主义在国际上变得流行起来，意大利、德国和中国的国民党政府是它的主要倡导者。孔祥熙随后访问了威尼斯，墨索里尼在那里迎接他们。孔祥熙再次进入他熟悉的领域，吸引他的东道主、建立商业关系、寻找好的生意机会。在与墨索里尼的女婿、意大利外交部长齐亚诺伯爵的交谈中，孔祥熙创造性地构想出一个交易结构：利用多年前欠意大利的200万美元义和团事件赔款，来购买菲亚特的空军飞机。作为回报，意大利同意在洛阳建立一所飞行员培训学校，并在南京开办一家菲亚特飞机装配厂。

南京政府的空军掌握在陈纳德上校手中，他是一个脾气暴躁、桀骜不驯的美国"雇佣兵"飞行员，他的"飞虎队"是中国在日本侵略者南下时唯一能够集结进行对抗的空中打击力量。陈纳德看不起由孔祥熙安排并资助的飞行员培训计划：飞行员选拔任人唯亲、训练不力、飞机组装厂效率低下、萨沃亚-马尔凯蒂轰炸机[①]陈旧过时，原计划有500架飞机，但只有100架可以飞行，采购也存在严重的腐败回扣。为了筹建国民政府羽翼未丰的

---

① 萨沃亚-马尔凯蒂轰炸机是一种意大利常规中型轰炸机，其原型机是8架民航客机。——译者注

空军力量，孔祥熙接着又与美国柯蒂斯-怀特公司签订合同购买了120架空军飞机，成本约为800万美元。这些钱显然来自鸦片收入。孔祥熙认为，同时与德国、日本、美国打交道是很正常的事情。

到1937年，国民政府再也不能对日本侵略军的集结视而不见，于是又安排孔祥熙出国访问。在蒋介石与希特勒交换信件之后，孔祥熙决定前往德国，商讨经济和武器方面的更多合作。此时的孔祥熙已被任命为"行政院"副院长，兼任财政部长和中央银行行长。

1937年5月，孔祥熙作为中国代表团团长携家人前往伦敦，出席乔治六世国王的加冕典礼。在伦敦，他分别与英国财政大臣、英格兰银行行长蒙塔古·诺曼、蒙巴顿勋爵以及财政部、外交部、汇丰银行举行了会谈。他抓住机会，要求英国提供一笔战争贷款用来扩建中国的铁路系统。早在1930年，梅纳德·凯恩斯就曾向英国经济咨询委员会提出建议，利用义和团赔偿基金在中国修建更多的铁路，以帮助促进中英两国贸易。但这一次，同样在凯恩斯的建议下，英国财政部担心中国可能会使用这笔资金从德国购买铁路设备，因此极力主张否决贷款要求，反而建议中国应该进行本国货币改革。最后，英国政府原则上同意提供贷款，但附有若干先决条件，其中包括要求国民党政府改革当时的中央银行，但之后一直没有支付任何款项。

孔祥熙一行跨过英吉利海峡，乘火车前往柏林。1937年6月8日，在柏林紧张的气氛中，德国财政部长亚尔马·沙赫特率众在弗里德里希大街火车站欢迎中国代表团。认真、严肃、睿智的沙赫特与和蔼可亲的孔祥熙形成鲜明对比。其他来访的政要对睿智的沙赫特的评价比较负面，但沙赫特难以相处的性格对孔祥熙不构成任何问题。孔祥熙预感到将有交易达成，他称赞德国是中国"最亲密的朋友"，可以协助整顿中国的财政体系。孔祥熙受到德国政府的热情招待，当地报纸也刊发了支持他的评论。尽管德国正在强化与日本的同盟关系，但它不愿损害重要的中国贸易和资源，特别是在它的重整军备之举受制于盟国对关键材料实施出口禁运的情况之下。沙赫特设计了一种与第三国进行双边贸易的架构，用以规避贸易限制。孔祥熙想要更多的飞机和武器装备，并提供重要的矿产品作为交换。孔祥熙还被介绍了其他纳粹高官，包括战争部长冯·布伦堡将军，从他那里孔祥熙购买了更多的武器［根据1936年的《哈普罗协定》（HAPRO Agreement），以出口的钨和锑来支付］。孔祥熙还向德国人介绍了来自日本的持续威胁，并从他们那里得到了一些保证，这些德国人中包括赫尔曼·戈林。

6月13日，孔祥熙拜会德国总理希特勒是此次访问的高潮。国家社会主义运动纪律严明而又冷酷无情的成就给孔祥熙留下深刻的印象，与国内摇摇欲坠的"新生活运动"形成鲜明对比。希特勒在巴伐利亚州贝希特斯加登附近的上萨尔茨堡（Obersalzberges）家中的露台上接待了孔祥熙。他们的谈话很笼统，希特勒说他希望日本和中国不要打仗，并说他真正担心的是共产主义的扩张。希特勒告诉孔祥熙："德国非常渴望促进和深化我们两国之间长期存在的友好关系。"他随后接着说："我理解中国人民认为苏联是他们的朋友。但从我们的谈话中，我了解到，博士先生，你意识到共产主义制度的危险性。"

孔祥熙与以往一样具有说服力：他说服希特勒取消了日本天

皇的弟弟原定在纳粹会议上的一次讲话。孔祥熙说:"我能够让希特勒明白,日本想要统治世界……我能够使希特勒在与日本过于密切之前三思而后行。"他再次与沙赫特以及其他德国高官会面,请他们在中日战争中斡旋。希特勒、戈林和沙赫特授予孔祥熙一个荣誉学位,并为中国学生赴德留学设立了专项基金。希特勒还提议给中国一笔国际贷款,但孔祥熙拒绝了,他更偏爱商业信贷。孔祥熙对沙赫特说:"中国认为德国是自己最好的朋友……我希望并期待德国将参与支持中国未来的发展,开发中国的原材料,培育中国的工业和交通设施。"

尽管有这些经济友好合作声明,但德国最终并没有与中国建立起长期的供应关系。德国严重缺乏海外资金,也不能完全信任不透明的中国人,并且已在考虑与纪律严明的军国主义日本人合作,日本似乎是亚洲地区对抗苏联更合适的非雅利安人伙伴。那年晚些时候,希特勒屈服于日本的要求,停止了所有对中国的武器及军需品的供应。

在与德国人会晤之后,孔祥熙于6月14日离开柏林前往美国,准备向美国政府提出持续不断的资助请求。在旅途中,他听到了令所有人都害怕的消息:1937年7月7日,北京爆发了"卢沟桥事变"①,日本全面入侵中国沿海地区,很快就占领了北方的主要城市,并无情地向南推进。这并不意外,但这意味着全面战争的爆发。孔祥熙决定返回柏林,在那里他与沙赫特会谈,再次请求德国斡旋与日本的战争。

孔祥熙和家人回到中国,他感到了来自日本的威胁。此时国

---

① 原文为1937年7月27日。——译者注

民党已将政府从南京（1927年由武汉迁入）迁往长江上游数千里以外的大而贫穷的工业城市重庆，这里将作为陪都一直到1945年抗战胜利。感觉到战争的临近，孔祥熙先是将上海的家搬到南京，随后又顺江而上搬到重庆。

这一次，日本侵略军迫使国民党军队在上海战役①中与他们正面作战，日军虽然付出高昂代价，但最终取得了胜利。日本在这次军事行动中造成近1 000家工厂被毁、贸易瘫痪，经济损失巨大，600万难民流离失所。日本军队随后向南京挺进，攻占南京的行动是残酷的，臭名昭著的南京大屠杀导致约30万中国人失去生命。

当时的中国非常贫穷，人均GDP（国内生产总值）大约为日本的1/3（而日本仅为德国的一半）。国民党军队在人数上远多于日本军队，但装备极差，缺少基本的武器弹药，缺乏训练和指挥，尤其是地方军阀的武装。一部分士兵是抓壮丁被迫参战的，而另外一些人则是雇佣兵，没有军饷也就没有忠诚。作战双方陷入了消耗战的泥潭之中。

随着日本的入侵，中国经济逐渐解体，之所以最终没有完全瘫痪，只是因为中国版图太大，日本没有能力将整个国家完全吞下。由于中国人在撤退时实施焦土政策，以及日军对城市和铁路的轰炸破坏了大部分工业设施，沦陷区的经济一蹶不振。此时国民政府已失去以上海为财政基础的主要收入来源，而日本侵略者又控制了利润丰厚的鸦片贸易。国民政府的经济现代化计划在战争的压力之下停止了。

---

① 指1937年8月13日开始的淞沪会战。——译者注

国民政府放弃南京时，拆卸了尽可能多的工业设备并运到长江上游的工业城市重庆。日本军队继续沿江而上，直到重庆进入残酷轰炸的射程范围之内。埃德加·斯诺目睹了当时重庆的生活是多么可怕。然而，在这个难民充斥的城市里，孔祥熙却似乎能够保持奢侈的生活。据说，孔家拥有一个仓库，里面存放着价值1 000万美元的食品、药品和布料。他被指控在往返香港与重庆的航班上占据关键空间，并坚持每天从美国为他的家人运送新鲜水果（White and Jacoby，1947）。

在面对中国和中国经济的生死存亡以及担忧个人生存问题的同时，孔祥熙在重庆仍有时间拓展私人生意，他成立了一间贸易商行，即复兴商业公司，为许多大宗商品交易提供渠道。那些想把工厂从日本占领的沿海地区迁到长江上游的商人很快就了解到，如果想在内陆经营成功，就必须把宋家或孔家包括进来，对此他们非常不满。如果他们试图独立竞争，很快就会被威胁劝阻。在这个时期，孔祥熙经营着自己的秘密情报组织，任务包括搜集日本侵略军动态、共产党的经济状况，并全面保护家族利益。

孔祥熙此时担任中华民国的行政院院长。在1939年初召开的国民参政会上，孔祥熙摆出一副勇敢者的面孔，但大多数中国人遭受的悲惨状况却不曾体现在孔祥熙的演讲中。他自信地谈道，自抗日战争全面爆发以来，政府如何改变经济政策，把沿海的工厂搬迁到日本轰炸范围之外的内陆地区，严格执行区域经济规划，开发包括煤炭、石油和天然气勘探等在内的新工业领域。他断言将建设更多铁路网络，其中一部分会与外国投资者合资。他谈到禁止贩运鸦片，以及减少重要行业垄断势力的必要性，他声称他在银行业取得了这方面的成绩,他还提到已经设立了小型农村信贷银行,为农村发展提供资金(Kung, 1939)。

不知道孔祥熙是否全部相信自己说的话,但对于他的自信,相信听众中很少有人能够被说服。

孔祥熙(左一)在巴伐利亚与阿道夫·希特勒(左三)讨论易货贸易

第 3 章 自封的经济奇才

亚尔马·沙赫特在 1938—1939 年的德国

"一个德国强人"

1937 年，德国财政部长亚尔马·沙赫特在柏林接待了一位来访者，他就是中国当时的财政部长和央行行长、总是面带笑容的孔祥熙。孔祥熙到德国寻找生意机会，以中国的资源换取德国的武器装备。德国和中国都在加快重整军备的步伐，两国也同样遇到资金上的困难。两位财政部长在性格上截然不同，但他们均受到来自独裁领导人和武装部队的相似压力。沙赫特天生严肃稳重，但他很快就被这位幽默风趣的中国部长迷住了，没过多久他们就打算一起做生意。两国都没有很多外汇储备，但中国有原材料，而德国有工业专长，这是一个贸易机会。

照片里的沙赫特总是正式而严肃。他身穿老式风格的三件套西服和高领衬衫，会不以为然地瞪着摄影师，一双机警的眼睛透过夹鼻眼镜（prince-nez spectacles）斜视着。严肃的外表反映出他冷酷、不动情感的个性，善于计算、精明是他自我欣赏的品质。他是一个老烟鬼。政治漫画家经常把他描绘成一个留着发肤分明的剃刀式发型、刻板胡须和皱着眉头的普鲁士贵族。他自大且自视甚高,爱炫耀自己取得的成绩,有时还带一点玩世不恭的风趣。他在一本书的开头写道:"我经常被称为金融奇才。"(Schacht,1967,第 7 页)

沙赫特觉得,他的行为很大程度上来自祖先的遗传。他写道:"在公众面前,我一直被描述为既强硬又冷酷无情,这些人总是肤浅地认识我。他们根本不可能想象一个外表像我这样'冷漠'的人能够拥有情感这样东西,我很遗憾给外界留下了这种印象但无法改变。一个人不仅仅是他自己,他身上还携带着祖先无形的遗传基因。"(Schacht,1956,第 7 页)

他过着漫长而艰难的生活,并且是一个充满矛盾的人。表面上,他表现出相当的自信和优越感,把成绩归功于自己的聪明才智和努力勤奋。他性格孤僻,几乎没有真正的朋友和追随者,也不想被他人热爱。他自律,拥有权威和不屈不挠的干劲。沙赫特的著作很多,包括几本自传。这些自传是他对自己充满争议生活的诠释:为自己取得的巨大成就感到骄傲,以自我为中心、意志坚定、态度强硬,对他的众多批评者予以回击。最终,他将面对法庭的审判,专门裁定这位经济学家的工作是否应被判有罪。

沙赫特在普法战争[①]结束后不久出生,在新统一的德国成长并接受教育。由于针对衰落的奥斯曼帝国、奥匈帝国和俄罗斯帝国的民族主义势力在东欧崛起,德国当时被不可靠的邻居、军队

[①] 普法战争(Franco-Prussian War),在法国被称为 1870 年法德战争,是普鲁士王国为统一德国,并与法兰西第二帝国争夺欧洲大陆霸权而爆发的战争。战争由法国发动,最后以普鲁士大获全胜并建立德意志帝国而告终。——译者注

和冲突包围。

他的母亲家来自汉堡一个有社会地位的古老家族：其中的一位成员曾是非常有名的男爵。他父亲的祖先是农民，他的祖父是一名医生。沙赫特的父亲是一位没有固定工作的记者/记账员/总经理，一个风趣博学的人，他喜欢讨论重要的世界事务，却很难保住一份普通工作来养家糊口。19世纪中叶，他跟随欧洲移民潮去了美国，并把他的德国未婚妻也接去了。几年之后，由于从未真正安顿下来，这家人又回到德国，此时他的妻子怀孕了，这个孩子就是亚尔马·沙赫特。

1877年，沙赫特出生于普鲁士的一个小乡镇廷佐（现属于丹麦）。由于父亲不断地更换工作，所以他的家也在附近的乡镇搬来搬去，最后定居在汉堡。虽然他的家庭属于中产阶级，但生活并不宽裕——似乎从来没有足够的钱支付食物、住房和学费，这种挣扎的困境给沙赫特留下了印记。晚上，他的父亲会和孩子们谈论发明、科学、历史、文学、政治、商业和经济，沙赫特记得他们家有莎士比亚、狄更斯、歌德、席勒、海涅等著名文学家的很多著作。他在当地一所预科学校上学，使父母高兴的是，他9岁那年通过了非常困难的入学考试，进入著名的约翰纳姆文法学校。这是汉堡一所优秀的教育机构，但家里需要削减一切不必要的开支，努力凑钱交学费。在学校里，年轻的沙赫特努力学习。他从来不是一个受欢迎的同学，学校的生活充满了各种小屈辱，他的贫穷意味着破旧的衣服、简陋的住宿和有限的食物。他把屈辱隐藏在孤独而执着的努力学习之中，把社会不安全感隐藏在僵硬的正式外表背后。当他的父亲又一次失去工作而不得不举家搬到柏林时，沙赫特被单独留在汉堡寄宿。1892年，汉堡爆发了为期三个月的流行性霍乱，造成大约1万人死亡，城市陷入混乱。那一年沙赫特15岁，他被迫逃离城市，成为一名临时难民。

当沙赫特还是一名学生的时候，他就给其他学生当私人教师来赚钱，在终于攒够钱买了一辆自行车时，他高兴极了。他特别回忆起那段时间参加一次庆典活动的场景，在那里他看见了著名的铁血宰相奥托·冯·俾斯麦。沙赫特回忆他的一生都在遵循俾斯麦灌输的纪律、目标和决心的价值。根据沙赫特宣称的价值观，他本质上是一个19世纪的普鲁士人，但他同时继承了汉萨同盟①的汉堡传统，即商业和自由贸易的价值观。

沙赫特很有天赋，但不清楚自己想从事什么职业。继他的哥哥之后，他先进入基尔大学学习医学，但他不喜欢这个专业。随后，他尝试学习德国哲学，接着又是文学、新闻学，最后是政治经济学。像他父亲一样，他发现自己很难定下心来：在5年的时间里，他上过5所不同的大学，尝试过很多不同的专业。沙赫特特别回忆起他在慕尼黑大学度过的一个学期，他参加了著名经济学家卢乔·布伦塔诺的政治经济学讲座（同一时间，高桥是清的同事福田德三也参加了这个讲座）。沙赫特形容这个系列讲座很吸引人，说服他投身政治经济学，尽管在当时的德国政治经济学被视为一门二流学科。

沙赫特也有创造性的一面：他曾怀有成为诗人的梦想，喜欢为文学杂志撰写文章和诗歌。他写艺术评论，甚至为一部德国童

---

① 汉萨同盟（Hanseatic League），是德意志北部沿海城市为保护其贸易利益而结成的商业同盟。该同盟形成于1356年，极盛时加盟城市超过160个，1669年解体。——译者注

话歌剧写过剧本。

拿到经济学学位后，沙赫特在柏林的《克莱恩日报》（*Kleines Journal*）找到了一份不拿薪水的实习生工作。在那里，他学会了新闻工作的基本技能。他最喜欢做的工作是戏剧评论，这使他有机会观看柏林著名演员的演出，如马克斯·莱因哈特。一年后，他辞职继续游学：在莱比锡一个学期，在巴黎一个冬天，而后又在柏林大学正式注册入学。回到基尔后，他攻读经济学博士学位，在经济史学家威廉·哈斯巴赫教授的指导下，撰写论文《英国商业的理论特性》。这就是1899年他第一次去伦敦的原因，在那里他阅读了约翰·黑尔（John Hale）、约翰·穆勒[①]和大卫·休谟[②]的著作，并在大英博物馆的阅览室里（半个世纪前另一位德国著名经济学家卡尔·马克思喜爱的工作场所）研究过藏书。

日本在对华和对俄战争中，展现了拥有一支现代化海军的优势。沙赫特回忆说，在这个时期他看到基尔运河的开通和早于无畏战舰[③]的德国新战舰的建造，这是一个在国际上充满活力的国家的象征，但也预示着与英国的军备竞赛将成为第一次世界大战的先兆。

1900年，沙赫特成为设在柏林的贸易协定筹备中央办公室的一名职员，他曾自豪地说，这是他一生中唯一申请得来的职位。他继续给技术刊物撰写评论和文章。新的岗位使他获得经济政策方面的经验，他开始在经济领域，如关税、贸易、工资和生产等方面

---

① 约翰·穆勒（John Stuart Mill，1806—1873），英国著名哲学家、心理学家和经济学家，19世纪颇具影响力的古典自由主义思想家。——译者注
② 大卫·休谟（David Hume，1711—1776），苏格兰不可知论哲学家、经济学家、历史学家，被视为苏格兰启蒙运动以及西方哲学历史中最重要的人物之一。——译者注
③ 无畏战舰之名来源于1906年建成的英国战舰Dreadnought。——译者注

形成自己的观点。"在我看来,无论过去还是现在,发展最高级、最有效率组织的生产能力,是最大限度地改善公众福利的最好方法,甚至是唯一的方法。为了实现这一点,有必要使经济远离政治的干扰。在贸易政策问题上贸然采取对外行动和货币贬值,与内部罢工和停工一样,都是具有破坏性的。战争和阶级仇恨在我看来一直就是经济生活的祸根。"(Schacht,1956,第7页)

随着职业生涯的发展,沙赫特在政策事务方面变得更有经验,并建立起有用的商业人脉关系,商界人士发现他值得信任并有利用价值。他受过良好的教育,讲一口流利的英语,工作非常努力。1901年,他受邀参选德国议会议员,但他拒绝了,理由是他对经济比政治更感兴趣。

沙赫特热衷于徒步旅行。在学生时代,他曾从德国南部徒步穿过阿尔卑斯山脉到达意大利。1902年,他进行了一次危险的旅行,从奥塞梯的弗拉季高加索出发,穿过高加索山脉到达格鲁吉亚的第比利斯,从那里又走到亚美尼亚的瓦加尔沙帕特,再从那里往回走,翻山越岭到达黑海的新罗西斯克港。这是一次漫长而艰难的旅行,途中还穿过了一个不稳定的地区。在接下来的几年里,他与一群年轻同事还有过几次去东方的徒步旅行。又过了几年,他独自一人徒步去土耳其旅行,在那里遇到了共济会的同人,尽管他在那里也染上了非常严重的疟疾。

1903年,沙赫特应邀加入德累斯顿银行,德国的三大"D银行"[①]之一,业务覆盖广泛的私人和商业活动,包括工业融资、

---

① 德累斯顿银行与德意志银行、德国商业银行并列为德国三大银行,德文均以字母D开头,故称为三大"D银行"。——译者注

股票和债券，并承担着德国经济复苏的大部分责任。沙赫特在这里工作获益匪浅，学到了有关银行业务、商业和经济方面的知识。他也贡献良多，建立起经济调查、市场报告体系，改进了银行业务的分析能力，并总是在寻找新的业务方法和获取新的技能。

几年前，沙赫特在当地网球俱乐部遇到了一位名叫露易丝·索瓦的年轻德国姑娘，当时她还是一名学生。她是一个喜爱打网球的滑冰运动员，迷人而自信，具有沙赫特欣赏的品格。沙赫特花了很长时间才向她求婚，他们终于订婚并于1903年结婚。露易丝是一位普鲁士高级警官的女儿，两个人很般配。她持有非常强硬的个人观点，后来证明她很难相处，但当时他们相互欣赏，就像沙赫特描述的那样，这是一场"同志间的婚姻"（Weitz，1997，第31页）。夫妻俩居住在柏林新郊区策伦多夫一栋舒适的别墅里，过着富足的郊区生活，沙赫特每天从那里乘坐新的电气火车前往波茨坦广场。年底，他们的第一个女儿英格出生。几年后，他们又有了一个儿子詹斯。在工作中，沙赫特被提拔为分行经理，从所有方面看，他们都是一个幸运的中产阶级家庭。

沙赫特注意到，他的工作总是非常繁忙，并承认自己从来不是一个容易相处的丈夫。他认为自己对银行业务理论已有很好的理解，但又希望掌握更多的实际操作技能，于是他就干脆把工作时间增加了一倍。这意味着他将更少地见到家人，并不得不减少睡眠，但这正是他对生活不妥协的态度。舒适的家庭生活没有持续太久，露易丝一直持有极端的右翼观点，对沙赫特当时所持的中间偏左立场越来越挑剔。沙赫特的避难所是他的工作，当有机会在历史悠久的柏林交易所工作时，他感到特别有收获。

1904年日本摧毁了俄国舰队，引发1905年俄国第一次革命，德国对此感到有些惶恐。沙赫特听说过高桥是清为日俄战争在德国进行的筹资活动。这一年，他获得一个令人兴奋的机会：跟随德累斯顿银行的一位董事访问美国。在那里，他与很多人进行了交谈，甚至见到了时任美国总统西奥多·罗斯福，但给他留下更深刻印象的是与JP摩根银行巨头、年迈的约翰·皮尔庞特·摩根的会面，沙赫特认为他是全球领先的银行家。（大约在同时，高桥是清与摩根银行的关系更为艰难，他认为摩根银行是反日的。）

沙赫特还有其他一些商业冒险活动：1913年，他受邀投资哥伦比亚的一个祖母绿矿山。如果他了解高桥是清25年前投资秘鲁银矿的那段非常艰险的经历，也许会更加谨慎地考虑这样一个高风险的项目。但他被项目吸引并准备投资，当他正在运作的时候，第一次世界大战爆发，导致他无法获得外汇，因而失去了成为拉丁美洲矿业巨头的机会。

与高桥是清和孔祥熙的经历类似，沙赫特也有一个非传统的成长过程，受过多种不同教育，具有广泛的工作经历，并逐渐安顿下来过上富足稳定的中产阶级生活。但也与高桥是清和孔祥熙一样，这种富足和稳定不可能永远持续。

对于一个自诩有商业天赋的人而言，沙赫特对第一次世界大战的到来感到吃惊，他对这场战争的判断不是从人性的角度，而是认为这违背了俾斯麦关于绝不在两条战线同时作战的敕令。沙赫特本人严重近视，总是戴着厚厚的眼镜，所以没有应征入伍。然而，每个人都不同程度地受到战争爆发的影响，他正在学习战时状态如何影响经济运行：原材料短缺、食品供应受限，以及不得不突然转入战争状态的经济面对不断增长的财政需求。

1914年底，沙赫特被任命为被占领的比利时德累斯顿银行的管理人。他被指派为德国将军的参谋，担任银行专员，负责为德国在比利时的采购融资。沙赫特声称，他尽了最大努力以帮助平稳引入强制性占领军货币（高桥是清拒绝在伪满洲国执行这一任务）。他通过发行一种创新债券为新货币提供资金，从而完成了这个任务。但他很快就与德国军方发生了争执，因为那些人只是简单征用他们想要的任何物资。沙赫特认为，他是唯一同情比利时人民困境的德国高级官员，换句话说，他要建立一个基于规则和市场的经济。在比利时期间，他偶尔也做一些冒险的事情，例如帮助德国情报机构在一家餐厅里辨认并逮捕了富有魅力的"X公主"，一位似乎是比利时间谍的社交名媛（不过沙赫特似乎并不关心她可能会被处死）。最终，他因一场如何为德国的强制性采购提供资金的争论，而被军方免职。

1915年，在与董事会的一场争执后，沙赫特离开了德累斯顿银行。这成了沙赫特典型的行事风格：强硬地提出批判意见，坚持理论原则，挑起辩论，毫不妥协地回应，然后大发雷霆转身离去。为了为战争做贡献，他加入志愿组织的地方军，但几乎同时他得到了一份新的银行工作，即担任规模较小的德国国民银行（NfD Bank）的负责人之一。

由于战争的白热化和食品禁运，在柏林的生活变得越来越艰难。沙赫特此时可以看到，战争对日常生活意味着什么。他不得不在柏林的家中开垦出一片菜地，并购买了一只母山羊，以保障家庭的新鲜蔬菜和奶品供应。每天早上在波茨坦车站，他都会经过排着长队等待购买食物和燃料的人群。他指责德国的紧缩财政政策迫使公民投资于战争债券，从而使情况变得更糟。他既谴责国内经济管理不善，也谴责英国在德国最终战败后实施的经济封锁。

德国于 1918 年投降。民众的愤怒情绪高涨，革命风起云涌。俄国也处于布尔什维克革命的阵痛之中，革命者正密谋暗杀沙皇。同样的事情也在德国上演，德国皇帝退位并逃离柏林。那天沙赫特就在柏林，他回忆说，城市就像一座军营，翻倒的车辆堵塞街道，到处是铁丝网路障。离开波茨坦广场附近的广场酒店，他遇到一队乘坐卡车的德国共产党士兵，在火车站的机枪连也做好了战斗准备。水兵开始哗变，斯巴达克同盟①在街上升起红色旗帜。沙赫特与一位同事不断变换路线，以避开骚乱，前往德国国会大厦。他们希望有人能告诉他们到底发生了什么。然而大厦内几乎空无一人，这种状况反映出德国领导核心的真空状态。

战前，沙赫特曾是青年自由协会的成员，这是一个支持德国皇帝扩张政策的民族主义政党。那时，政治晋升是普鲁士贵族的特权，但现在旧的等级制度正在瓦解，年轻人也有了机会。军队和帝国已经崩溃，占统治地位的容克阶级的权力正在被清除。沙赫特感到他需要参与政治。第二天，他与一些同事开会，组建了一个政党，即德国民主党（DDP），旨在推动自由民主的政府体制。

大罢工开始了，民众走上街头抗议示威。工人和士兵委员会如雨后春笋般涌现，接管了地方政府。抢劫和谋杀随处可见。柏林正在准备内战，街头布满铁丝网和路障，不时可以听到枪声。看起来，流血的俄国革命有可能在此重演。对于一个接受过俾斯麦传

---

① 斯巴达克同盟（Spartacists）于 1918 年成立，系德国左派社会民主党的革命组织。——译者注

统法制和秩序教育的人来说，这是一个非常令人担忧的时期。

接下来的几周充满了混乱。到 1 月初，柏林饱受罢工、街头暴力、示威游行以及斯巴达克革命者与士兵的交战之苦。沙赫特试图每天去上班，但在回家的路上，他能听到机枪射击的声音。当一颗手榴弹投到附近一群斯巴达克战士中时，他与灾难擦肩而过。那是一段非常危险的时期，在随后的几个月内有 1 200 人在起义中失去生命，德国的前途布满阴云。

德国的政治体系四分五裂。最初，沙赫特所属的德国民主党似乎很成功，在 1919 年的国会选举中赢得了 74 个席位，并在新政府中产生了两名部长。这是一个由记者、商人和学者组成的政党，吸引了像阿尔伯特·爱因斯坦、马克斯·韦伯这样著名的犹太人参与。沙赫特说，自己是一名热心的成员，但拒绝作为候选人参加竞选，因为他意识到自己对选民缺乏亲和力，也没有得到党内领导层的完全信任。然而，在接下来的 10 年里，他积极支持德国民主党，帮助筹集资金和制定党的政策，一直到最后彻底改变了他的政治立场。

第一次世界大战和 1918 年的大流感传播造成了可怕的生命损失，尤其是在德国。不过，战争对德国物质财富的损害则相对较轻，因为战火主要集中在贯穿比利时的一个狭长地带。与其他参战国一样，德国经济在战争期间缩水了 1/3，尽管工业重建成本相对有限（当时只有美国和日本的经济发展良好）。债务负担大幅增加，西欧各国政府都在大量印钞以应对这一问题。

此时吸引沙赫特的是战胜国强加给德国的战争赔款问题。像大多数德国人一样，他认为凡尔赛和谈是完全不现实和不公平的。1919 年，他被要求参加在海牙的一个私营部门小组，就临时停战期间（interim settlement）的消费品交货问题进行谈判。在会谈中，德国谈判团队受尽羞辱，例如被迫站着，以提醒他们记住自己是战败国。这些羞辱深深刺激了沙赫特，给他留下持久不灭的怨恨。在那里，他也接触到一位名叫约翰·梅纳德·凯恩斯的英国年轻经济学家。

1922—1924 年，战后的德国经济一片混乱，这是第一次世界大战结束后可怕的社会和政治动荡的经济表现。沙赫特记得饥荒和投降，民众逃亡和投机者见钱眼开。政府内部的腐败和犯罪行为日益猖獗。在第一次世界大战结束时，一个金马克可以兑换两个纸马克，而到 1923 年就可以换到 1 万亿纸马克，这是极端而危险的恶性通货膨胀。

沙赫特厌恶地看着这种经济政策的拙劣表演。他在德国国民银行非常努力地工作，此时这家银行已与其他银行合并发展壮大。作为一个工作狂，他自称担任 70 家相关公司的董事，估计一年内有 100 个晚上在火车上度过。但是，他又一次与其他董事会成员发生争执，并于 1923 年初辞去工作。德国经济每况愈下，多个省份爆发骚乱，国家社会主义党（即纳粹）在南方成立，与此同时，共产党的一次全面起义也在酝酿之中。出于对安全的担心，沙赫特把家人从柏林转移到瑞士的洛桑。

恶性通货膨胀仍在持续，这个时期的一张有轨电车票就要花费 10 亿马克。对高面额货币的需求如此之大，以至于德意志帝国银行[①]的印钞机都忙不过来，于是私人印刷厂开始印制所谓的

[①] 德意志帝国银行（Reichsbank），曾是德国的中央银行，建于 1876 年，1948 年结束营业。——译者注

"紧急货币"。尽管马克造成了巨大的政治混乱，但德意志帝国银行和政府似乎都对稳定马克无能为力，一捆一捆的纸币被卡车和火车运往全国各地。有关稳定货币的不切实际的想法大量涌现，政府甚至考虑将马克与黑麦种子的数量挂钩。商业活动已经开始采取易货贸易的方式，以此规避德国马克的风险。

在穷尽其他所有可能性之后，绝望的社会民主党政府找到沙赫特，请他担任国家货币流通专员，负责货币改革。当沙赫特于1923年末正式履职时，官方汇率是4万亿马克兑换1美元。随后一周马克进一步暴跌，在黑市上是12万亿马克兑换1美元。这时市场上有三种货币同时流通，但都有问题：纸马克、地产马克①和理论上的金马克。黑市以及商界发行的紧急货币使情况变得更为复杂。

沙赫特果断采取行动。他的第一步是宣布德意志帝国银行将不再接受任何紧急资金的支付，这意味着许多货币投机商突然面临巨额损失，因而这一政策最初非常不受欢迎。但新政策允许有序推出新的地产马克，很快沙赫特就建立起强硬和毫不妥协的声誉。

沙赫特把他原来的秘书带到了新岗位，当听说政府只能支付非常低的薪水时，他提出把自己所有的薪金都补贴给他的秘书。后来，当他的秘书被问到沙赫特在这个紧张的时期都在干什么时，她回答说："他在干什么？他坐在财政部那个昏暗的小房间里抽烟，屋子里还弥漫着旧地毯的味道。他读来信吗？不，他不

---

① 地产马克（Rentenmark），是德国政府为抵御通货膨胀于1923年发行的一种地产抵押马克，由国家工业和农用耕地作抵押保障，在发行时，一个地产马克等于原来的一个金马克，等于1亿纸马克。——译者注

读任何信件。他写信吗？不，他也不写任何信件。他频繁地打电话，给所有方面打电话，打给德国以及国际上与货币和外汇相关的每一处地方，也打给与德意志帝国银行和财政部长有关的地方。他抽了很多烟。我们在那个时期胃口很小，通常很晚回家，经常赶最后一班郊区火车，坐在三等座上。除此之外，他什么都不做。"（Schacht，1956，第171页）

"什么都不做"意味着遵循古典经济学原则，不向市场扭曲、短期政治压力或其他既得利益屈服。沙赫特反对恶性通货膨胀的强硬、毫不妥协的立场，就算没有赢得朋友也至少为他赢得了赞赏者。1923年底，德意志帝国银行行长去世，沙赫特被提名为新的行长，这个提名出人意料，并与德意志帝国银行大多数董事会成员的具体反对意见相左，他们列举出沙赫特战时在比利时的问题。德意志帝国银行行长是一个非常有权势的职务，且终身任职，既可以参加内阁会议又不受内阁决议的约束。接受任命之后，沙赫特认为他的首要任务就是要为脆弱的地产马克建立可靠的黄金保障。他立即出发前往伦敦，向央行行长俱乐部的非官方元老、英格兰银行行长蒙塔古·诺曼求教。诺曼本身就是一位名人，知识渊博、有权有势且脾气古怪，他一直是凯恩斯在思想上的竞争对手。让沙赫特非常感激的是，诺曼于元旦前夜亲自前往利物浦大街火车站会见了他，并极富同情心地听取了沙赫特关于重振德国工业的计划。

沙赫特的建议是成立一家以黄金储备为基础的政府信贷银行，以外国货币作为资本金，并由英格兰银行提供贷款，其外币票据可以在英国市场上交易。在德国，以外币发行票据的想法既大胆又激进，但有些出人意料的是，诺曼欣赏这一大胆举措并明确表示支持，提出以当时非常优惠的5%的利率提供英格兰银行贷款，并鼓励伦敦的银行家接受德国发行的票据，而无须任何抵押或担保，诺曼的"鼓励"足以确保该计划能够奏效。诺曼也同意与沙赫特联手破坏法国试图建立一个独立的莱茵兰中央银行的企图，这相当于让该地区脱离德国领土。在未来，尽管有战争，尽管诺曼脾气古怪，尽管沙赫特难以相处且不够圆滑，但诺曼还是与沙赫特成为亲密的私人朋友。

反复发生的危机令世界各国的中央银行忧心忡忡，值此之际，沙赫特乘船横跨大西洋前往美国，他此行的目的是访问纽约联邦储备银行，参加由本杰明·斯特朗（纽约联邦储备银行行长）组织的会议。除沙赫特外，英国和法国的中央银行行长也在受邀之列。这个舒适的央行行长俱乐部似乎成员间相处融洽，他们分享对金融市场的担忧，以及对如何抵制政客不恰当地关注短期政治利益的轻蔑看法（Ahamed，2009）。

在会议中，沙赫特也会参加很多社交活动。他记得，与朋友和政客的社交活动大多在晚上举行，这些活动他都留给妻子去安排。他的职业社交圈非常广泛，但他真正的私人朋友圈非常狭窄。

1924年，由于德国在战后困难环境下已表现出没有支付能力，因此协约国成立道威斯委员会（Dawes Committee）[①]，来重新考虑德国的赔款责任。沙赫特被召到巴黎作证，在那里，他遭到

[①] 由美国人查尔斯·道威斯（Charles G. Dawes）牵头的为解决德国赔偿问题组成的专门委员会，故称为道威斯委员会，该委员会提出的解决方案被称为"道威斯计划"（Dawes Plan）。——译者注

法国人的公然敌视。他因拒绝被传唤参加时任法国总统雷蒙·普恩加莱召集的会议而声名狼藉，而后又勉强同意前往，但在总统让他等了15分钟之后，他就愤怒地离开了总统接待室。他被大吃一惊的法国官员拉了回来，与怀有敌意的总统进行了一次冷淡的会晤，并以中途离席的方式结束了讨论。沙赫特的人际关系从来就没有好过，他对待危机的故意不合作态度也成了一个问题。

在法国的压力下，道威斯委员会主张，德意志帝国银行必须改组，加入一些外国董事。作为对这些让步的回报，谈判缩减了还款计划，并由协约国提供了一笔"道威斯贷款"，给德意志帝国银行注入了8亿金马克，作为储备基础使其最终可以合理发行货币。由此德国经济信心逐步恢复，商业信贷也开始增长。但沙赫特对谈判并不满意，同事们形容他当时喜怒无常、情绪不定、反复多变。他的央行同僚担心他的精神状态，也担心他是否有能力区分财政政策与政治辩论。沙赫特被指控为了扩大自己的权力而想放弃"道威斯计划"。

虽然此时德国的通货膨胀已趋稳定，但股票和汇率的剧烈波动的问题仍然存在。德国公司成群结队地向外国银行以外币借款，这在汇率下跌时就带来了麻烦。德国经济一直在蹒跚前行，以外币放款的外国银行正在遭受损失并对此怨声载道。沙赫特对这些银行家和实业家的回应又一次显示出其毫不妥协的特点：借与贷是他们自己的决定，现在他们也必须承受其后果。

由于他的强硬立场，沙赫特变得越发不受欢迎。1928年，当他是否适合担任德意志帝国银行行长的问题出现时，有关他健康状况不佳的恶意谣言也开始流传。为了粉碎这些谣言，51岁的他和女儿开始了一次前往瑞士艾格山脉的探险活动，攀登富有挑战性的少女峰以证明自己的健康。大约就是这个时期,他还在柏林以北70英里的一个树木繁茂的湖区购置了一处乡村地产。他预见,如果某天他的敌人聚集起来,这里可以作为避难用的乡村堡垒。

沙赫特抽出时间记录自己的经历,无疑是为了确保对他所做贡献的看法能够占据上风。1927年,他出版了一本名为《稳定马克》的书,详细记述了他担任货币流通专员的经历。第二年,凯恩斯为《新共和》(*The New Republic*)杂志审阅了这本书。他写道:"沙赫特博士已经证明他是一个德国强人。他之所以取得胜利,是因为他具有坚定的意志和坚强的性格,是因为他面对反对时表现出的顽强和勇气,是因为他坚守一些简单原则而不是依靠任何特殊智慧或方法。他可以为结果感到骄傲。"(*Sydney Morning Herald*,1928年2月20日,第13版)

凯恩斯早些时候的著作《和约的经济后果》引发了一场关于德国赔款问题的大辩论。此时,他鼓励讨论关于利用外汇转移赔款支付的技术问题,并发表了题为"德国人转嫁问题"的文章,使讨论达到了顶峰。1929年,在文章正式发表于《经济学杂志》(*Economic Journal*)之前,他先把文章校样送给了沙赫特和其他人。

协约国开始意识到,尽管有"道威斯贷款",但德国支付赔款的时间表仍然是相当不现实的。1929年,在美国人欧文·扬格的主持下,"扬格计划"会议①在巴黎豪华的乔治五世酒店召开,

---

① "扬格计划"(Young Plan),又译为"扬计划",是指由美国企业家和银行家欧文·扬格(Owen D. Young,1874—1962)主持的协约国国际专家委员会为德国制订的新的赔款计划。1924年,战胜国推出"道威斯计划",但后来发现不能解决德国的巨额赔款问题,因此又召开"扬格计划"会议。"扬格计划"于1930年1月经海牙赔款会议后通过。——译者注

重新考虑还款安排。法国代表团要求在 62 年里每年偿还 6 亿美元。沙赫特率领德国代表团参会，他建议，在今后 37 年里德国赔款金额大幅减少至每年 2.5 亿美元。美国代表团试图找到一个折中方案，他们更关心的是协约国债务的偿还而不是德国赔款问题。法国人对沙赫特的立场尤为敌视，但此时他们自己也陷入困境，因为大量德国公司有可能对法国银行违约。沙赫特感觉他受到法国政府的特别压力，他报告说，法国安全部门正在监听他在巴黎的电话。

在国际会议上，沙赫特显得与众不同：他身材高大，站姿端正，衣着刻板，抽着雪茄。在冬天，他身穿一件毛皮领的切斯特菲尔德大衣，戴着一顶霍姆堡帽。[①] 对于某些人来说，他可能是一位令人望而生畏的人物，与之谈判变得非常困难，他经常冲出会议室并威胁中断会谈。一名记者形容他是"一个激烈、不宽容的人，易怒且教条……是我在公众生活中见到过的最不得体、最咄咄逼人和最暴躁的人物"（Ahamed, 2009, 第 332 页）。他可以突然改变德国的谈判立场，这使与其参加会议的人有好几次都愤怒地表示反对。最终，德国内阁对沙赫特失去了信心并将其召回国内。他的回应则是带着妻子到法国卢瓦尔河谷城堡旅游去了。

尽管沙赫特的表现有些装腔作势，但他还是看到了"扬格计划"中的一些好处，包括撤回在德意志帝国银行和德国铁路中的外国代表、同意重新安排每年约 5 亿美元的偿还计划、把还款机制交由德国政府决定，并为法国离开被占领的鲁尔地区扫清了道路。1929 年 6 月，沙赫特代表德国政府签署"扬格计划"并返回

---

① 一种帽边卷起、帽顶纵向凹陷的软毡帽。——译者注

德国，他认为这对德国是一个很好的妥协方案。然而，回到柏林后，他吃惊地发现自己受到来自左翼、右翼，甚至他妻子的猛烈抨击，他们认为他把国家出卖给了法国。

扬格委员会的一份文件，收录了沙赫特提出的关于建立清算联盟的"沙赫特计划"。这项提议旨在通过一个由德国、英国、法国、意大利、美国和日本的中央银行提供资金的清算机构，以促进欧洲合理稳定的货币兑换。扬格委员会部分采纳了他的建议，同意设立一家银行来处理赔款的偿付问题。这将是一家国际清算银行，总部设在瑞士巴塞尔的中立区，夹在法国和德国之间的狭长地带。沙赫特向委员会建议，他们应该更进一步，通过增加该银行的工作重点，将国际发展纳入其中，帮助促进前殖民地的发展。（1944年，当世界银行最终成立时，其蓝本是由凯恩斯设计的，但沙赫特毫不避讳地宣称他拥有知识产权。与凯恩斯的方案相比，沙赫特1930年的计划，不仅包括贸易业务的清算，而且包括资本流动的清算，由债权人和债务人共同承担费用。）

关于国际清算银行的细节在德国小镇巴登巴登的黑森林度假地举行的另一次会议上敲定，沙赫特与其他代表在那里欣赏着秋天美丽的森林景色。会议气氛变得越来越乐观，直到他们收到来自纽约关于1929年华尔街股市大崩盘的第一份报告，这将使世界陷入大萧条，也将使德国陷入极权主义独裁。

柏林很快就出现了问题。德国政府开始与波兰进行违反"扬格计划"条款的私下交易。沙赫特像往常一样毫不妥协，公开大声地抱怨本国政府的行为。沙赫特先是私下而后又在公开场合开始否定他签署的那份计划。凯恩斯同意他的一些批评意见，并主张德国需要援助。接着，更为复杂的情况出现了：德国财政部长希法亭安排了一笔美国短期贷款，用以度过财政困境。沙赫特批评这笔贷款的条款试图增加更为严格的限制条件，指责德国政府未能控制支出。这一批评足以完全破坏美国贷款的前景，财政部长希法亭辞职。沙赫特因签署"扬格计划"而疏远了右派，此时又因挑战联合政府的经济政策疏远了中间派和左派。

他面对的压力越来越大，有关他个人行为的质疑再次出现，因为他开始对腐败政客表现出偏执的态度。他看上去接近精神崩溃。他的同事猜测，他是否怀有不切实际的政治抱负，想取代年迈的冯·兴登堡出任德国总统。沙赫特被要求离开德意志帝国银行。他犹豫不决，但在新闻发布会上还是没有控制住情绪发了脾气，最后向冯·兴登堡总统递交了辞呈。他很愤怒，但依然自私地通过他的退休金谈判获得了一大笔遣散费，共计25万美元。

1930年，53岁的沙赫特离开了德意志帝国银行，感到孤独而无助。他有大量的闲暇时间，并将其花在了乡村的住处。第一次世界大战期间，这片土地上的森林被砍伐作为军队补给，此时沙赫特重新在这片贫瘠的土地上种下了近300万棵树。他还经营着一个小型农场，获得过牛奶和养猪方面的村庄奖。与凯恩斯一样，他热心并有些学究式地经营着农场，并（像凯恩斯一样）很快就认为自己是一个农耕事务的专家，可以给当地居民传授改进技术的知识。他在附近湖中的小岛上修了一条砖路，自称在长时间的独自行走中获得了很多乐趣。他用望远镜观察鹿、狐狸、獾、兔子、野猪以及鸟类的生活，有时也猎获一些作为食物。沙赫特说，在那里他找到了一种冥想的宁静，但他女儿说的完全相反：他常常在花园里走来走去，就像一头关在笼子里的狮子，还无休止地抽着雪茄。

那年晚些时候，沙赫特携妻儿前往美国，进行私人巡回演讲。在途经伦敦换乘轮船时，他听到9月14日德国国会选举的消息。在高涨的民族主义、狂热的群众集会、咄咄逼人的言论之后，中间派政党失去了支持，弱小的国家社会主义党突然在国会赢得了107个席位，共产党席位也增加到77个。德国的温和派已精疲力竭，这将标志着魏玛时代①的终结。

沙赫特的美国之行访问了很多地方。在50天里，他演讲了近50场，在42张床上睡过觉，他也抱怨美国人鸡肉加冰激凌的饮食不合口味。他能够说流利的英语，有很多有趣的对话，尽管美国人的问题通常局限于德国赔款这个话题。借此机会，他以私人身份拜会了包括赫伯特·胡佛总统在内的一些美国政客，与此同时则继续声称自己没有政治企图。沙赫特感觉，胡佛总统同意他关于需要停止支付赔款的观点，尽管后者从来不是能够认真听取别人意见的人。沙赫特还公开且不加掩饰地阐明他在德国经济政策方面的立场，这使柏林的德国政府相当恼火。他的访问受到媒体的广泛关注，《时代》周刊称他为"德国铁人"。回到德国后，他发现自己成了被激烈批评的对象。

那年冬天，他在结冰的道路上遭遇了一场严重车祸，这使他失去知觉。他不得不住院，经历了一段漫长、严重、痛苦的康复过程，并在一段时间里丧失了行动能力。或许幸运的是，他此时正赋闲在家。但被嘲弄、被免职、被撞倒都改变不了他对强势要

---

① 魏玛时代，即魏玛共和国（Weimarer Republic），是指1918年至1933年采用共和宪政政体的德国，于德意志帝国在第一次世界大战中战败后成立，使用的国号为"德意志国"（Deutsches Reich）。"魏玛共和国"这一称呼是后世历史学家的称呼，不是政府的正式用名。——译者注

求赔款和弱势政府的大肆抨击,这是他顽强决心的典型表现。他在美国演讲的基础上写了一本书——《赔款的终结》,该书出版后很畅销,使人想起凯恩斯的早期著作《和约的经济后果》。

经济状况仍然动荡不安。1931年,奥地利坦斯塔特信贷银行(Creditanstalt Bank)倒闭,引发了银行业的连锁反应。德意志帝国银行试图展现一种自信的领导地位,但很快就出现了德国外汇储备的挤兑。最终,一家重要的德国金融机构丹纳特银行倒闭。令沙赫特明显满意的是,德国总理布鲁宁请求他前来柏林就应对方案给出建议。到达柏林后,布鲁宁邀请他再次担任德国的国家货币流通专员,但由于批评刺痛了他的自尊心,沙赫特拒绝了,即使兴登堡总统派特使前来游说也未能说服他。

尽管沙赫特已不在政府任职,但他从未停止提供经济和政治方面的建议,这些建议往往是他主动提出的而且不受欢迎。他曾与他的银行负责人争执过,也曾与德意志帝国银行的董事会争执过,他还抛弃了德国民主党。他变得不再对魏玛政府抱有任何幻想,因为他反对把社会主义政党的政策引入政府,尤其是那些他认为破坏了反通货膨胀的政策。他特别敌视德国共产党。他希望看见一个强大的民族主义政府帮助重建德国,并使德国重返世界舞台。1930年,在去美国的海上旅途中,他读了一本有趣的书《我的奋斗》,作者是一位名叫阿道夫·希特勒的年轻煽动家。沙赫特正在逐渐靠近新成立的德国国家社会主义工人党。

1931年底,一位银行同事邀请沙赫特参加了一个晚宴,在那里他见到了一位即将上任的纳粹领导人赫尔曼·戈林,沙赫特形容他友好且彬彬有礼,尽管不是很有知识。之后不久,戈林邀请沙赫特和钢铁巨头弗里茨·蒂森在他的柏林公寓里共进晚餐,菜谱是简单的德国豌豆汤和熏咸肉,在那里他遇到了一位纳粹高官保罗·约瑟夫·戈培尔。① 晚些时候,另外一位客人也出场了,他身着黑色裤子和黄棕色上衣,熟悉的脸上留着小胡子,这就是阿道夫·希特勒本人。接下来是一场由希特勒主导的关于经济和政治的讨论。沙赫特评价说,希特勒是一个富有感召力的演说家,他似乎被自己的观点完全说服了,并决定将其付诸实践。沙赫特写道:"在听了许多关于希特勒的传言以及读了对他的公开批评之后,我们留下了令人愉快的印象。他的外表既不狂妄也不做作。我们的谈话很快就转向政治和经济问题。他的谈话技巧和阐述能力特别吸引人。他说的每一件事,都声称是无可辩驳的真理。无论如何,他的思想有其合理性。显然,他急于避免任何可能会让我们这些更传统社会的代表感到震惊的事情。"(Schacht,1956,第257页)这是双方关系的开始。

关于德国赔款问题的激烈辩论仍在继续。到最后,德国本应支付的1 200亿马克赔款,实际上只支付了约2 000万马克,并且资金不是来自德国,而是来自其他国家的贷款。在1932年的洛桑会议上,剩余的赔偿承诺最终也被一笔勾销。但是,赔款的终结来得太晚,民粹主义者的怒火不断积累,并终于爆发。德国在大萧条中遭受了巨大的损失,失业人口达到600万。在那年晚些时

---

① 保罗·约瑟夫·戈培尔(Paul Joseph Goebbels,1897—1945),德国政治家、演说家,担任纳粹德国时期的国民教育与宣传部长,擅长演讲,被称为"宣传的天才""纳粹喉舌",以铁腕捍卫希特勒政权和维持第三帝国的体制。1933年,希特勒及纳粹党执政后,他被任命为宣传部长。上任后第一件事就是将纳粹党所列的禁书焚毁,他对德国媒体、艺术和信息的极权控制随之开始。1945年希特勒自杀前任命他为德国总理,在希特勒自杀不久后,戈培尔与妻子在帝国总理府地下室外自杀。——译者注

候的大选中，纳粹获得了37%的选票，对德国共产党的支持率也提高了。希特勒所在党派赢得了德国国会230个席位，超过总数的1/3，成为第一大党。国家陷入分裂，人民开始谈论在内战和军事独裁之间如何选择的问题。

沙赫特写信给希特勒，祝贺他获得选举胜利。"您领导的运动有着如此强烈的真理和必然性内涵，这样或那样形式的胜利不会长时间地与您绕道而行。在您的运动兴起时，您没有让自己被虚假的神引入歧途……如果您保持现在的状态，成功就不可能长期与您擦肩而过。"（Ahamed，2009，第480页）他还亲自组织了一次商界领袖的请愿活动，敦促冯·兴登堡总统和其他政要邀请纳粹加入联合政府，声称这可以使纳粹保持在合理可控的范围内。但请愿没有成功，建立联合政府的努力失败了。

当年晚些时候，因为急于组建政府，希特勒被任命为总理。一些纳粹官员包括希特勒自己的经济顾问，不时地向沙赫特征询意见。沙赫特本人对希特勒有些怀疑，但他继续认为"有可能将此人引上正义之路"（Schacht，1956，第274页）。这显示出沙赫特对人性的判断有多么糟糕，他从不承认他对纳粹的野心可能抱有完全不切实际的幻想。

沙赫特从未真正加入纳粹，但他与纳粹关系紧密，并在需要时会毫不犹豫地利用这种关系。他偶尔在纳粹集会上发表演讲，主要是批评联合政府在外债问题上误导公众。政府中的一些人将此视为恶意报复，甚至呼吁判处沙赫特叛国罪。他受邀出席国家社会主义工人党的研讨会，并帮助募集了300万马克资金。希特勒让他管理这笔资金，他同意了。几天后，德国国会大厦发生纵火案，使很多人看清楚国家正在走上危险的极权主义道路。对于睿智的沙赫特而言，他似乎并不具备理解这一点的洞察力。

希特勒的经济观点一直备受争议。他既批判共产主义，也批判资本主义（在他扭曲的观念中，两者都是由犹太人主导的）。他对社会主义的含义理解前后不一致。他似乎对经济学理论不是特别感兴趣，对他来说，经济学只是提供一切必要的资源，使德国再次伟大。"国家不是为了金融和经济、经济领袖和经济理论而存在，恰恰相反，金融和经济、经济领袖和经济理论，在这场为我们国家自强而进行的斗争中，都是不合格的。"（Tooze，2007，第220页）

1934年的"长刀之夜"行动引发希特勒的党卫队与罗姆的冲锋队之间残酷的街头混战。沙赫特回想他听到这些报道时曾说，他对这些报道的含义感到不寒而栗。他声称曾质问希特勒，并指责行动的不道德，据说希特勒严肃地接受了批评。沙赫特似乎很享受他自我定义的新角色，为新政权提供良好的经济和道德方面的建议，并在他的官员受到纳粹严厉责骂时，亲自出面训斥希特勒。

毫不奇怪，沙赫特与多数纳粹高官的关系不佳。他说，他必须和恨他的"小博士"（戈培尔）一起工作。他很快就遭到海因里希·希姆莱更为公然的反对，后者公开与他对抗，而且越来越多的其他纳粹官员也是如此。他与戈林的工作关系开始时较为友好，但很快就恶化了。在若干年里，沙赫特只能依靠与希特勒的个人关系，保护自己不受敌对纳粹高官的伤害。

虽然沙赫特认为国家社会主义是推进国家复兴经济政策的一条务实道路，但他的妻子露易丝则是纳粹阵营的忠实追随者和希特勒的崇拜者。沙赫特偶尔可能在外衣上佩戴纳粹党徽，但露易丝则是在所有场合均特意佩戴一个昂贵的由红宝石和钻石镶嵌而成的纳粹党徽。在公开场合，只要沙赫特不服从纳粹路线，她就开始批评他，甚至把他在家里讲的一些带贬义色彩的话都说出来。他们的关系越来越紧张，沙赫特感到，露易丝的所作所为甚至可能会威胁到自己的生命。他决定离开露易丝，并于1938年末在获得司法批准的情况下分居。露易丝后来病倒，并在战争初期去世。

1938年：填补信贷短缺的新型票据

到了1938年，德国已从隐蔽的重整军备转为更为公开的备战。希特勒、墨索里尼、弗朗哥和斯大林都在努力消灭国内反对势力，巩固自己的权力。3月，德国宣布德奥合并[①]，纳粹军队开进维也纳（在纳粹军队中有一位来自中国的非雅利安人，他就是孔祥熙的外甥[②]）。9月，希特勒在慕尼黑会见了英国首相张伯伦和法国总理达拉第，英国首相目光短浅地宣告了"我们时代的和平"。两周后，德国军队开进捷克斯洛伐克的苏台德地区，并很快就对波兰提出了领土要求。再下个月，"水晶之夜"事件[③]

---

① 德奥合并（Anschluss）是指1938年3月12日纳粹德国武装占领奥地利的事件，3月15日德国吞并奥地利，同时开始实施压迫政策，凡是企图反对希特勒在奥地利举行公民投票的活动，一律被禁止。在纳粹的高压胁迫下，99%的投票者都赞成德奥合并。——译者注
② 指蒋纬国。——译者注
③ "水晶之夜"（Kristallnacht）事件，是指1938年11月9日至10日凌晨，希特勒青年团、盖世太保和党卫军袭击德国和奥地利的犹太人的事件。"水晶之夜"事件标志着纳粹对犹太人有组织的屠杀的开始。——译者注

发生，纳粹在全德国范围内疯狂地砸、抢、烧犹太人的商店，难民涌向欧洲各国的边境。在东亚，中国的战况很不好，英国开始针对日本在东南亚的威胁进行备战。形势越来越清晰地表明，东南亚是日本军国主义的下一个目标。

早在1933年，希特勒就要求沙赫特重新担任德意志帝国银行的行长，这次沙赫特毫不犹豫地接受了。希特勒希望降低失业率，为重整军备筹集资金。沙赫特的第一项任务就是为希特勒提出的旨在重建房屋、工厂、机器设备的工作创造计划（莱因哈特行动）提供资金，沙赫特指示德意志帝国银行为这一计划提供了10亿马克。接着是国家高速公路网的建设，沙赫特为此又批准德意志帝国银行发放了6亿马克的贷款。大规模的公共工程将由赤字开支、对主要银行和其他公司的私有化以及受监督的工人委员会取代工会和商会来支撑，而过度需求的通货膨胀效应则通过控制物价和工资进行管理。

同年，沙赫特率领德国代表团访问美国，为即将在伦敦举行的世界经济会议做准备。美国刚刚废弃了金本位制，将美元贬值40%，使金融市场哗然，这种做法显然是为了对抗早些时候的英镑贬值。沙赫特与罗斯福总统见了几次面，非常高兴地告诉他，多年前在同一个房间里，自己见过他的叔叔西奥多·罗斯福总统。沙赫特还告诉罗斯福，德国需要停止支付美国贷款的利息，令他吃惊的是，总统笑着对他说，"这是华尔街应得的惩罚"。由于他一贯缺乏洞察力，沙赫特认为他给罗斯福留下了很好的印象，但后者形容他"极端傲慢"。

一天晚上，美国国务卿科德尔·赫尔在华盛顿举行宴会，欢迎沙赫特和同时到访的另一个代表团——由孔祥熙率领的出席世界经济会议的中国代表团。在他们的第一次见面中，孔祥熙很快就吸引住这位严肃的普鲁士人。沙赫特写道，他非常享受与孔祥熙的交谈。他们后来又见面了，但那次是为了做生意。

沙赫特随后回到伦敦出席世界经济会议。他很自豪地说，他见到了英国国王。会议的核心议题是，如何使大国经济恢复稳定的货币状态，以及如何重启世界贸易。凯恩斯以《每日邮报》记者的身份，负责报道这次会议。尽管凯恩斯不是官方代表，但他还是设法向会议提出了自己的方案。最终，这个备受瞩目的会议没有取得任何成果，其失败则被归咎于罗斯福在金本位制问题上采取的推诿立场。

下一年，希特勒再次召见沙赫特。尽管沙赫特的鲁莽及对抗性风格一如既往，但希特勒在一群不懂经济、溜须拍马的政治高层中，似乎认可并重视沙赫特的专业能力。他还赞许地评论说，沙赫特在谈判中非常有天赋，后来又被引述说，尽管他反对纳粹的谄上欺下，但"沙赫特是一个能够胜过犹太人的雅利安人"（Weitz，1997，第152页）。

希特勒要求沙赫特担任他的经济事务部长，同时继续负责德意志帝国银行。沙赫特说，他同意担任经济事务部长，但前提是希特勒向他保证，德国犹太人不会因他的政策而受到影响。据称，希特勒给了他这个保证。沙赫特写道："只要我还是经济事务部负责人，我就会保护每一个犹太人不受纳粹的非法经济伤害。"（Schacht，1956，第292页）根据我们现在知道的真实情况，这个保证要么是天真的，要么是完全不真实的。

在同时担任德意志帝国银行行长和经济事务部长几年后，沙赫特有理由感到一些自我满足。德国经济已经恢复并迅速增长：

继 1929—1932 年的负增长之后，在接下来的 7 年里年均增长率为 8%~10%，工业产量翻了一番，失业率从近 1/3 的男性劳动力没有工作迅速下降为这一水平的 1/4，部分原因是经济活动的增加，但也有其他原因，部分妇女、青年、农业工人和犹太人从失业登记中被剔除，越来越多的征兵活动也吸收了很多青年男性。在 5 年时间里，军队规模增加了 10 倍以上。创造就业计划、高速公路和其他基础设施建设、重整军备都造成公共开支的巨额增长，而这些开支则通过举债来提供资金。

尽管沙赫特抱有支持市场的立场，但作为经济事务部长，他还是采取了一系列针对德国生产和原材料分配的控制措施，调整生产能力，鼓励合成产品替代稀缺材料，提高关键产品的生产能力。他控制下的政府机构颁布了数以百计的法令、许可证、禁令和指示。他还推动了若干大型企业的组建，其中包括由 6 家化工企业的卡特尔转化而来的法本公司①（法本公司后来被指控在第二次世界大战期间使用奴隶工人，并为集中营生产毒气。法本公司的董事们在纽伦堡战争法庭面临起诉）。在公路、汽车生产、重工业和军备投资等方面的公共支出进一步增长，开始逐渐挤占家庭消费。

一些历史学家把德国的做法解读为凯恩斯主义经济学的一个经济复苏案例，虽然它只是部分采纳了凯恩斯的思想（1933 年，

---

① 法本公司（I. G. Farben A. G.），全称为"染料工业利益集团"（Interessen-Gemeinschaft Farbenindustrie A. G.），建立于 1925 年，曾经是德国最大的公司及世界最大的化学工业康采恩之一，总部设在法兰克福，第二次世界大战后被盟国勒令解散，于 1952 年进行清算，拆分为阿克发公司（Agfa）、拜耳公司（Bayer）、BASF（巴登苯胺及苏打工厂股份公司）和赫斯特公司等 10 家公司。——译者注

凯恩斯曾发表德文版的《自给自足的国民经济》一文，尽管他允许翻译者把可能冒犯纳粹的内容送交审查）。德国的复苏是不平衡的：建筑业、军事工业和重工业获得巨大增长，但是以牺牲消费品为代价。在高汇率下，出口停滞不前，迫使沙赫特发展出一套进口管制和对外易货贸易的复杂体制。沙赫特估计，当时有83%的外贸业务是通过不使用外汇的易货贸易形式进行的，这是一套原始的做法。到1936年，军费开支已经占到德国GDP的10%以上，军事投资已超过了民用投资。

随着经济增长的加速，沙赫特感到有必要减缓支出的速度。早在1935年的纽伦堡纳粹党大会上，即戈培尔狂热的纳粹集会现场，沙赫特就曾警告说，德意志帝国银行需要减少对政府的贷款，进一步的军备采购需要从税收或通过非政府借贷获得资金，以此试图给民族主义的狂热降温。

在纳粹政府中，两个经济政策派别都在发展之中。第一个派别是自由市场派的技术官僚，例如沙赫特和物价专员卡尔·戈德勒，他们主张自由国际贸易、限制军费开支、减少国家干预，这一派获得很多商业领袖的支持。第二个派别是戈林领导下的更政治化的军事集团，他们主张国家计划、经济自给自足和增加军费开支，这与高桥是清在日本面对的紧张局势很相似。1935—1936年的经济危机期间，沙赫特曾领导自由市场派，呼吁减少军费开支、减少保护主义、减少政府对经济的控制。通常，希特勒在两个派别之间犹豫不决，但这次他站到沙赫特的对立面，要求制订一个四年计划，使德国经济在四年内为战争做好准备。他任命赫尔曼·戈林为"四年计划的全权代表"，赋予他广泛的权力，这最终将与沙赫特的政策角色发生冲突。

此时，希特勒不祥地宣布，德国只有占有更大的生存空间①才能生产足够的食物，声称"战争不可避免"。德国军队和德国经济被要求在四年内做好战争准备。正是在这一阶段，全面军备重整真正开始了。

军火生产此时被给予特别优先的地位。沙赫特指出，军火订单可以分配给全国许多产能利用不足的工厂，为提高产量和增加当地就业开辟一条道路。希特勒的战争经济已经做好了准备，这时的德国与那些最终对手国家相比，在军事动员和军事生产方面的准备更为充足。在沙赫特战后写下的记述中，他辩称没有为战争机器安排融资，这个阶段的军备资金是在国会所有政党的一致支持下通过的，目的主要是支持国防建设，并且符合《凡尔赛和约》的规定，而这些立场一直受到历史学家的质疑。

由于德国的侵略意图变得越来越明显，其他国家对其实施了新一轮贸易制裁，德国80%的出口市场很快就受到惩罚性关税的影响，在有些情况下进口市场也受到配额的影响。由于出口下滑，政府的外汇储备和黄金储备也在下降。还有人建议进一步限制德国的赔款支付，德国又一次发现自己正在为回收旅行马克、地产马克、ASKI 马克②这类代用货币而挣扎。

早在1934年，沙赫特就设计出一种新的金融工具，即 MEFO 票据，它的用途是为军备提供资金。MEFO 票据由军火供应商使

---

① 生存空间（lebensraum）是第二次世界大战前，纳粹德国为侵略扩张制造的理论根据。——译者注

② ASKI 马克，其中 ASKI 是德文 Auslander Sonderkonten fuer Inlandszahlungen 的缩写，意思是外国人国内付款的特别账户，由于该特别账户中的钱只能用于购买德国商品并出口到该账户持有人所在的国家，所以也称为 ASKI 马克。——译者注

用，并被一家名为金属研究公司（Metall-Forschung A. G.，MEFO为其缩写）的机构所承兑，这是一个由四家大型工业联合企业在政府指导下成立的空壳公司。出票人可以把MEFO票据拿到德国银行进行贴现，而这些银行可以在票据到期前送到德意志帝国银行进行再贴现。这就意味着，军事承包商收到的付款是由一家空壳公司发行的票据，他们可以到银行把票据兑换成现金，而银行可以将票据转售给中央银行，中央银行则通过发行货币将票据转换为现金。政府实际上是通过印刷钞票来为重整军备提供资金的。

在20世纪30年代的后五年，德国的军费开支增长了四倍，由1938年占GDP的17%跃升至1940年的53%。起初，这些资金是通过发行MEFO票据的方式，扩大德意志帝国银行的贷款规模来筹集的。根据法律，德意志帝国银行的官方贷款被限制在1亿帝国马克①，这种融资工具使得政府可以绕开法律限制，从德意志帝国银行获得以其他方式得不到的新贷款。到1939年，德意志帝国银行再也没有用于军备开支的贷款。

多年来，纳粹政府一直在敦促沙赫特，为军备提供更多的外汇储备。与本书中的其他经济领袖类似，沙赫特感觉自己就像站在永不停歇的跑步机上，去喂养贪得无厌的军事机器，虽然对他来说，首要的魔鬼是通货膨胀而不是军事侵略。1937年，沙赫特的德意志帝国银行行长任期结束，他表示，只有在银行给予德国政府的贷款受到限制的前提下，他才接受连任，最后同意实施进一步的MEFO票据计划，最高限额为120亿帝国马克。他接受了

---

① 帝国马克（Reichsmarks），是德国政府于1924年发行的一种货币，发行时与地产马克的比值为1∶1。——译者注

一年的延期任命，并警告说，如果希特勒不遵守协议，他就辞职。令人惊讶的是，希特勒同意了沙赫特的条件并信守了协议。据沙赫特说，1938年以后，德意志帝国银行就没有为军备开支再提供过贷款或资金。

希特勒似乎对沙赫特保持了一段时间的信任，他将沙赫特视为一位经济奇才，他对这个领域兴趣不大，但他知道需要沙赫特的经验和市场声誉。因此，只要沙赫特有用的话，希特勒就把他保护起来，免受其他纳粹同僚的伤害，而沙赫特则可以不断提供重整军备计划急需的外汇。为了表示对沙赫特工作的赞赏，1937年在沙赫特60岁生日时，希特勒送给他一幅19世纪70年代施皮茨韦格①的油画。没有人告诉沙赫特不要吹毛求疵，特别是对来自希特勒的礼物。恰恰相反，沙赫特在证明这幅画实际上是一幅现代赝品时表现出一种反常的喜悦，并就这一发现与希特勒（一个前画家）进行争辩。希特勒仍然辩称这是一幅原作，却无法说服沙赫特。

直到这时，沙赫特似乎真心相信，他可以缓和希特勒的军事侵略和种族暴行，而此时的希特勒也认为把沙赫特留在内阁还是有价值的，不理会后者的敷衍、争论和批评。然而，沙赫特对希特勒的最终意图持有完全不切实际的想法，这种关系很快就彻底垮掉了。

1939年：为节省外汇而进行的贸易安排

1939年对欧洲来说是黑暗的一年：在希特勒发表了更多类似

---

① 卡尔·施皮茨韦格（Carl Spitzweg，1808—1885），德国浪漫主义画家，19世纪毕德麦雅时期（Biedermeier）最重要的艺术家之一。——译者注

的战争演讲之后，法国和英国加速了重整军备计划，紧急的外交活动也在进行之中。德国占领了整个捷克斯洛伐克。8月，德国和苏联两个传统敌人签署了互不侵犯条约，即《莫洛托夫－里宾特洛甫条约》，震惊了西方世界，令其邻国感到恐惧的是，这一条约把波罗的海和东欧国家一分为二。1939年9月1日，德国入侵波兰，盟国正式宣战，几乎所有欧洲国家以及世界上其他大部分地区均卷入了战争。

希特勒一直致力于建立国防经济，这一想法得到民族主义群体和军队的广泛支持。他们认为，德国在第一次世界大战中失败的一个原因是经济组织不善，经受不住经济封锁的打击。战争阴云密布，德国的经济形势变得更为紧迫，更多的外汇不得不用于粮食进口。制裁和世界经济危机严重损害了德国的出口，几乎没有出口收入。

沙赫特希望从德国的前殖民地获取资源。经希特勒同意，他早些时候访问了当时的法国总理莱昂·布鲁姆，探讨把国际联盟授权管理的非洲喀麦隆归还德国的可能性，目的是利用喀麦隆的资源帮助重建德国经济。沙赫特辩称，如果没有阿尔梅里亚事件（在西班牙内战时期德国飞机轰炸了那座城市），这个计划很有可能就实现了。为使计划不受阻挠，沙赫特还拜访了比利时国王，据他说，比利时国王对这个想法表示支持。

沙赫特声称自己不是一个政治家，但他始终都是一个德国民族主义者：他反对《凡尔赛和约》中的战争赔款，并主张他的经济政策一贯是基于德国需要从本国生产中以及从那些在第一次世界大战后失去的海外殖民地中获得足够的收入。他举出大英帝国就是这一政策的典型例子来说明这一点。但他认为，英国犹太人大卫·李嘉图提出的自由贸易理论，基本上是英国古典"科学经济学家"的一个阴谋，使"欧洲大陆的人都被洗脑了"（Schacht，1956，第346页）。

为了解决德国的外汇问题，沙赫特在1934年制订了一项"新计划"，这项计划授权谈判一系列贸易协定，以保证出口渠道的畅通。到1938年，德国已与25个国家达成了出口准入协议，这种最惠国待遇在国际上受到了相当多的批评。沙赫特反驳道："然而，对我来说，任何经济理论的经典传统都不重要，重要的是应该为德国人民提供生活必需品。"（Schacht，1956，第302页）

新计划限制外汇市场用于非军事目的，并设置了避免使用外汇结算的支付清算机制。这要求进口商将进口商品的购买价款以其本国货币存放在本国清算机构中，该清算机构向另一国的清算机构发放一个相等金额的信用额度，后者又将这个信用额度以该国的本国货币支付给出口商。任何贸易差额都将被记为一笔贷项或一笔借项，在未来的贸易中加以核销。

根据沙赫特的计划，德国政府批准进口的条件是，外国卖方同意接受来自名为"ASKI"特别账户的信用形式付款。这些ASKI马克只能用于购买德国商品并出口到该账户持有人所在的国家。每一组ASKI账户都与某一国和德国的双边贸易相关，其条款取决于德国在每种情况下的谈判地位。

贸易协定主要是与南欧和东南欧国家签署的。德国政府大力鼓励与这些国家开展贸易活动，并强烈反对与另一些国家进行贸易，除非必须从那些国家进口关键原材料。为了促进双边贸易协定并将其向东扩展，沙赫特出访巴尔干半岛，还会见了土耳其领导人凯末尔·阿塔图尔克，随后又前往叙利亚，最后访问了伊朗国王。所到之处，他都努力安排进一步的贸易交易。德国需要保加利亚的大豆、罗马尼亚的石油、匈牙利的铝矾土、南斯拉夫的镁和西班牙的钨，沙赫特都提议以德国货物作为偿付手段。他也接受了一些寻求双边贸易机会国家的访问（包括来自中国的孔祥熙）。在开始阶段，这些双边贸易协定看起来运转良好。从1939年起，德国增加了对苏联进口的依赖，特别是石油、谷物和合金。

沙赫特起初与赫尔曼·戈林保持着良好的社交关系，他曾形容戈林聪明而有趣，但戈林后来变得非常贪婪和爱炫耀。沙赫特曾向希特勒抱怨说，他发现纳粹官员滥用外汇管制条例，而戈林则被任命协助管制这一行为。戈林的四年计划包含了一些具体的进口替代措施，例如从煤炭中提取苯的项目、成立德国捕鲸船队以及在德国扩大采矿作业。粮食生产的自给自足程度有所提高（越来越多地使用受控制的劳工），但是国家始终非常缺乏脂肪和油料。到战争爆发时，德国只有几个月的关键原材料供应，例如汽油、铁矿石、镁和橡胶。

德国花费很大努力去开发人造替代产品，例如通过乙炔生产人造橡胶和从煤炭中提取石油。然而，这些操作的生产效率很低（例如，生产1吨石油需要6吨煤）。沙赫特对戈林的所作所为越来越不满，例如高成本开发硝石矿的"赫尔曼·戈林工程"。戈林不懂经济，他的政策也很幼稚：他希望德国工业最大限度地增加生产，而不考虑利润、资金或价值创造。

沙赫特越来越担心不断上升的公共赤字，他支持短期使用赤字融资，但倡导长期的保守财政政策，特别是经历过20世纪20年代的恶性通货膨胀之后。这时，他感觉经济增长已足够强劲，1933—1938年政府支出增长了300%，是时候削减政府开支了。

到了 1938 年，信贷出现短缺，政府除非常短期的借款外，已很难借到钱，只能靠德意志帝国银行发行更多的货币。货币供应量的增长速度远远快于工业产出的增长速度。

但与高桥是清以及孔祥熙一样，沙赫特发现削减开支并不容易。他最初支持任命戈林担任原材料和外汇专员，相信戈林可以做出一些不受欢迎的决策，而同时仍然能够控制戈林。但戈林根本不担心资金短缺，只担心武器短缺。

沙赫特尤其担心的是，各家企业开始兑现手中的 MEFO 票据。他开始公开批评德国的产业政策。他指出，在他担任经济事务部长期间，原材料和加工半成品的进口量翻了一番，这表明他提出的政策比一些国产计划的采购效率更高。再者，在出口收入至关重要的时候，军队征用物资和劳工的做法正在损害德国的出口潜力。戈林下令没收在德国持有的外国证券，这只会使情况更加恶化。1937 年 9 月，沙赫特非常直接地向希特勒表达了他的观点，并要求解除他经济事务部长的职务。

这些分歧使希特勒感到难堪。在希特勒位于巴伐利亚的家中举行的一次会议上，他要求沙赫特重新考虑并与戈林达成共识，但沙赫特不想改变自己的想法。在评论了一番美丽的房屋和可爱的夏日天气之后，沙赫特说，"即使希特勒最后眼中含着真实的泪水向我保证'但是，沙赫特，我喜欢你'，我仍然无动于衷"（Schacht，1956，第 342 页）。希特勒开始指责经济事务部不理解经济动员的要求，这是对沙赫特本人的间接批评。沙赫特反驳说，他不能在戈林的干预下执行经济政策。最后在 1937 年 11 月，希特勒撤销了沙赫特的经济事务部长职务。

由于需要更多的资金，希特勒转而求助于他的新经济事务部长瓦尔特·冯克。冯克是一个矮小结实的男人，与一般纳粹高官不同，他是一个音乐家、同性恋者和酒鬼。然而，他是一个毫不含糊、顺从的纳粹分子，没有沙赫特那种喜欢炫耀的聪明和令人恼火的优越感，绝对服从希特勒的命令，从不在他面前引述经济理论。冯克的经济事务部发行了两大笔公共债券而不是 MEFO 票据，第三笔发行失败了，说明国内债券市场已经饱和。冯克在战争期间一直担任经济事务部长，随后在纽伦堡军事法庭接受战争罪行的审判。

到这个阶段，沙赫特的直言不讳和优越感开始激怒所有政府官员，更危险的是他激怒了纳粹官僚机器，包括希特勒本人。沙赫特仍然担任德意志帝国银行行长，但是他的公开观点不仅局限于银行政策。当官方试图阻止沙赫特发声的时候，他就公布他的指控。希姆莱设法阻止了报纸发表一篇沙赫特希望引起公众注意的带有严厉批评性的演讲稿。为了不被堵住嘴，沙赫特向希特勒提交了一份备忘录，批评纳粹对待教会和犹太人的做法，正如他所说的那样，"指出了他（即希特勒）的体制过失及大错"。

1939 年，沙赫特在哥尼斯堡的一次大胆演讲中，公开阐述了他的观点。只有那些妄自尊大者才会自比为与体制斗争的马丁·路德。这一次，戈培尔确保对纳粹政权的批评不会出现在任何公共媒体上。作为回应，沙赫特下令让德意志帝国银行印刷了 1 万份演讲稿，在全国各地分发。这种勇敢行为虽然受自尊心驱使，但依然值得钦佩，并且在这个阶段，希特勒没有针对他采取任何行动。随后他又发表了若干批评纳粹政权的演讲。

沙赫特后来说，他反对纳粹的战争目标，部分出于物质原因，他认为德国没有足够的资源实施策划中的侵略。沙赫特继续他的做法，一方面支持纳粹的经济国家主义目标，另一方面批评他们糟糕的经济政策。对他来说，经济思想的纯洁性似乎比国家主义、意识形态或种族纯洁更为重要。

沙赫特总是强调，他反对纳粹敌视犹太人的政策，限制把犹太人的经济利益排除出德国经济，并在商业领域为犹太人提供避难所。尽管如此，在他担任银行监管者期间，大量犹太私人银行被关闭。沙赫特自称，他曾反对纳粹，并试图阻止关闭犹太金融机构的做法，尽管很危险，但只要有机会他就会公开宣传这些观点。在这一时期，他成为一个按时做礼拜的教徒，去的是内穆勒神父的教堂。这位神父后来成为著名的纳粹受害者。也许沙赫特是为了激怒纳粹政权，才以如此特别炫耀的方式定期去教堂做礼拜。

近期的研究显示，虽然沙赫特在职业生涯早期是亲犹太人和自由派的，但后来发生了改变。他不是无辜的，他的行为超出了那一时期常见的反犹太主义。有证据表明，他不反对驱逐犹太人，他在经济事务部和德意志帝国银行执行种族排斥法，并且公开为这些政策辩护。在较早的一次演讲中，沙赫特曾说他欢迎纽伦堡种族排斥法律，并且他的话会使稍后即将到访的孔祥熙大吃一惊，他说："如果今天我们有60万中国人住在德国，他们要去占领我们的剧院、媒体、文化，我们将绝不容忍，只能把他们关进中国人的贫民区。"（Shoah Resource Centre，2000，第4页）不过，与该时期其他杰出的德国人一样，他也想办法帮助过个别的犹太朋友。

1938年11月，对犹太人教堂的破坏和"水晶之夜"的恐怖，使沙赫特感到沮丧，他以一贯直率的方式告诉希特勒这是野蛮行径。他告诉希特勒，应该允许德国犹太人移民，甚至提出了一项可以为国家赚钱的计划：犹太人的财产将被置于一个信托机构，并以这些财产作为抵押发行美元国际长期贷款，由德国政府担保贷款偿还并承担汇率风险。世界各地的犹太人可以认购这项计划。贷款的一部分将转移给移民出去的犹太人，帮助他们在海外定居。令沙赫特吃惊的是，希特勒没有提出明显的反对意见。沙赫特随后出访伦敦，寻求来自重要犹太金融大亨和银行家的支持，也寻求来自英格兰银行蒙塔古·诺曼的支持。但是，他的计划从未见到曙光，并被国际社会视作某种形式的敲诈。希特勒后来暗示，他曾延缓强制把犹太人送入集中营的时间，以观察沙赫特的移民计划是否可行（Weitz，1997，第243页）。

1938年的德奥合并，使德国的扩张主义进入一个新阶段。在德国吞并奥地利后，德意志帝国银行负责将奥地利经济纳入德国货币体系。这可以回溯到第一次世界大战期间沙赫特在比利时的经历，以及高桥是清在伪满洲国使用日元的经历。希特勒希望废除奥地利先令，整合两国经济。沙赫特对此想法持批评态度，但转而愉快地告诉德国人奥地利国家银行是一家多么好的中央银行。沙赫特很喜欢访问维也纳，现在他得到机会游遍整个奥地利。

最初，纳粹继续实施那些支撑沙赫特新计划的宏观经济政策，旨在通过严格的价格、工资和汇率控制来抑制通货膨胀。当时的重点放在食品自给自足上，对外贸易则放在战争优先事项上。大多数主要实业家均配合纳粹的经济指令，更多的生产任务由赫尔曼·戈林帝国工厂[①]这样的巨型机构以及通过使用强制劳

[①] 帝国工厂（德文为Reichswerke，意思是"帝国的工厂"），指第二次世界大战期间用于生产战争物资（如钢铁等）的工业企业。——译者注

工的工厂承担。但到了 1938 年，戈林的挥霍行为与沙赫特的信贷紧缩发生了公开的冲突。沙赫特被戈林的态度激怒，后者全力支持希特勒的军费开支政策，并告诉沙赫特，"如果元首愿意，二乘二就等于五"。由于不能从银行体系获得更多资金，政府要求德意志帝国银行实施金融救助政策。沙赫特拒绝向政府提供新的信贷，他最终的被罢免在此时看来已不可避免了。

1939 年的第二天，沙赫特被希特勒召到奥伯萨尔茨堡的家中，就在同一个露台上，他曾愉快地会见孔祥熙。希特勒希望讨论财政状况，以及如何筹集更多资金。沙赫特让他再次失望：沙赫特争辩说资本市场已经枯竭。沙赫特企图从犹太人赔偿中筹集资金的努力，结果却使纳粹政府盗取了一批不动产和有价证券，而此时希特勒则热衷于以这些盗取的资产为基础发行票据。沙赫特向希特勒递交了一份由德意志帝国银行全体董事会成员签署的声明，严厉批评了纳粹的经济政策，以非常直率的语言指出货币受到不计后果开支的威胁，国家财政处于破产边缘，中央银行的运作受到破坏。沙赫特提到了德国入侵奥地利和苏台德时的"伟大目标"，但报告说，即使在这些行动之后，无节制的军费支出仍在继续。他补充道，目前还没有任何经济或财政政策可以缓解军费开支带来的毁灭性代价，这就意味着通货膨胀、赤字和定量配给政策。沙赫特反复说，希特勒对战争所需的经济准备几乎一无所知，"只有大炮、飞机和坦克是不够的"（Schacht, 1956，第 101 页）。

德意志帝国银行致希特勒的备忘录被证明是压垮骆驼的最后一根稻草。沙赫特被召到元首府，处于极端愤怒和情绪化状态下的希特勒解除了他德意志帝国银行行长的职务。但希特勒意识到，沙赫特在市场上的声誉仍然是重要资产，所以继续保留他担任不负责具体事务的虚职部长，在未来几年他一直担任这样一个无权的职务。《曼彻斯特卫报》报道说，沙赫特被解职是"纳粹党内更极端派别的胜利"。

这时，沙赫特意识到自己做得太过分了。为了个人安全，他决定退出公众生活。他想这也许是一次去海外旅行的机会。他特别想访问中国和日本，他与孔祥熙建立了友谊，而日本正面对与德国相似的一系列经济挑战。但是，外交部长冯·里宾特洛甫禁止他出访。在德国的暗中支持下，日本已经入侵中国，这个地区是不安全的，政治关系也很敏感。沙赫特转而前往印度，他在那里羡慕地对大英帝国的物质实力做出评论，并对棉花工业的国际化程度留下了特别深刻的印象。

沙赫特于1939年中回到柏林。当时的军事形势更为恶化，沙赫特觉察到一场大范围的侵略行动迫在眉睫（他后来声称，他曾试图把德国即将发动侵略行动的情报传递给各个友好的盟国接触者）。德国突袭波兰，致使英国、法国和其他国家愤而宣战。

在第二年德国军队入侵法国北部之后，希特勒以征服者的姿态进入巴黎后凯旋，所有部长都被召集到柏林火车站，参加迎接希特勒凯旋的公众集会。沙赫特别无选择，只能出席，并佩戴了一枚纳粹徽章，这一做法让他后来付出了沉重代价。希特勒得意扬扬地走到他面前，对他说："好吧，沙赫特先生，你现在怎么说？"

沙赫特自称，他回答道："愿上帝保佑你。"

亚尔马·沙赫特在纽伦堡军事法庭的被告席上

第 4 章 "在我们这个时代没有人比他更聪明"

凯恩斯在 1939—1941 年的英国

"我为一个令我痛惜的政府工作"

1939 年 8 月,亚尔马·沙赫特做出最后一次努力,试图阻止德国入侵波兰。但德国军队已被煽动起来并在边境附近集结,势不可挡。德国暂缓了最初的计划,但到月底,其意图已经很清楚。法国匆忙召集军队。

在法国中部度假胜地鲁瓦亚的皇宫酒店里,英国著名经济学家约翰·梅纳德·凯恩斯和他的妻子,退役的俄国芭蕾舞演员莉迪亚·洛波科娃(Lydia Lopokova)正在享受水疗。在过去的一年半时间里,50 多岁的凯恩斯由于持续的心脏感染和多次轻微的心脏病发作,健康状况一直很差。因此,他被迫削减了一贯繁忙的旅行、新闻采访、研究、教学、政策咨询、大学行政管理、个人和企业投资、农场劳作,以及支持艺术和戏剧等日程。经过在威尔士鲁思因城堡疗养院的几个月恢复性治疗后,他搬回位于西萨塞克斯郡蒂尔顿的农场家中,在那里医生和他的妻子坚持要他隐居和休息。但凯恩斯从来不能完全停止工作,他把时间花在给朋友写信上，其中很多是知名和有影响力的人物，他也给《泰晤士报》写信，还为《新政治家》周刊撰稿。

凯恩斯身材高大、自信、傲慢、非常聪明，他认为他的聪明才智应该用于为国效力。他在第一次世界大战期间支持那些凭良心拒服兵役的朋友，他反对《凡尔赛和约》要求德国支付不切实际的战败赔款，他在 20 世纪 30 年代支持世界裁军。但此时他改变了观点，因为他看到法西斯独裁者的崛起。凯恩斯倾向于使用外交而不是战争手段，但他明白只有英国在军事上强大，外交手段才能奏效，这就意味着要重整军备，而重整军备需要资金。带着典型的自信和一贯的傲慢，他在这时写下了海量的信件和文章，敦促积极重整军备，并建议用创新方式为其融资。

到 1939 年中，凯恩斯的健康有所恢复，医生认为他可以去旅行了：鲁瓦亚之旅是对他的奖励。第一周，他和莉迪亚实施了一个特制的健康水疗方案：早上他们喝矿泉水，用一两个小时完成通信，然后浸泡在蒸汽浴中；接下来，他们做按摩放松、静坐冥想，下午则驾车到周边的乡村旅行。晚上，他们欣赏酒店管弦乐队的演出，正如凯恩斯在写给他母亲的信中颇有微词地提道，"演奏的都是父亲可能喜欢的音乐"（Skidelsky，2000，第 44 页）。

在接下来的一周里，当凯恩斯听到希特勒故作姿态的言论以及德国军队已在波兰边境集结的传言时，他在通信中表现得越来越担心。由于担心情况变得更糟，法国政府宣布进行军事总动员。凯恩斯给家里写信说，酒店失去了餐厅服务员，接着失去了几个乐师，随后厨师和门童也没有了，因为他们全都报名参军去了。战争的可能性正在逼近，凯恩斯决定离开这个疗养院。他们经历了一段穿越法国北部的缓慢旅程：道路上挤满了来往的军队和心怀恐惧的难民。当他们抵达巴黎时,不祥的气氛笼罩着整个城市。所幸火车和轮渡仍在运营,经过几天的长途跋涉,8月29日,他们终于幸运地回到了宁静的英格兰乡村。

这还不算太晚。两天后,德国入侵波兰,法国宣战,英国首相张伯伦在两天之后,也宣布与德国开战。第二次世界大战在欧洲正式拉开序幕。

被称为"以战止战"的第一次世界大战,对英国人来说仍然记忆犹新。战争破坏了人们的生活,造成了经济混乱。然而,它成就了一个人的声誉:1919年,凯恩斯出席《凡尔赛和约》谈判,认为针对德国及其他轴心国的战争赔款被设定在难以置信的高水平上,他将观点写入了一本极具预见性的畅销著作《和约的经济后果》中。

凯恩斯1883年出生于剑桥一个富裕的中产阶级家庭,他的母亲是一位社会改革家,后来担任市长,他的父亲是一名大学教授。在某种意义上,凯恩斯终身都没有离开过剑桥和剑桥大学。他的父母恩爱、细心,相互欣赏。由于早熟又极具天赋,凯恩斯进入伊顿公学并获得了奖学金,当时该校正陷入布尔战争①的军国主义狂热之中。他在剑桥大学学习数学和哲学,1904年毕业。作为一名学生,他只是非正式地旁听过一个学期的经济学课程,

---

① 布尔战争一般指第二次布尔战争(Second Boer War),是1899年10月11日至1902年5月31日英国同荷兰移民后代阿非利坎人(布尔人)建立的德兰士瓦共和国和奥兰治自由邦为争夺南非领土和资源而进行的一场战争。为征服只有数十万人口的布尔人,战争持续了三年,英国先后投入40多万人,共阵亡22 000余人。最终英国在战争带来的巨大损失与国际舆论压力下,与布尔人签订和约,战争结束。这场战争促使南非联邦的形成。——译者注

这是他在经济学上的全部正式教育经历。

1906年10月,凯恩斯进入英国的印度事务部担任文员,他的第一份工作在军事司。他起初喜欢这种实操性的工作,但逐渐感到厌倦,回到了剑桥大学。他依靠家庭关系获得了一个研究职位,他的家人和一位朋友提供了初始研究资金,他很快就偿还了这笔资金,并展现出惊人的潜力。他的第一篇严肃的经济学论文《全球放缓对印度的影响》就发表在顶级学术刊物《经济学杂志》上。凯恩斯创建了政治经济学俱乐部,这是一个由大学生和教职员工参与的每周论坛,此后他终身担任俱乐部的主席。他很快就成了《经济学杂志》的编辑,同样也是终身任职。1909年,凯恩斯被聘为剑桥大学的经济学讲师,这是一个由新古典经济学之父阿尔弗雷德·马歇尔教授亲自资助的新设教职,马歇尔教授也是凯恩斯父亲的朋友。

几年里,凯恩斯出版了他的第一本著作《印度的货币与金融》,并被政府任命为该问题的皇家委员会成员。这一路径预示了他未来的人生轨迹:热衷于解决现实世界的问题,积极参与研究,著作等身,渴望影响政府政策,他的人脉关系帮助他做到了这些。他对自己的观点(有时也多变)持有强烈的自信。

凯恩斯的生活丰富多彩,他非常享受剑桥和伦敦活跃的社交生活圈。最初在剑桥大学,他是一个由精英组成的秘密"使徒社"①的关键成员,并与多名男士卷入浪漫关系甚至性关系。尽管

---

① 剑桥"使徒社"(the Society of Apostles)是19世纪20年代开创的秘密社团,成员人数不多,一般是剑桥学子中最出类拔萃的才智之士,无论智力水平还是学术水平都高人一等。他们每周六在一处秘密会所聚会,讨论范围从哲学、美学到政治、商业。1901年,凯恩斯加入使徒社。——译者注

当时的英国社会非常传统，但凯恩斯对这些关系持开放态度，甚至写了一本有关自己性接触的日记。他与布卢姆斯伯里文化圈（Bloomsbury Group）的关系密切，这是20世纪早期由一群具有独特艺术天分且又专注于自我的年轻人组成的小团体。艺术家邓肯·格兰特[①]是凯恩斯一生的挚爱。凯恩斯也与布卢姆斯伯里文化圈的其他成员建立了持久的友谊，包括画家瓦妮莎·贝尔、作家弗吉尼亚·伍尔夫和 E. M. 福斯特、出版商伦纳德·伍尔夫、传记作家里顿·斯特拉奇和评论家罗杰·弗莱。凯恩斯在一生中对其中很多人给予过帮助和经济上的支持，而他们则将凯恩斯视为通往上层权势集团的窗户。

1914年第一次世界大战爆发时，凯恩斯31岁。他的一些朋友出于道义原因而登记为拒服兵役者（conscientious objector），凯恩斯本人不在其中，但他支持他们的行动。他自己似乎没有考虑过参军，毫无疑问他认为他的才能在战壕之中会被浪费。相反，他的关系网很快就使他受邀为财政部提供战时经济管理方面的咨询意见，这是一个非正式的无薪岗位。他为英镑的可兑换性、英国战时信贷选项、购买外国货币，以及为英国和俄国从美国采购战争物资的融资安排等问题提供建议。对于政府来说，这些都是战时状态下的新问题，而凯恩斯在第二次世界大战更为严酷的环境下还会遇到相同的问题。他在当时写给邓肯·格兰特的信中相当愤世嫉俗地说："我在为一个令我痛惜的政府工作，我认为这是犯罪。"然而，凯恩斯发现这项工作太引人入胜，以至于他无

[①] 邓肯·格兰特（Duncan Grant, 1885—1978），英国后印象派画家、纺织品设计师、舞台布景设计师、布卢姆斯伯里文化圈成员。——译者注

法拒绝，他变得非常投入，他的建议很快就成为政府不可或缺的一部分。

当 1918 年第一次世界大战最终结束时，凯恩斯被任命为英国财政部的财政代表参加 1919 年的凡尔赛和平会议，他随首相劳合·乔治率领的英国代表团前往巴黎郊外的凡尔赛宫。他的角色很重要，见证了欧洲历史上的一个关键时刻。

当时普遍的意见是反德国的，特别是法国对德国极为敌视，因此协约国决定强加给战败国巨额赔款。凯恩斯认为，这些拟议的赔款数额过高，既不切实际也无法承受，将抽干德国的财政收入，限制出口、阻碍重建、引发国际收支平衡问题，从而导致经济衰退和潜在通货膨胀，所有这一切将使德国更加无法偿还债务。首相劳合·乔治理解凯恩斯的观点，但受制于英国国内的政治压力。一位政治家埃瑞克·格迪斯爵士针对德国说道："我们将从它那里榨取一切可以榨取的东西……我将把它的钱财榨干。"法国总理乔治·克里孟梭则更为强硬，希望把德国降为以畜牧业为主的经济体，这样就不会再对法国造成威胁，他的观点影响了美国总统伍德罗·威尔逊。凯恩斯很沮丧，在给瓦妮莎·贝尔的信中写道："你真的会感觉心理、人格、阴谋的惊人复杂性如此可笑，这使欧洲即将到来的灾难变得如此壮观。"（Moggridge，1992，第 296—298 页）

凯恩斯是一位国际主义者。他读过有关俄国布尔什维克革命的书籍。此时听到柏林和布达佩斯动乱的消息，他害怕在德国和奥匈帝国其他地方也会出现类似的动乱。协约国曾计算轴心国造成的战争破坏损失，并坚持要用战争赔款偿还，却忽略了轴心国愤怒而绝望的情绪。凯恩斯设计出一种替代方案，削减德国部分债务，这将有助于刺激国际贸易和经济复苏。但英国人无法说服美国人，而后者持有大部分的德国债务。由此签订的《凡尔赛和约》使凯恩斯感到厌恶，他从英国财政部辞职以示抗议。

就像他后来生活中经常做的那样，他转向出版印刷，把他的观点全部写入1919年出版的《和约的经济后果》一书。这本专著集合了经济学、逻辑学和雄辩术，融合了技术分析和同情心。凯恩斯与出版商就该书出版达成了一项特殊协议，在他的大力推动下，这本书受到公众的广泛欢迎，一年内销售了10万册，并被翻译成11种语言，不仅为凯恩斯赢得了高额版税，而且使他获得了特立独行的天纵英才之名（enfant terrible）。凯恩斯对赔款的偿还不屑一顾："赔款和协约国之间的债务主要以纸面结算，而不是以货物结算。美国借款给德国，德国将其款项转付给协约国，协约国再用它偿还给美国政府。没有实物流通，没有什么比这个更糟糕了。"（Moggridge，1992，第475页）

凡尔赛委员会曾将赔款金额定为66亿英镑。凯恩斯较早时估计，德国大约有能力偿还10亿英镑，一半即期支付，另一半在未来年份以现金支付。他后来又对估计数打了一个对折，事实证明这更加现实。德国最后仅支付了很少的强制性赔款，实际上从美国贷款中获得了资本净流入。

凯恩斯从英国财政部辞职以后，几年来一直就赔款问题向战后德国政府提供非正式咨询建议。在凡尔赛，他遇到了一位意气相投的德国谈判者卡尔·梅尔基奥，他们后来又相聚了几次。梅尔基奥曾一直担任德国政府顾问，后来成为银行家。两个人相处得很融洽，有同性恋倾向的凯恩斯在一封信中说，他对梅尔基奥有"感情"。梅尔基奥后来担任亚尔马·沙赫特的顾问，帮助后者与凯恩斯建立联系，转达德国的观点。

最终，事实证明凯恩斯的书是有先见之明的："如果我们的目标是蓄意使中欧贫穷的话，那我敢预言复仇将很快到来。没有任何事物可以长期阻挡反动势力之间的最后战争以及革命引发的社会剧烈动荡，在此面前，上一次德国战争的恐怖将不算什么。"（Keynes，1920，第268页）

凯恩斯从小就到处旅行。他经常和父母一起到欧洲大陆度假，一生曾多次前往德国。他与一些德国高级官员建立了联系，对德国经济也很熟悉。1922年，德国政府曾邀请他为如何稳定马克提供咨询意见。他在汉堡召开的世界经济会议上发言，讲述了当时正在发生的严重的恶性通货膨胀。

那一年，他为《曼彻斯特卫报》编辑了一期"重建增刊"，筹备了一系列欧洲领导人的文章。在朋友卡尔·梅尔基奥的建议下，他也邀请沙赫特博士写了一篇文章。下一年，他前往柏林会见了几位德国部长，并就赔款支付问题提供建议。几年之后，他再次前往德国，在柏林大学发表演讲，内容包含了在一国经济中有关优生学和人口控制可能性的一些（如今极具争议的）看法。1928年，他又一次访问德国，在梅尔基奥的陪同下会见了时任德意志帝国银行行长沙赫特，双方讨论了德国经济、赔款现状以及华尔街可能终止对德贷款的风险等问题。

20世纪20年代对世界经济来说是一个动荡时期，对凯恩斯个人也是如此。第一次世界大战之后，他回到剑桥大学，出版了他早期关于概率论的数学专著。他还以经济记者的身份开始写作，在国际上推广他的著作，以及花一些时间为伦敦市担任财政顾问。他在政客和商界人士中开始变得广为人知。他写了一些文章和几本书，批评战后的通货紧缩政策和汇率政策。当1925年英国在财政大臣温斯顿·丘吉尔的领导下回归金本位制时，凯恩斯写下了批评文章《丘吉尔先生政策的经济后果》，再次证明他的先见之明。凯恩斯是一个老练的交谈者，他音调很高、言辞优雅、语句简短、逻辑清晰，更重要的是不容置疑。

政治上，凯恩斯是自由党的终身成员，但他总是拒绝亲自参与选举。20世纪20年代，凯恩斯为自由党的经济政策提供了广泛建议，但他不得不看着自己的政治同僚逐渐滑入第三政党的阵营。他从不与新兴的工党联系，他厌恶共产主义，但对保守党来说他又过于激进。

凯恩斯对芭蕾舞有着持久的兴趣。1918年，他第一次见到莉迪亚·洛波科娃，她是到访英国的俄罗斯迪亚吉列夫①芭蕾舞团的明星。她出生于圣彼得堡的一个戏剧家庭，父亲是著名的亚历山大帝国剧院的首席引座员。因此，他所有的孩子都能够进入圣彼得堡的皇家芭蕾舞学校学习并成为舞蹈演员。莉迪亚的早年生活多姿多彩，她加入了著名的俄罗斯芭蕾舞团，到欧洲巡演，在美国做过几年卡巴莱②艺术家、模特和杂耍演员，很年轻时与迪亚吉列夫芭蕾舞团的意大利商业经理有过一段婚姻，还有过多段短期恋情，其中包括作曲家伊戈尔·斯特拉文斯基③，最后与一

---

① 谢尔盖·迪亚吉列夫（Sergei Diaghilev，1872—1929），俄国芭蕾舞大师。——译者注
② 卡巴莱（cabaret）是指餐厅或夜总会的一种有歌舞和滑稽短剧表演的娱乐形式。——译者注
③ 伊戈尔·菲德洛维奇·斯特拉文斯基（Igor Fedorovitch Stravinsky，1882—1971），生于俄罗斯圣彼得堡附近的奥拉宁堡，美籍俄国作曲家、指挥家和钢琴家，西方现代派音乐的重要人物。——译者注

位神秘的白俄罗斯将军消失在苏联。1921年，她回到伦敦，参加迪亚吉列夫在伦敦的《睡美人》演出。她被誉为新型舞蹈家，大家叫她"洛皮"（Loppie），深受英国观众的喜爱。

凯恩斯被莉迪亚迷住了，对她展开猛烈的追求，每天晚上在剧场前排观看演出，同时还继续着他的同性恋生活。莉迪亚也显示出同样的兴趣，他们很快就同居了。凯恩斯当时42岁，是上层知识界的顶梁柱，而莉迪亚31岁，是一个放荡不羁的波希米亚艺人。这对被爱情冲昏了头脑而又极不般配的恋人令许多人感到惊讶，尤其是凯恩斯那些傲慢自大的布卢姆斯伯里文化圈的朋友们觉得莉迪亚可爱但没有知识。里顿·斯特拉奇形容她是"只有半个脑子的金丝雀"。E. M. 福斯特后来写道："我们所有人过去如何低估了她。"（Light，2008，第9页）虽然布卢姆斯伯里文化圈很难接纳她，但莉迪亚与当时很多文化精英成了朋友，包括托马斯·艾略特[1]、赫伯特·威尔斯[2]和巴勃罗·毕加索。毕加索为她画过很多肖像画。

尽管朋友们反对，1925年，这对恋人还是在一家婚姻登记处登记结婚了。新婚夫妇乘火车前往彼得格勒（新改名为列宁格勒）度蜜月，探望莉迪亚的家人。凯恩斯拜见了莉迪亚的母亲康斯坦莎和她的兄弟姐妹。她的哥哥费奥多·洛波科夫此时是著名

---

[1] 托马斯·艾略特（Thomas Stearns Eliot, 1888—1965），英国诗人、剧作家和文学批评家，诗歌现代派运动领袖，代表作有《荒原》《四个四重奏》等。——译者注
[2] 赫伯特·乔治·威尔斯（Herbert George Wells, 1866—1946），英国著名小说家，新闻记者、政治家、社会学家和历史学家。他创作的科幻小说对该领域影响深远，如"时间旅行""外星人入侵""反乌托邦"等都是20世纪科幻小说中的主流话题。——译者注

的舞蹈演员和编舞家。在列宁格勒期间，凯恩斯还代表剑桥大学出席了苏联科学院的一次会议。

随后，这对夫妇前往莫斯科，凯恩斯在那里与苏联国家计划委员会（Gosplan）、国家银行和其他经济政策机构举行了会议。并且，他在苏联最高苏维埃的国家经济委员会的全体会议上，做了一次关于英国经济形势的报告。列夫·托洛茨基和日本经济学家福田德三也出席了这次会议，而后者对高桥是清产生过一定的影响。此前几年，凯恩斯曾写过一本关于布尔什维克财政体制的书；他也曾与弗拉基米尔·列宁有过书信往来，彼此之间有一定的尊重。但此时凯恩斯说，他不赞同列宁正在推行的改革，并在返英后把他的观点写入《俄罗斯掠影》（A short View of Russia）一文，对苏联共产主义进行了猛烈的抨击。该书强烈批评了马克思主义的经济理论和后列宁时代苏联实行的新经济政策。弗吉尼亚·伍尔夫讲述过她与凯恩斯就其苏联之行的一次谈话，凯恩斯抱怨说，"到处都是间谍，没有言论自由，对金钱的贪婪被根除，人们的生活全都一个样"（Skidelsky，1992，第209页）。

凯恩斯和莉迪亚享受着一段不寻常但持久的婚姻，莉迪亚以照顾著名经济学家凯恩斯为职业，并在她写给凯恩斯和他母亲的那些犀利而有趣的信中记录了这一切。例如，她把凯恩斯的经济学家同事描述为"令人厌烦、视野狭隘、脱离现实生活、有自卑情结、没有伟大的思想"（Light，2008，第9页）。她在1927年怀孕但不幸流产，此后他们再也没能有孩子。

1928年4月，他们再次访问列宁格勒，两年后莉迪亚又和一个朋友去了一趟。她发现，随着苏联经济情况变差，她在列宁格勒的家人的状况也每况愈下。到1932年，她年迈的母亲生活在一个狭窄的单人间里，全家依靠凯恩斯夫妇寄来的食品和衣物勉强生活。更糟糕的是，她的家人似乎受到秘密警察的监视，可能是由于他们的西方关系。

1936年，凯恩斯夫妇又一次出访苏联，这次途经斯德哥尔摩，凯恩斯在那里会见了有前途的青年宏观经济学家贝蒂·俄林①，接着去列宁格勒再次看望莉迪亚的家人。在火车上，凯恩斯阅读了剑桥同事琼·罗宾逊夫人②论马克思主义经济学的文章。罗宾逊夫人是苏联的坚定支持者，当时有一批学者支持她的观点，而凯恩斯则完全不能接受。尽管凯恩斯反对苏维埃政权，但他与同在剑桥使徒社的安东尼·布朗特、盖伊·伯吉斯、迈克尔·斯特里特是朋友，而他们三人都是克格勃的间谍，曝光后这三人皆变得声名狼藉。有记录显示，伯吉斯把凯恩斯的名字给了他在莫斯科的上线，认为这是他们应该施加影响的人。那一年，凯恩斯在英国广播电台录制了一档谈话节目，评论费比安·西德尼和贝特丽丝·韦伯合著的《苏维埃共产主义》一书，在他看来，这是一本辩护士的作品。这与前一年高桥是清在日本帝国议会开会时拿在手里拍照的是同一本书。

凯恩斯从没有想过从事某一个固定职业，他不稳定的财务状况也反映了这一点。他的兴趣太宽泛，而且总在变化之中。起

---

① 贝蒂·俄林（Bertil Ohlin, 1899—1979），瑞典经济学家、政治活动家，1977年，贝蒂·俄林因对国际贸易理论和国际资本运动理论做出了开拓性的研究，与英国剑桥大学的詹姆斯·爱德华·米德一同获得了当年的诺贝尔经济学奖。——译者注

② 琼·罗宾逊夫人（Joan Robinson, 1903—1983），英国著名女性经济学家，新剑桥学派的代表人物，1933年，她出版了《不完全竞争经济学》一书，因此闻名于经济学界。她对马克思主义经济理论做过深入的研究，甚至提出过"向马克思学习"的口号。——译者注

初，他的家庭资助他，他似乎也从没有想过要挣一份稳定的薪酬。他逐渐能以记者、商业顾问的收入养活自己，并从非常年轻时就开始进行金融投资。由于学生时期在扑克牌赌博中输过钱，沙赫特曾发誓绝不再赌博或用自己的钱玩股票，而凯恩斯则没有这种顾虑。

他自愿担任剑桥大学国王学院的财务主管很多年，在这个位置上，他建立了一个主动管理型股票投资组合，尽管这个投资组合上下波动很大，但最终的表现远远超过英国股票指数，使国王学院变得相当富有。1920年，他组织一群朋友成立基金以从事外汇投机，但由于发生了未曾预期到的事件，几个月后基金就赔光了，还留下了两万英镑的债务。凯恩斯似乎没有感到特别烦恼，他在两年内偿还了债务并重建了基金。他还担任国民互助人寿保险公司的董事长，和朋友一起经营了几家投资公司。他非常积极地管理自己的资金，通常清晨还躺在床上，就充分利用保证金大幅进行交易。他设计了自己的投资理论，喜欢将理论与市场现实相结合，并极其自信地利用自己的直觉和其他人对赌。当事实证明他犯了错误时，他就会毫不懊恼地改变自己的想法。

虽然常有先见之明，但他也不可能永不犯错。在1929年美国股市崩盘之前的两年，他曾写下一句名言，"我们这个时代将不会再有任何崩盘"。这种对未来的看法显然过于乐观。凯恩斯大量投资于英国公司的股票，在一些大宗商品上也持有多头。由于他没有考虑到席卷全球的通货紧缩因素，投资组合在1928年就崩溃了。到1929年中，他在华尔街危机中已损失了3/4的资产。但他并没有就此收手，而是重新评估了自己关于股票和债券的投资理论，于是很快翻身。

凯恩斯是一位精明的收藏家，他收藏了一批精美的艺术品，其中包括塞尚①、德加②、莫迪利亚尼③、布拉克④、毕加索和修拉⑤等人的画作。他的收藏起步于1918年的巴黎，得益于战争萧条的便宜价格。在30年中，他花费了大约60万英镑，其收藏品的价值按今天计算约为7 000万英镑（Wall Street Journal，2018年3月30日）。他收集古董书籍，成为艾萨克·牛顿文献的权威。在他去世时，他的资产净值约为50万英镑，相当于今天的2 000万英镑。

凯恩斯似乎总是处于事件的中心。他没有参加道威斯委员会，但他还是为英国财政部写了一份关于"道威斯计划"的报告。他的朋友卡尔·梅尔基奥让他对沙赫特在整个过程中的忧虑始终有所了解。5年后，当扬格委员会重新审视赔款问题时，凯恩斯写了一篇题为《德国人转嫁问题》的文章，阐述了将大规模德国赔款由马克转为外国货币带来的实际问题。这篇文章发表在《经济学杂志》上。

20世纪20年代动荡不安的宏观经济形势，造成汇率波动失控、通货膨胀猖獗、股票价格暴跌、失业率高企，这对任何政策经济学家来说都是一个重大挑战。1930年，凯恩斯出版了两卷本

---

① 保罗·塞尚（Paul Cézanne，1839—1906），法国后印象主义画家。——译者注
② 埃德加·德加（Edgar Degas，1834—1917），法国印象派重要画家。——译者注
③ 阿梅代奥·莫迪利亚尼（Amedeo Modigliani，1884—1920），意大利著名画家。——译者注
④ 乔治·布拉克（Georges Braque，1882—1963），法国画家，与毕加索早期作品同属印象派和野兽派。——译者注
⑤ 乔治·修拉（Georges Seurat，1859—1891），法国画家。——译者注

的《货币论》，他在书中指出，如果一国的储蓄高于投资（如果利率过高），经济就会陷入萧条，失业率就会上升。他还警告称，利用汇率来反映一国的真实竞争力是不可靠的。这些论点又被证明是先见之明。

1931年，凯恩斯访问纽约、华盛顿和波士顿，并在芝加哥大学发表演讲。他借此机会考察了美国的经济状况，与学者进行交流，并就德国正在发生的金融危机向纽约联邦储备委员会提出建议。1932年1月，就在沙赫特不受器重且离职的时候，凯恩斯前往汉堡发表演讲，此次仍由梅尔基奥作为主人接待。随后他去柏林与德国总理布鲁宁举行了一次会谈。布鲁宁刚刚宣布，德国在获得延期偿付权之后，将不再继续支付赔款。凯恩斯向他建议，德国应该摒弃金本位制，并就赔款问题谈判达成一个最终解决方案。返回时，凯恩斯对德国的状况感到沮丧，他注意到德国的生活水平低下、失业率居高不下以及出口萎缩。他的密友卡尔·梅尔基奥不久后因心脏病发作去世，这使他非常不安。

随着20世纪30年代大萧条的加速，英国政府面临着财政收入下降的困境，但其认为仍需坚持良好治理的传统政策，通过削减开支来平衡预算。凯恩斯对这一举措持强烈的批评态度，他指出，政府在需要刺激经济的时候却在收缩经济。他在1933年出版的《通往繁荣之路》一书中进一步发展了这个思想，其中包含了通过逆周期支出来解决失业问题的具体政策处方，概述了支出乘数的概念。这本书拆分为四篇文章，并发表在《泰晤士报》上。

凯恩斯从不对自己的作品保持缄默，他将文章副本送给了包括美国总统罗斯福在内的世界各国领导人。这一思想发展成凯恩斯-亨德森（Keynes-Henderson）计划，建议可以利用一个国际机构为经济复苏计划融资，其中的一些想法于1933年在伦敦举行的世界经济会议上曾讨论过，尽管最后因不切实际而被否决。凯恩斯以《每日邮报》记者和电台评论员的身份为会议做报道，并继续提出各种创新的思想。沙赫特出席了这次在伦敦的会议，也提出了与之竞争的类似计划。凯恩斯仔细读过沙赫特的计划，并于同年在都柏林大学学院的一次演讲中，称赞了沙赫特的成就。

美国团队出席世界经济会议的核心经济学家是奥利弗·斯普拉格（Oliver Sprague）教授，他曾是罗斯福总统的经济学老师，是哈佛大学的资深教授，20世纪初曾在东京大学待过一段时间（在那里他与福田德三教授是同事）。他曾在英国担任英格兰银行的顾问，与凯恩斯就脱离金本位制的风险以及更广泛的宏观经济思想进行过辩论。

美国主导了这次经济会议，宣布退出金本位制，并在会议期间做出了一项临时性的过渡安排，斯普拉格的建议是这项政策的关键。然而令很多人吃惊的是，罗斯福总统拒绝了这项过渡性安排，使会议不得不暂停。凯恩斯说，罗斯福"极为正确地"否决了该建议。由于没有达成一致，会议最终在1933年7月没有形成决议就结束了。那年末，凯恩斯给美国总统写了一封公开信，就经济政策提出了更多的建议。在新的一年里，凯恩斯在纽约哥伦比亚大学发表演讲时继续谈到这个话题，并拜访了经济学家、商界人士和政府官员。在华盛顿，他单独拜会了美国总统一个小时，谈论自己的观点。凯恩斯形容，会谈非常好，但又说他对罗斯福在经济方面的无知感到吃惊。他还对总统的手形做了一些评论，这个话题是凯恩斯的个人嗜好。罗斯福几个月前与沙赫特有过一场类似的谈话，据报道说，他对凯恩斯的访问并不是那么兴奋。

在希特勒提出德奥合并计划并入侵奥地利后，凯恩斯在《新政治家》上发表了《建设性的和平纲领》一文，主张在直接对抗独裁者和基于盟国间新欧洲协议的"建设性和平主义"政策之间做出选择（这一想法预示了战后组建欧洲经济共同体的设想）。该文章在德国重新刊出时，删除了对独裁者的批评性文字（显然得到了凯恩斯的勉强同意）。凯恩斯进一步发展了自己的宏观经济思想，并于1933年在德国发表了一篇关于这些宏观经济思想的摘要，引起了热烈的讨论。

几年后的1936年，凯恩斯出版了他的传世巨著。这本名为《就业、利息和货币通论》（以下简称《通论》）的书，集合了他在十年中发展出的理论和政策思想。凯恩斯在书中指出，他的导师马歇尔和庇古的古典经济学理论是特例，仅适用于工人愿意通过灵活降低他们的工资收入来吸收需求冲击，以维持充分就业的情况。部分由于价格黏性的原因，总供给和总需求之间的相互作用有可能导致持久的失业和不必要的经济收缩。凯恩斯的新方法将政策重点从生产转向消费，将消费作为经济活动的一个关键变量。

这本书在学术界引起了一场风暴，学者们迅速做出了正面和负面的回应。1936年11月的《经济学季刊》发表了四篇关于《通论》的前沿评论，其中一篇的作者是年轻的俄裔美国经济学家瓦西里·里昂惕夫，他对凯恩斯的工作相当不屑一顾，认为这些研究代表的是另一种特例，而不是一个真正的一般性理论。凯恩斯写了一封回信，在第一段中以相当傲慢的语气驳斥了里昂惕夫，并说明了如何"使他的思想可以应用得更有成效"。里昂惕夫从来都不是凯恩斯主义经济学的热心支持者。

《通论》也在德国出版了,但德文版翻译得很差,难以理解。凯恩斯为德文版专门写了一篇前言,有些历史学家认为,这表明凯恩斯同情国家社会主义政权。事实却是凯恩斯憎恶法西斯主义,就如同他反对共产主义一样。

具有讽刺意味的是,当时实际采用凯恩斯式经济复苏政策及时缓解严重经济萧条的两个主要国家都是独裁政权,一个是高桥是清时代的日本,另一个是沙赫特服务的德国。并且在早些时候,墨索里尼就曾写道,"法西斯主义完全同意梅纳德·凯恩斯先生"。在英美,传统的经济观念过于根深蒂固,不可能过早地使用这种激进方法做出改变,而民主程序也使迅速采用这样一种新的激进手段变得更加困难。

1939—1940 年:如何支付战争费用

1939 年的下半年,在英国被称为"虚假的战争"。在主要盟国宣战之后,除了德国和苏联入侵并瓜分了波兰以外,几乎没有任何军事行动,而那年年末,苏联又入侵了芬兰。但在次年 4 月,德国的领土野心变得非常明显:入侵了丹麦和挪威,在接下来的一个月又横扫了低地国家①和法国。很快,被占领的盟国就投降了,德国开始掠夺武器装备和资源为自己的战争服务。

在法西斯主义兴起的时候,英国就实施了应急国防计划,但到 1939 年,英国还没有为战争将带来的巨额经济代价做好准备。

---

① 低地国家(Low Countries)指荷兰、比利时和卢森堡。——译者注

英国政府组建了一个战时内阁，指派几名兼职经济顾问编制各部门的战争计划。几个月后，人们清楚地看到，英国最初为战争准备而推行的经济计划杂乱无章，于是成立了中央经济情报局（Central Economic Information Service），以使准备工作更加集中和专业化。

凯恩斯彼时56岁，他看起来已从糟糕的健康状态中恢复。他感到很恼火；他希望能够更多地参与到战争准备当中。《通论》出版之后，他可以说是世界上最知名的经济学家，他的脑中充满了各种各样的想法。但他强硬的个性以及在经济、外交政策和政治方面随意发表的公开观点，使英国政府不愿意任命他担任官方职务。

就凯恩斯的聪明和睿智而言，他在外交事务上也有预测不准的时候。他原本以为战争永远不会发生，此时他认为战争将在几个月内结束。然而，他推断即使一场短期战争也将引发经济问题，因此需要找到一种新的方法加以解决。与和平时期一样，凯恩斯在战时的思想也是以理论应用于解决现实问题的愿望为指导，准备质疑长期以来的假设，直观地瞄准问题的基本面，运用常规工具直到证明它们无法适用，然后在必要时形成新的方法。

英国政府最初的打算是控制一切可以控制的东西，如交通、进口、物价，甚至生产成本。对于英国这样的岛国来说，其特别关注战争期间的食品供应问题。在经历了第一次世界大战之后，凯恩斯断言，英国经济此时比过去任何时候都更需要价格信号，而不是采取直接又笨拙的管制措施。他在西萨塞克斯郡经营着一家小型农场（与另一个兼职的农场主沙赫特一样），感觉有资格与当局谈论这个话题，就像讨论其他问题一样。他以育种母猪作为案例来论证他的观点，由于农业部把培根的价格定得太低导致育种母猪的价值下跌，因此正确的激励是减少生产而不是增加生产。最终，这个建议被采纳，当局采用了价格保障、农作物补贴、辅助机械化以及诸如妇女土地服务队等方式，以促进农业生产，尽管在战争动员中失去了很多工人。

情况变得越来越清晰，严重的战时物资短缺将不可避免。凯恩斯的新见解是，通过需求配给而不是供给配给，能否获得一个更好的结果。此前，很少有人从这个角度考虑配给问题。对多数人来说，战争是忘记象牙塔而关注真实世界的时候；而对凯恩斯来说，战时是发挥思想力量的最好时期。

他很快又恢复了往日的活力，频繁往来于伦敦和剑桥之间，参加各种交流、研讨、辩论和会议，并抽空在蒂尔顿农场的家中休息和写作。4月，他为《泰晤士报》撰写了一篇文章，拆分为两次刊登，题目是《危机财政：一份政策纲要》。5月，他参加了英国广播电台的一档访谈节目，谈到重整军备至少有一个正面结果，即减少失业。但没过多久他又感到沮丧，因为他写给政府各个部门、政客以及媒体的文章和信件都石沉大海或被忽视。他和几位经历过第一次世界大战的退休官员组成了一个讨论小组，他给他们的昵称是"老狗"。他们在凯恩斯家聚会，写出一些有关战争准备的文章，试图影响政府政策。凯恩斯抱怨说，价格政策、配给政策、工资政策、预算政策、出口政策、劳动用工政策的效率影响和财政成本都在相互孤立地运作，应该将这些政策作为连续的宏观经济政策方针的一部分加以考虑。他感兴趣的领域非常广泛。

最终，凯恩斯受邀参与政府经济情报委员会的工作，提交了一份题目冗长的报告,即《国防开支及与此相关的经济和财政问题》。在战争开始前的两年里,英国财政部为了军备支出大量举债,担心通过增加税收支付军费带来的经济收缩效应。1939年9月,当意识到战争可能造成的巨大影响时,英国政府宣布了一项紧急预算,在一年内增加6亿英镑的国防开支。这在当时是一个非常大的数额,部分由小额增税来支付,其余部分则由高达公共开支25%的预算赤字提供资金,这一惊人的高额赤字将不得不通过借债来解决。英国财政部认为,他们是在遵循现代凯恩斯主义的再通胀思想,通过这种方式刺激经济,从而使经济更快增长,并提高生产能力。

但凯恩斯本人很快就消除了这种错误理解。凯恩斯并不支持在战备环境下的再通胀,反而担心需求过多的问题。他认为政府必须找到一种方法,阻止公众消耗因超额公共开支产生的额外资源,以确保这些资源能够用于战备。第一次世界大战的主要融资方法是利用通货膨胀,这需要政府超发货币。这是不可取的做法,甚至这次也不可能再做同样的事情。

经济学家在战时经济问题上分成了两个阵营:一个以伦敦经济学院莱昂内尔·罗宾斯①为首(颇具讽刺意味的是,他是一位奥地利自由市场学派经济学家),他认为在重大冲突中使用计划方法不可避免;另一个以凯恩斯为首,他赞成采用财政控制的方法。他们之间存在差异的一个原因是,凯恩斯曾期望这是一场短暂的战争(沙赫特也这样认为),但此时看起来将是一场长期

---

① 莱昂内尔·罗宾斯(Lionel Robbins,1898—1984),英国当代著名经济学家,长期在伦敦经济学院任教,其代表作是《论经济科学的性质与意义》。——译者注

战争。

凯恩斯想到了一种新的方法。1939年10月，在剑桥大学马歇尔学会的一次演讲中，他尝试提出了他的想法。他对听众的反应感到满意，因为在接下来的一周里他写了一篇长文，除了送给《泰晤士报》，还分发给其他人征求意见。《泰晤士报》把它改为两篇文章，分别于11月14日和15日刊出。然而蹊跷的是，由于一位中立记者的泄露，此前一周，德国《法兰克福日报》就抢先发表了凯恩斯文章的全文，毫无疑问，沙赫特和其他人会非常有兴趣阅读它。

凯恩斯认识到，一场长期的大规模战争必将涉及和平时期资源使用的重大转移，国内产出可能会上升，但政府消费的增长将使之供不应求。问题是如何将资源从和平时期转为战争需要，以及随着收入增加如何减少私人消费。凯恩斯想到四种可能的方法：自愿借款给政府、通过配给制度减少消费、利用通胀型财政政策竞购必要的资源，或者通过增加税收将公众资源转移给政府。

当一些基本商品处于结构性供给短缺时，可能需要实行配给制度，但它不是针对购买力普遍增长的防御手段。一些反映真实成本增加的价格上涨是不可避免的，作为稀缺性信号这可能还更为可取。但为了避免全面通货膨胀，需要对工薪阶层增税，以吸收系统内过剩的流动性。凯恩斯建议，通过直接税（所得税、附加税）和邮政储蓄银行的强制性储蓄两项措施来实施这一政策，阻止过度消费，延迟其他非必要开支。这个计划将由雇主从雇员的工资中扣减一定金额，将其存入储蓄账户，只能根据政府设定的条件在战后提取。该建议是一个累进式的储蓄计划，即收入高的工人将储蓄更多。

凯恩斯的激进想法是拒绝采用传统通胀式融资和配给制度为战争支付费用。他说，你不能禁止物价上涨，他希望他的方法能够尽可能地建立一个自然价格信号体系，废除许多已在实施的控制政策。他认为，一个严格控制的体系可能在极权政体中起作用，但在开放市场的英国则行不通。相反，在英国应该通过货币和财政政策的宏观经济管理来取代控制措施和官员。

凯恩斯的这一计划被媒体广泛报道，引发公众辩论。或许令人惊讶的是，大多数经济学家，包括凯恩斯主义者和非凯恩斯主义者，似乎都同意这一计划。《泰晤士报》的文章发表两周后，凯恩斯向国会下议院议员哈罗德·麦克米伦建议，将两篇文章合成一本小册子，由他的家族企业出版，这就是《如何支付战争费用》一书。

凯恩斯也许说服了经济学家，但没能说服所有政客。一个紧迫的问题就是，劳工运动认为这是对工人阶级的攻击。凯恩斯给工党的克莱门特·艾德礼和其他工党政客写了一连串信件来解释他的计划，但总体而言并不成功。工党副领袖甚至在该党刊物上发表文章说，凯恩斯计划带有"希特勒主义的味道"（Skidelsky，2000，第59页）。欧内斯特·贝文是工会运动的主导人物，他主张政府有责任控制物价，保护工人的实际工资。在他看来，战争资金应尽可能由富人提供，否则就通过借债解决。凯恩斯对危机时期的这种党派反应感到特别失望。

1939年圣诞节期间，凯恩斯在蒂尔顿农场家中改写他的计划，这份工作是在他的布卢姆斯伯里文化圈老朋友的两次访问之间完成的：第一次来访的是前情人艺术家邓肯·格兰特和贝尔夫妇，第二次来访的是文学作家伍尔夫夫妇。他们对凯恩斯的忙碌、对战争的关注以及他对莉迪亚的持续忠诚越来越尖酸刻薄，用屈尊俯就的态度对待莉迪亚。他们特别挖苦凯恩斯无所不知、无所不能的态度，但凯恩斯似乎并没有因此受到伤害。凯恩斯的传记作家罗伊·哈罗德教授写道："在我们这个时代，没有人比凯恩斯更聪明，也没有人试图掩盖这一点。"（Harrod，1951）

当他修改书稿时，最困难的问题是如何管理延期支付。没有人清楚，战争结束后将会出现消费繁荣还是复原衰退的情景。凯恩斯认为，战后世界可能需要更多的消费而不是更多的储蓄。他知道，自己必须赢得工党政客的支持，他们在新的战时联合政府中很有影响力。他修改了原来的税收计划，增加了一项家庭津贴以应对生活总成本的上升，并写明如有必要，基本食品可以给予补贴。他将修改后的议案提交给几位政客，但发现仍然很难说服他们。他们当中的一些人认为，自由主义的凯恩斯过于傲慢并带有上层阶级的色彩，尽管他已努力将修改后的计划表述为一种"社会主义的解决方案"。

此时，凯恩斯的健康状况已有很大改善，他的生活变得再次忙碌起来，在会议、谈话、音乐会、芭蕾和戏剧、晚宴以及夜生活之间旋风式地切换，所有时间都在思考《如何支付战争费用》的写作。他在剑桥、伦敦和萨塞克斯郡之间穿梭，尽管这在战争状态下已经变得更为困难。他于1940年2月初完成了该书的写作。出版商建议印刷5 000册，凯恩斯傲慢地回应说，他从未写过销量如此之少的经济类书籍。尽管战时纸张紧缺，但出版商还是妥协了，把印数增加了一倍。该书于1940年2月底出版，凯恩斯立即开展了一系列演讲活动，向威斯敏斯特的国会议员、工会理事会成员、财政部和英格兰银行宣传该书的内容。与往常一样，凯恩斯对印数的估计是正确的：该书最终销售了38 000册，成为当时的一本畅销书，其中凯恩斯自己的积极市场营销和游说也起到了作用。他收到一个邮寄来的巨大包裹，里面都是支持者和批评者的信件，凯恩斯尽力直接回复他们当中的许多人。

凯恩斯的这本著作引起了经济学家的极大兴趣。一些人认为，它是《通论》中观点的特殊应用，另一些人则把它看作从"充裕时代"到"稀缺时代"的转变。斯基德尔斯基写道："《如何支付战争费用》是凯恩斯成就的精髓之一，它包含了他复杂本性的所有特质：理论与实践的结合，经济原理与政治哲学的联系，所有这些在这里汇成了最引人注目的艺术表现。"（Skidelsky，2000，第67页）

英国财政大臣起初似乎支持凯恩斯的想法。但很长时间以来，财政大臣一直认为凯恩斯是一个喜欢提出各种激进想法的人，这些想法却被证明是不切实际或不可行的。在凯恩斯之前，流行的观点是，如果政府借债能与私人储蓄同步增长的话，它作为税收补充不会引发通货膨胀。凯恩斯是第一位阐明了两个不愉快事实的经济学家：为战争付出的代价意味着必须减少平民消费，而如果没有通货膨胀，仅通过政府征税或借债不可能做到这一点。

起初，英国的前期军事准备工作很有限，但从1939年开始，军工生产急速增加。工业动员带来一些物价管制，但没有对工资进行管制（这是从第一次世界大战中汲取的教训），与之配套的有对关键企业的财政援助，以及征收100%的超额利润税。在缺乏完整价格体系分配资源的情况下，英国采用的是哈里森

(1988，第 11 页）所称的战争生产分配委员会制度。

最初英国的战时经济状况很差，一年来，尽管做出战争动员，但失业率一直居高不下，民众消费依然强劲，并存在重大的国际收支问题，外汇变得非常短缺。船舶紧缺，运输存在瓶颈，库存减少，金属材料和工程技术人员难寻，工资上涨。

所有参战大国都面临的一个现实问题是，各国政府对财政缺口可能有多大仅有模糊的概念，因为它们无法恰当地衡量产能，更不用说衡量"总购买力"，而 GDP 数据并不存在。一个切实可行的反通胀预算政策需要可量化的国民账户作为支持，凯恩斯自撰写《通论》以来就一直在强调这一点。为凯恩斯计划进行计算依赖于他曾经的学生科林·克拉克①和后来剑桥大学的埃尔文·罗斯巴斯（Erwin Rothbarth）的开创性工作，后者是一位在凯恩斯的帮助下从拘留营逃亡出来的德国经济学家。他们在凯恩斯主编的《经济学杂志》上发表了一篇创新性论文，估算出 1938—1939 年的国民总收入和国民总储蓄。该论文以凯恩斯《通论》中的总需求和总供给概念为基础，按部门分类进行价格测算，复式簿记法的原理第一次被应用于一国经济。经过基本计算，凯恩斯估计，1939—1940 年的政府支出可能会增加约 20 亿英镑，而对应的国民总收入还不到 50 亿英镑。他的结论是，其中大约一半将用于增加投资，而其余部分将导致收入增长。政府怎样才能阻止公众花掉这些额外收入呢？额外的税收可以吸收其中的一半，但如果要避免引发通货膨胀，仍有必要实施强制性储蓄计划。

---

① 科林·克拉克（Colin Clark，1905—1989），在英国和澳大利亚生活过的英国籍经济学和统计学家，开创了对国民生产总值（GNP）的使用。——译者注

英国财政部并没有被这些开创性的国民经济核算数据说服，他们提出了一些实际的反对意见。凯恩斯敦促财政大臣在即将公布的预算案中宣布，他将建立一个制度机制来实施这一计划。接着形势变得越发紧迫：1940年5月10日，德国入侵了比利时、荷兰和法国。同一天，张伯伦政府被温斯顿·丘吉尔领导的战时联合政府取代，接着便是军队屈辱地从敦刻尔克撤退。咄咄逼人的丘吉尔对经济学没有特别的兴趣，只是把它当作另一种战争武器。凯恩斯与丘吉尔很熟悉，他的上台有助于凯恩斯进入核心圈子。另外，他的出版商哈罗德·麦克米伦此时正担任丘吉尔的议会秘书，这使得凯恩斯有机会再次推进他的方案。

但并不是所有的事情都进展顺利。几天后，凯恩斯在剑桥大学工作时心脏病轻微发作，过几天再次发作。他虽然恢复过来，但也进一步提醒了人们，他的身体非常虚弱，过度投入工作和其他兴趣之中，加上战时的精神压力，只会加重病情。在妻子莉迪亚的严格监督之下，凯恩斯只能遵循他最喜爱的医生杰诺斯·普莱奇（Janos Plesch）定制的健康养生法（这位医生因严厉的养生法及处方而被戏称为"食人魔"）。

1940年6月，凯恩斯应邀加入了财政部一个审议战争特别问题的委员会。这位特立独行的人终于被权力中枢稍微接受了一点。对凯恩斯来说，这个委员会就是他源源不断地提出如何推进战争努力的各种新思想的一个渠道。在一个月里，他向委员会提交了关于证券交易所运作的报告，进一步说明了汇率控制和支付安排，还有其他很多通信交流。他也开始向财政大臣提交一系列报告，强调战争费用将带来的财政负担，而这场战争此时看来将比预期持续更长时间。

1940年8月,财政部允许凯恩斯略微更进一步地参与政策制定。他在乔治大街的主楼里有了一间办公室,配备了秘书和一张供休息的床。白天空袭时,他会到财政部的地下室里躲避。他没有被分配任何具体工作,也不领薪酬,他自称被赋予了"一种流动性的工作"(roving commission),奔走于财政部的几个高级委员会之间。这意味着他在白厅已有一席之地,可以接触政府的机密情报,直接听到财政部常务次官和财政大臣的意见。他敦促财政部研究新方法来解决不断积累的财政赤字,特别是考虑征收一种与延期支付相结合的累进超额所得税。他参加财政部的预算委员会,与部门内的各种反对意见进行辩论。他一如既往地我行我素。

伴随对伦敦的夜间空袭,战时英国最惨烈的时刻到来了。凯恩斯正处于空袭的中心地带,他住在贝德福德广场的家里,为躲避对附近火车站的频繁空袭,只能搬入地下室休息。当他观察空袭时,他质疑德国是否有能力对经济造成真正的损害。然而在1940年9月18日,他的观点突然转变了。

这个时期,德国潜艇的封锁严重限制了英国的食品供应。食品部发起了"为英国耕种"、养猪俱乐部和其他刺激国内生产的倡议。由于凯恩斯拥有农场且收成还不错,他似乎没有受到食品短缺的影响:他从福特纳姆和梅森商店①买了一只鸭子,当他们正在家中享受晚餐的时候,却被粗暴地打断了。当时,凯恩斯一家正坐在贝德福德广场家中地下室的厨房里,突然发生了巨大的

---

① 福特纳姆和梅森(Fortnum and Mason)是伦敦一家供应精美食品和酒类的名店。——译者注

爆炸，整个房屋都在摇晃，一侧门窗上的玻璃全被震碎，前门合页直接断裂飞了出去。德国空军在广场另一端投下了一枚炸弹，他们的目标可能是附近的尤斯顿火车站或是情报部大楼。凯恩斯一家幸免于难，百叶窗挡住了飞溅的玻璃碴儿，但他们必须离开住处几个星期，因为在附近还发现了一枚未爆炸的炸弹。此时，第二次世界大战已经扰乱了每个人的生活。

凯恩斯主义的需求管理政策要求对经济疲软或压力进行经验性估计。凯恩斯的剑桥大学同事詹姆斯·米德（James Meade）和理查德·斯通（Richard Stone）曾做过经济指标的早期研究，他帮助他们编写了一篇题为《国民收入、储蓄和消费》的论文，以便更好地估算经济的规模和失衡状况。这篇论文最初敲响了警钟，因为它估算出自战争开始以来，以货币量计算的经济总量几乎翻了一番，通货膨胀极有可能失控。该文经修改后，以白皮书的形式出版。1941年4月7日，国会审议预算案，这是凯恩斯第一次对预算工作有所贡献，也是第一份基于更可靠的国民经济核算数据的预算案。它揭示了一个巨大的"通货膨胀缺口"（即按现有价格无法满足的超额购买力），估计有5亿英镑（大概占GDP的5%），其中一半将由储蓄的预期增长来吸收，另外一半则需要通过新增税收来吸收。

1941年度的预算案并没有完全按照《如何支付战争费用》一书所开的处方行事，在起草过程和委员会讨论过程中有了相当大的变化，吸纳了一些新的观点（尤其是其中的一些建议还是凯恩斯自己提出的）。但它确实采用了凯恩斯推荐的基本方法，打包成社会主义者更能接受的形式。在接下来的几年里，凯恩斯计划中的其他概念也被采纳，尽管最终实现的储蓄金额低于目标量的

1/4。凯恩斯计划无疑聚焦在关于谁应承受生活水平的下降以支付战争费用的争论上,这是引发工薪阶层、纳税人、外国人以及子孙后代等不同利益群体之间关系紧张的一个重大命题。

一年过去了,凯恩斯继续为预算编制提供咨询,建议如何增加非必需品的税收,并帮助设计了一种新的国债来吸收超额储蓄。斯基德尔斯基列举了凯恩斯对战时财政做出的五项特殊贡献:展示政府如何能够借到并偿还便宜的资金、使用预算作为抑制通货膨胀的工具、表明需求管理不受外国融资的影响、厘清税收和补贴之间至关重要的预算关系,并通过明确谁将承担战争费用来阐明社会契约关系。

随着英国战争激化以及德国在巴尔干半岛和北非的攻势,人们越来越清楚地看到,这场战争将持续很长时间且代价非常高昂,英国单独负担不起战争成本。英联邦和其他盟国正在提供大量的军队和物资,但国际金融市场并不像和平时期那样运转,呼吁美国提供直接金融支持似乎是唯一的选择。

然而,英国很快就发现,向美国求援比预想的要困难得多。英国人认为自己是站在为文明而战的前线。令他们吃惊的是,在美国看来,英国只是一个日渐衰落的帝国主义强权国家,通过压榨殖民地人民而富裕起来,而这些人本应以美国为榜样寻求独立。美国政府对大英帝国的继续存在感到不满,认为1932年的帝国会议巩固了大英帝国的地位。此外,英国人严重低估了在美国的德国移民和爱尔兰移民的敌意,也没有意识到那里盛行的孤立主义,他们搞不清楚美国复杂的联邦体系中的政治制衡关系,被罗斯福总统含糊不清的保证误导,并且在美国人看来他们是傲慢和狡猾的。美国的金融家不像政客那样在政治上心胸狭隘,但他们对英国在1933年拒付第一次世界大战欠下的美国债务一事仍然愤愤不平，这件事也要部分归咎于凯恩斯本人。他同样低估了自己的理智主义（intellectualism）对美国关键人物的负面影响。

英国在此前的半个世纪里一直推行国际主义政策，而美国则奉行孤立主义政策。随着第二次世界大战在欧洲爆发，美国国会通过了《中立法案》，禁止向交战的任何一方出售武器。对英国至关重要的是，该法案后来修订为允许向交战方出售武器，但买方需要以现金付款并自行运输。这个"现金支付并自提"的做法一开始有利于英国，然而英国很快就出现了资金短缺：由于出口能力下降，英国被迫向美国运输黄金以及向美国人出售有价证券来支付从美国进口的食品和战争物资，这符合美国人的利益。丘吉尔没有试图限制武器采购，并按照他的总参谋长提出的需求全额订购战争物资。此外，英国在美国投资了20亿英镑，修建飞机制造厂，后来全部无偿移交给了美国人。

到1940年中，随着战争进入白热化，凯恩斯和其他社会精英开始意识到，军事失败的风险是真实存在的：英国没有把握战胜纳粹。由于担心英国即将战败，1940年6月，罗斯福总统终于找到了一种方法，绕开美国禁止政府间武器销售的《中立法案》，通过第三方将步枪交付给英国，后来他又同意增加重型装备的交付，其中包括美国制造的驱逐舰。到年底，英国的军事形势稍微稳定一些，但经济却遭受大规模资本外流的困扰，因而美国的供应商坚持要求更苛刻的付款条件。

如何为采购美国物资提供资金以维持战争机器运转，此时成为一个尖锐的问题。英国曾有一项每月向美国订购3 000架飞机的计划，但美国企业越来越怀疑英国的支付能力，从而要求预付现金。按这个速度，英国的储备到 1941 年初就会耗尽，这反过来又将恶化英镑债务的可接受性，而这些债务则是英国在其他国家为战争融资的主要手段。由亨利·摩根索领导的美国财政部借此机会向英国施压，要求英国出售持有的在美国的大公司（壳牌石油、利华兄弟公司、烟草公司等）的股份以提升信用，但是英国人很明白，这种做法将导致他们在战后失去所有资产。

最终，就在 1940 年圣诞节前，罗斯福总统利用一次拉家常式的炉边谈话，宣布了"租借"方案，并借用租给邻居水龙头去灭火的民间场景来说明"租借"方案的合理性。美国把武器装备借给或租赁给英国，战后再归还，战时使用的装备几乎没有归还价值这一事实被故意忽略。摩根索不得不向带有敌意的国会推销这个概念，1941 年 3 月，国会终于通过了该方案，但心有不甘地增加了一些附加条件。

凯恩斯一直密切关注这些事态的发展。他提出了一些创造性的建议来拓展英国的资金来源。他与美国驻英国大使约翰·温南特（John Winant）成了朋友，他们相互邀请在家中共进晚餐。温南特建议凯恩斯应该作为英国财政大臣的代表前往华盛顿特区，向美国政府说明英国财政部的立场。英国财政部希望找到一种方法将几近干涸的英国储备再次填补到至少 6 亿英镑。1941 年 5 月，双方同意凯恩斯再次访问美国。凯恩斯在写给他母亲的信中发誓，他会少说话、不喝酒、不随意表态，并听命于与他同行的莉迪亚。这是凯恩斯六次战时财政部赴美使命的第一次。

在德国潜艇的威胁下横跨大西洋是非常危险的，即使乘坐飞机，对凯恩斯、莉迪亚、他的秘书和助手来说，也是一次漫长且充满危险的战时旅程。他们先乘火车去伯恩茅斯，换乘一艘英国飞艇去葡萄牙的科斯塔多尔（Costa dol Sol），并在那里住了一夜，再换乘美国飞机前往亚速尔群岛。①他们第二天出发，但由于引擎出现问题又返航了。最后他们降落在百慕大，然后踏上前往纽约的最后一段旅程。整个横跨大西洋之旅花了一周的时间，并不比走海路快多少。在纽约，新闻媒体正在等待他们的到来。第二天他们乘火车去华盛顿，在五月花酒店安顿下来。凯恩斯疲惫不堪。

他不得不再次搞清楚两国之间的不同、互不理解和相互猜疑。大西洋两岸在经济、战略和世界前景等方面的立场有相当大的差异，凯恩斯并不总是能够充分理解这些。凯恩斯自己在凡尔赛会议上的立场、他当时对待美国人的粗鲁态度、他对美国总统伍德罗·威尔逊的攻击，以及他那种上流社会知识分子的傲慢，既不会被忘记，也不会被原谅。然而，在新政的政府机构中，此时有一群年轻的凯恩斯主义宏观经济学家是他的忠实追随者。凯恩斯很快发现，他特别不喜欢美国政府中的很多律师和官员，不欣赏他们的工作方式。他倾向于从思辨上战胜他们，这不是一个正常谈判者的做法。他首先要打交道的是罗斯福冷酷且政治化的财政部长亨利·摩根索，双方相处得很不好。摩根索总是感觉凯恩斯要压他一头，而凯恩斯则认为摩根索有些愚笨，他也不总是费心掩饰这一观点。

双方面对的是一个非常困难的问题。他们把目光都投向战后经济复苏，但凯恩斯希望降低英国对"租借"方案的依赖，从而减少美国对英国国际收支的控制。摩根索想要的正好相反，部分是为了援助英国的战争努力，部分是为了尽量减少英国在重建其

---

① 亚速尔群岛是位于北大西洋的一组火山岛。——译者注

英镑外汇储备上的对立。他把英国看作一个附庸国。美国政府内部的不同利益和策略也使谈判变得更复杂：美国财政部希望在保证英国继续作战的同时，也保证英国在财政上依赖美国，而美国国务院则希望废除英国的帝国特惠制。

凯恩斯的谈判工作以其惯常的方式开始：通过备忘录和论点进行讨论和谈判。他的策略是要求美国退还已承诺投入"租借"方案中的7亿美元的英国资金，然后英国将使用这笔资金重建储备资源并从美国进口更多的产品。这个建议立即遭到美方拒绝，使漫长而乏味的谈判陷入困境。

在接下来几周的争论中，凯恩斯在一系列弥漫烟味的房间里徘徊，进展甚微。他以为他是在代表一个伟大的国际主义国家进行谈判，相反，美国人看到的是一个几近战败、疲惫不堪的国家。当时英国已经被赶出希腊和克里特岛，隆美尔在北非占据着优势，德国的空袭和潜艇袭击在大西洋造成了巨大损失。凯恩斯还被美国复杂的行政系统所迷惑，对国会的破坏性作用完全不知所措。但与英国相比，这里每天的生活相对轻松，不存在物资短缺和紧张的气氛。

凯恩斯再次拜会了罗斯福总统，阐述他对战时和战后经济管理的看法。英国外交大臣刚刚就战后经济解决方案做过一个演讲，他的方案就是基于凯恩斯的建议，所以凯恩斯很想阐明这一点。与沙赫特一样，凯恩斯以为他与罗斯福总统的谈话进行得特别顺利，但也与沙赫特一样，凯恩斯对自己的说服力没有自知之明。同样在场的英国大使哈利法克斯勋爵说，罗斯福总统似乎并不特别接受凯恩斯上的另一堂课。

凯恩斯与往常一样非常努力地工作，会谈和写作每天要占据

12~17个小时。到美国一个月后是他的生日,中国游说家宋子文(孔祥熙的大舅子)为他举行了盛大的生日聚会,这是一个共有16道菜的中式宴会,并由宋子文的女儿演唱了一首专为凯恩斯谱写的生日歌曲。毫无疑问,随着每道菜端上来,凯恩斯都会收到建议,他应该鼓励美国继续为中国的抗战提供资金支持。

凯恩斯利用这次出访机会尽可能多地与美国经济学家接触。6月下旬,他访问了普林斯顿大学,与包括普林斯顿高等研究院在内的学者们进行座谈,他后来说,他发现数学家比经济学家更有趣。冯·诺依曼是普林斯顿大学的教员(虽然不清楚他是否参加了这些座谈会)。凯恩斯也找机会拜会了阿尔伯特·爱因斯坦,爱因斯坦躺在床上接待了凯恩斯,莉迪亚还评论过他从床单下面伸出来的裸露脚趾。

在这一时期,英国官方的英镑外汇储备急剧下降,在战争开始时超过5亿英镑,但到1940年底就跌至1亿英镑。当凯恩斯在华盛顿忙于谈判时,外汇储备又进一步骤降到非常令人担忧的6 500万英镑,这对英国经济来说是一个严重不足的储备水平。英国只有沦为金融市场的牺牲品,才能从戈林的德国空军轰炸中幸存吗?

凯恩斯再一次做出努力,他能够理解美国政府决心要英国为援助付出代价。他建议,美国的重建金融公司(Reconstruction Finance Corporation)向英国政府提供贷款,而英国则以其海外资产作为抵押品。美国财政部原则上准备接受英国需要约6亿英镑的流动性储备,不过他们建议对贷款收取惩罚性利率。此时凯恩斯也意识到,有必要把尽可能多的美国进口商品装入"租借"方案,并将"租借"方案扩展到英联邦的自治领,这样每年可以节省多达2.5亿美元的外汇储备。

凯恩斯很高兴，事情最后总算有了一个结果。他认为，"租借"方案的扩展加上更多的贷款，将使英国逐步建立起对美国的贸易顺差。事实证明这一判断是正确的：当年年底，英国的外汇储备就上升到5.64亿英镑。凯恩斯在谈判中发挥了重要作用，不过总体而言，这对改善英美关系并没有什么帮助。最终结果是，英国战时进口量的40%由出口和外汇储备支付，30%由美国援助支付，10%通过出售海外资产支付。

该协议的最后谈判阶段非常漫长和拖沓，令人沮丧，暴露了美国财政部和国务院之间的内部竞争。凯恩斯反对并试图重新谈判大量被修改的文件内容。随着谈判接近尾声，他于1941年7月底返回英国。回到备受战争蹂躏的英国，他感到非常解脱。然而，当他在伦敦阅读协议的最终草案时，他对美国政府系统性地侵蚀英国竞争力和金融地位的做法感到沮丧，此时他不得不面对英国经济地位下降的现实。

1941年：国际清算联盟

1941年下半年，盟国的战争前景变得更糟。盟军从克里特岛撤退，在马耳他被围困，在北非被隆美尔击溃，在地中海的海战中失利。在德国转向进攻苏联，"三头并进"地扑向列宁格勒、莫斯科和高加索油田，并把巴尔干半岛拖入战争后，形势才发生变化。到那年底，德国军队陷入包围列宁格勒、莫斯科、斯大林格勒和基辅的激烈战斗中，美国已将"租借"援助扩展到苏联，由于德国潜艇对大西洋的封锁，英国此时一方面面临着极度短缺，一方面征召更多男性入伍。

来自东方的仍然是坏消息。日本已经侵占了法属印度支那，并继续轰炸国民政府的战时陪都重庆。英国在印度的统治遭到越来越多的抵抗，日本政局的大动荡致使好战的东条英机将军上台，这意味着完全失去了通过谈判解决问题的可能。作为对日本侵略的回应，美国实施了石油禁运，暴露出日本依赖进口资源的极度脆弱性。1941年12月7日，日本突袭珍珠港，并在几天之内发动了历史上最大的闪电战，入侵东南亚，占领了泰国、马来西亚、中国香港、菲律宾、新加坡和密克罗尼西亚群岛。美国正式参战。此时大家都清楚，这将是一场漫长、代价高昂、血腥的世界大战。

1941年，凯恩斯很高兴地从美国返回家乡，他非常渴望重新恢复此时在财政部具有高度影响力的角色。从官方角度，他仍然是财政大臣不领薪水的兼职顾问。他被称为"在财政部"而不是"属于财政部"。他关于支付战争费用、设备采购融资、国际清算安排等方面的思想都引发了财政部的战时大讨论。当他选择介入其他任何话题时，他的影响力通常是决定性的。高级官员索尔特勋爵回忆说："他是白厅有史以来最奇特的公职人员，对他所服务的对象而言，他不像仆人而更像主人，我从未见过。"（Moggridge，1992，第639页）

一段时间以来，凯恩斯一直在关注外汇管制问题。英国的预算可以控制住国内资源，但外国商品则需要通过出口换汇或出售英国的海外资产来支付。凯恩斯认为，战争开始时设立的外汇管制系统存在着严重漏洞。该系统要求英国出口商通过财政部的账户来结算赚取的硬通货（主要是美元），并以固定汇率兑换成英镑。大英帝国的大部分地区内允许自由的英镑交易，但超出这个范围是不允许的。

凯恩斯的关注最初源于个人兴趣：政府将一些公司股份收归国有，这就使他本人、国王学院以及他担任董事的一家公司有了一些可以用于投资的闲钱。他调查了现有的外汇管制安排，认为这一领域值得他高度关注。他将"跟随沙赫特的脚步，全面封锁外汇结算"（Skidelsky，2000，第75页）。在这方面，可靠的相关统计数据也很难获得，在匈牙利青年经济学家托马斯·巴洛格（Thomas Balogh）等人的帮助下，凯恩斯估计，自战争开始以来，外汇流失大约为1亿英镑。凯恩斯写了几份报告草案，在财政部到处炒作，以引起人们对这个问题的重视，并在英格兰银行行长那里得到了意想不到的支持，此人就是沙赫特的朋友，即专横跋扈的蒙塔古·诺曼，他们两人的观点经常出现分歧。

由于战争前景继续恶化，英国财政部采取了进一步的措施，禁止所有非居民出售英镑。凯恩斯重新修改了他的计划，建议成立一个新的外汇和进口管制机构，阻断外汇的进一步流失。不愧是凯恩斯，此时他又前进了一步：能否找到一种政策，将正在遭受德国攻击的四个盟国（英国、法国、荷兰和比利时）的外汇财政储备集中起来，利用这几个国家的联合谈判实力与美国重新谈判信贷问题？事实证明，这个想法对英国财政部来说过于不切实际。

随着战时财政的主要框架已经落实到位，凯恩斯把注意力转向一个迫在眉睫的战后问题：新的国际金融清算制度。他在第一次世界大战后曾预言并经历过国际经济失败的严酷教训，这促使他对此产生了强烈兴趣。

丘吉尔和他的战时内阁对战时经济的看法并不复杂。他们不喜欢金本位制，因为它与高失业率相关；他们喜欢英镑区，因为它象征着英国的皇权。他们想要钱去打仗。如此简单的目标意味着，它将留给像凯恩斯这样伟大的头脑去思考经济的各种可能性。丘吉尔欣赏并尊重凯恩斯，尽管他不总是能理解后者的思想。反过来，凯恩斯对财政部提出了持续的挑战，该机构传统上管理着政府财政，而凯恩斯认为财政部应该管理国家经济，承担更大和更复杂的任务。

凯恩斯认为，财政部在理查德·霍普金斯爵士（Sir Richard Hopkins）担任常务次官期间达到智力的巅峰，他形容此人"外表像一只非常聪明的猴子"（Skidelsky，2000，第145页）。随着时间的推移，凯恩斯逐渐接触到在经济局工作的两位关键经济学家。一位是莱昂内尔·罗宾斯，战前他曾是凯恩斯的尖锐批评者，后来又担任伦敦经济学院的院长。罗宾斯的一个主要成就是建立了食品价格配给制度（也招致了很多反对）。另一位是詹姆斯·米德，这是一位富有远见的经济思想家和后来的诺贝尔奖获得者，他帮助将凯恩斯的失业分析纳入古典自由贸易理论。战争初期，凯恩斯在财政部处于实力最强的地位。那里有大量的机会去挑战传统方法，他利用自己在其他经济学家中的声誉以及高智商的天赋去挑战他们。他每天都不停顿地工作直至深夜，思考着各种想法和观点。他并不特别尊重官僚等级制度。他是一个具有敏锐洞察力的思想者，一个通才和一个乐观主义者，对自己的观点充满自信，即使在他不得不改变想法时也是如此。尽管战时消息令人沮丧，但凯恩斯还是从根本上相信最终会取得胜利。

1940年，英国中央经济情报局开始进行印花税调查（Stamp Survey），以改善其经济数据。到1941年初，该调查已分化为经济局和内阁办公室下属的中央统计局两个部分。第一批英国的国民经济核算数据为1942年的《贝弗里奇报告》①提供了框架。但直到几年之后，凯恩斯才宣称，得益于他的观点，这些数量经济分析才达到可用于政策制定的水准。这一时期，很多年轻的经济学者汇集到白厅：进入负责规划和供给的新部门，进入查韦尔勋爵（Lord Cherwell）领导的首相办公室的统计处，进入经济局和战时内阁的中央统计局。或许令人吃惊的是，经济学者在财政部的表现并不是那么引人注目。经济局和中央统计局是更为现代化的经济工作班子的核心，尽管在英国的行政管理方式中，他们是服务于而不是指导其他部门的工作。

凯恩斯充当了这些经济学者与财政部之间的纽带，因为他们中的很多人都是他的同事或学生。战时白厅的经济中心实际上很紧凑，设置在圣詹姆斯公园和威斯敏斯特宫之间的一座政府综合事务大楼里。财政部大楼在1940年遭到轰炸，不得不更换地点。为政府工作不仅有风险，而且收入不高，当时一位高级经济学家一年的收入低于1 000英镑（约合今天的5万英镑），并且收入水平在战争期间固定不变。凯恩斯仍然不拿薪酬，这似乎对他没有任何影响。相比他的同事，他正在回应一个更伟大的召唤，并且此时他已实现了财务自由：战争期间他的年收入约为12 500英镑，

---

① 《贝弗里奇报告》（Beveridge Report）的背景是，1941年英国成立社会保险和相关服务部际协调委员会，着手制订战后社会保障计划。经济学家贝弗里奇爵士（Sir William Beveridge）受英国战时内阁财政部长、英国战后重建委员会主席阿瑟·格林伍德先生委托，出任社会保险和相关服务部际协调委员会主席，负责对现行的国家社会保险方案及相关服务（包括工伤赔偿）进行调查，并就战后重建社会保障计划进行构思设计，提出具体方案和建议。第二年，贝弗里奇爵士根据部际协调委员会的工作成果提交了题为《社会保险和相关服务》的报告，这就是著名的《贝弗里奇报告》。——译者注

其中大部分来自他的投资,少部分来自他的农场收入。

战时内阁设有一个由高级部长领导的生产委员会,向各分管供给的部门和劳工部发出指示,然后由这些部门再向各个企业发出具体生产指令。战争期间,经济学家阿莱克·凯恩克劳斯(Alec Cairncross)一直在政府部门工作,他解释说,制订生产计划的目的是保障零部件库存的即时调配。在实践中,这常常是不成功的,例如轰炸机因缺少螺旋桨而无法飞行,还有其他许多调配不当的例子。劳动力计划也曾被试行,但看不出有特别的成效。

凯恩斯很少介入东方的残酷战争。1937年日本侵略中国之后,他曾为《泰晤士报》写过文章,主张对日本实施经济制裁(几年后该建议最终被美国采纳)。但是,他又与《新政治家》杂志的编辑金斯利·马丁(Kingsley Martin)争论,后者力主中国应决一死战。与苏联人一样,孔祥熙和他的妻弟宋子文已将凯恩斯视为有影响力的目标人物。1942年初,他们向英国申请贷款,以帮助对抗日本和东南亚。凯恩斯分析了这一提议,冷静且坚决地反对这一贷款。

尽管凯恩斯的战时工作已经不堪重负,但他很少拒绝参与和他不相关的战时经济问题的机会,而这些问题是他在深度阅读、广泛接触和处理个人投资时注意到的。1940—1941年冬季,运往英国的物资供应问题是由于航运能力不足,还是与港口实际劳工短缺导致卸货拥堵有关?玻利维亚是否违背了与英国签订的锡合同,转卖给战时价格更高的美国?中东的盟国运输系统能够改进吗?所有这些问题和其他问题都吸引着他那急切但有时不太专注的大脑。

尽管面临战争的压力,但凯恩斯只要健康状况允许就保持着很多其他的兴趣并持续投入其中。周一到周五,他通常在白厅的财政部办公室工作,住在伦敦布卢姆斯伯里的戈登广场,周五晚上与莉迪亚一起乘火车回剑桥。他在剑桥与学术友人会面，并在周六处理国王学院和剑桥的其他商业事务。晚上他们可能会去他帮助建立的艺术剧院观看戏剧或芭蕾舞演出，周日会和他的父母共进午餐，并欣赏一场国王学院教堂的音乐会。只要可能，他就会去西萨塞克斯郡靠近布卢姆斯伯里朋友的农场，但即使在乡下，他也没有多少时间休息，因为他需要与他的农场经理打交道以及处理农场事务。仿佛还嫌事情不够多，他又从不那么胜任农场管理的朋友那里接管了这位朋友拥有的另一个相邻农场，并指导那里的生产决策。1941 年 3 月 28 日，他收到了一条令人悲痛的消息，情感极度脆弱的弗吉尼亚·伍尔夫溺水身亡。他将伍尔夫夫妇视为"我们最亲密的朋友"。

在这个时期，他还继续积极编辑《经济学杂志》，担任《新政治家》周刊的负责人，并成为位于特拉法尔加广场国家美术馆的受托人。到 1941 年 12 月，他出任音乐和艺术促进委员会（CMA，即后来的艺术委员会）的基金会主席，为此投入大量时间和精力。凯恩斯坚信，战时的英国工人需要文化活动。此外，他还是他的母校伊顿公学管理机构的一位活跃成员。他相信，上层社会与工人阶级一样需要他的帮助。

凯恩斯最后一次访问俄国是在 1936 年，他与莉迪亚一起看望了她在列宁格勒的家人。到 1940 年，由于英国处于战争状态而苏联又与德国签订了《苏德互不侵犯条约》，英俄两国之间的通信受到严重影响。尽管存在《苏德互不侵犯条约》，凯恩斯还是特意与苏联驻英国大使伊万·麦斯基（Ivan Maisky）保持着联系。1940 年 6 月，他们共进过午餐，麦斯基夫妇也在凯恩斯夫妇的戈登广场家中吃过晚餐。凯恩斯准确地向大使预言，英国和苏联终将并肩与希特勒作战。在此期间,凯恩斯重读了琼·罗宾逊的著作《论马克思主义经济学》。凯恩斯形容马克思是一个深刻、独创但又非常糟糕的思想家。1943年7月,麦斯基大使将米丁院士（M. Mitin）的文章《苏联哲学的二十五年》送给凯恩斯,请他帮忙在西方发表。凯恩斯私下形容这篇文章是"乏味的",尽管如此他还是尽力帮助该文的发表。

1941年9月,凯恩斯应邀加入英格兰银行理事会,在那里他很快就与强势的蒙塔古·诺曼行长开始在思想上进行较量。诺曼后来说,"凯恩斯在委员会里就像酵母一样"（Skidelsky, 2000,第203页）。在凯恩斯去世后,诺曼形容他是一位伟大的经济学家,但却是一位糟糕的银行家。

英国与美国签订的租借协议包含一个条款草案,禁止英国在战后歧视美国产品。这是对英国帝国特惠制的直接攻击,美国人出于财政和政治原因都希望废除这一制度。凯恩斯认为,他也许能找到解决这个僵局的办法:如果所有国家都能获得足够的外汇储备,那么就有可能消除20世纪30年代的贸易壁垒,重塑1914年之前的世界秩序,而不需要旧的金本位制。1941年8月,回到蒂尔顿农场后,他开始研究这个国际问题。这项工作占据了他的余生,并使他与美国财政部产生直接冲突。

英美两国在政策立场上存在着需要解决的巨大分歧:英国此时看到,在战争结束时它有可能被剥夺资产且债务负担沉重。与之相反,美国有望成为世界的债权国。英国人的计划源自基于金融稳定的银行业传统,而美国人的思路则是基于相互约定的法律规则。英国人认为他们过去遭到金本位制的伤害,而美国人则认为他们从中获益。在第一次世界大战后,主要经济体的中央银行家们认为国际支付系统是自我平衡的。然而，凯恩斯把他《通论》中的理论建立在市场可能持续缺乏流动性或缺乏灵活性的假设之上，他认为货币失调就是这方面的另一个例子。

凯恩斯的国际清算构想受到德国前部长沙赫特设计的方案的启发。"沙赫特计划"曾提交给扬格委员会，目的是绕过国际社会对德国的限制。凯恩斯此时想找到一种方法，将这些双边安排扩展为多边的清算体系。凯恩斯早在1930年就与休伯特·亨德森在《货币论》一书中，推衍过一个国际机构可能扮演的角色，并于1933年在无结果的伦敦世界经济会议上提出了一个增加国际储备的相关计划。凯恩斯当时及后来的观点在德国被广泛报道，沙赫特也读过。在20世纪40年代，凯恩斯将那些希望将清算建立在与一个堡垒经济体（指德国）进行双边易货贸易基础上的人打上"沙赫特信徒"的标签。具有讽刺意味的是，彼时这与苏联国家垄断进出口的政策更为接近。

德国人也在规划新的战后经济世界。接任沙赫特担任经济部长的瓦尔特·冯克，就曾提出一个"新世界秩序"计划，其中德国马克将成为欧洲范围内国际清算机构的中心。凯恩斯1940年11月第一次看到这份文件，当时英国政府建议由他做一次宣传广播来批判这个方案。但凯恩斯在阅读这个方案时，别扭地发现他同意其中的大部分内容。他更进一步，在《经济学杂志》上发表了一位法国经济学家分析德国"新世界秩序"的文章。事实上，德国的计划在接下来的几个月里帮助凯恩斯发展了自己的想法，他准备了一系列"反对德国'新秩序'的建议"。在这个阶段，他思考的是英镑区内的多边清算问题，而对外的汇率则与美元锁定。这个想法在1940年中期形成一份财政部文件，并在白厅内部引发了大量争论。

1941年9月，凯恩斯回到萨塞克斯农场家中安顿下来，认真撰写关于战后国际货币计划的文章。尽管中断了一周，他还是写出了两篇文章：《战后货币政策》和《关于国际货币联盟的建议》。这些分析性文章集中讨论了金本位制的历史问题和战后清算的前瞻性问题。人们此时清楚，英国赚取出口收入的能力已大大下降，国家在结束战争时可能会欠下难以偿还的巨额海外债务。凯恩斯相信，全面的外汇管制在最初是必要的，但从长远看，多边计划将是避免贸易战的更为可取的安排。

面对战后巨额赤字，英国应该如何重建货币均衡？凯恩斯此时建议，从英镑区的清算机构转向一个真正的国际货币联盟，这个观点将沙赫特和冯克的清算理念与他自己对国际银行业务原则的理解结合在一起，其基本思想是，一国的国际交易净额（国际收支盈余或赤字）将由成员国中央银行通过一家国际清算银行进行结算，在该清算银行中，每个成员国都拥有一定的透支权。凯恩斯做事情从不做一半，他还建议成立一支跨国警察队伍，设立一个重建和救助机构，并由清算银行提供缓冲资金。最终，这些想法对世界银行和国际货币基金组织的成立以及对布雷顿森林汇率体系的形成都做出了贡献。凯恩斯还介入英国向中立国家购买大宗商品的政策，以断绝敌方的供给。此时他建议，利用库存物资为欧洲战后提供食品和衣物，这个想法就是后来的美国"马歇尔计划"。①

---

① "马歇尔计划"（The Marshall Plan），官方名称为"欧洲复兴计划"（European Recovery Program），是第二次世界大战结束后，美国对被战争破坏的西欧各国进行经济援助、协助重建的计划，对欧洲国家的发展和世界政治格局产生了深远的影响。——译者注

这一揽子政策被称为"凯恩斯计划",受到白厅经济部门的一致好评,例如,他的财政部同僚拉尔夫·霍特里(Ralph Hawtrey)、首相府统计处的罗伊·哈罗德、战时内阁经济局的莱昂内尔·罗宾斯和詹姆斯·米德等。英格兰银行的蒙塔古·诺曼和亨利·克莱(Henry Clay)对此则没有那么感兴趣,他们更倾向于诺曼的朋友沙赫特率先提出的控制和支付类型的协议。凯恩斯于11月重新改写了这些计划,并在接下来的几个月里忙得不可开交,因为他试图把美国的一些意见纳入计划,目标是将国际清算银行定位为一家英美俱乐部。到1941年的圣诞节,他已经完成了第三稿。

战争形势因东方战事发生了改变。虽然英国还没有意识到这一点,但在"珍珠港事件"后的一个星期,美国财政部长就发出指令给他的助手哈里·怀特(Harry Dexter White),要他准备一份有关盟国间稳定基金的备忘录,作为战后货币安排的基础。美国正在走自己的路。

凯恩斯又遇到另一个更为棘手的问题:德国根据其"巴巴罗萨计划"向苏联发起了凶猛的进攻。到1941年末,德国陆军的北部集团军和芬兰军队正在敲打列宁格勒的城门。对凯恩斯的家庭来说,这是一个可怕的消息,因为莉迪亚的母亲和其他家庭成员全部陷入凶猛的钳形攻势之中。自战争开始以来,凯恩斯夫妇与莉迪亚家人之间的通信变得越来越困难。凯恩斯与苏联驻英国大使麦斯基建立起友谊,试图以芭蕾舞巡演为由,把洛波科夫兄弟俩从苏联接出来。尽管他很有说服力,但还是没能成功。

凯恩斯夫妇在得知德军包围列宁格勒的消息后,变得越来越担心。他们知道列宁格勒的地理结构,了解围困将是灾难性的。

列宁格勒没有药品，食物也极其短缺，到 1941 年圣诞节，每天有 3 000 人在街上死于饥饿和寒冷。莉迪亚的哥哥，即著名的费奥多因导演了一部新的肖斯塔科维奇①的芭蕾舞后就失宠了，该剧被谴责为"形式主义美学"，他也被拘留在一个集中营里。莉迪亚的母亲康斯坦莎此时已 80 岁高龄且疾病缠身，她的姐姐身体也很不好。凯恩斯能够向英国政府建议，通过北方摩尔曼斯克②航线运送战争物资支持苏联战事，以缓解列宁格勒的压力，却无力帮助莉迪亚的家庭。

凯恩斯（右）在布雷顿森林会议上与美国财政部长亨利·摩根索（左）会面

---

① 德米特里·德米特里耶维奇·肖斯塔科维奇（Dmitriy Dmitriyevich Shostakovich, 1906—1975），生于圣彼得堡，苏联时期最重要的作曲家之一，20 世纪世界著名作曲家之一，他的作品达到了在特殊历史时期艺术创作上的极致，被誉为"20 世纪的贝多芬"。——译者注
② 摩尔曼斯克（Murmansk）为俄罗斯港口城市。——译者注

第 5 章　精打细算的冰雪人

列昂尼德·康托洛维奇在 1941—1942 年的苏联

来自彼得格勒①的男孩

凯恩斯夫妇正在焦急地关注着苏联战况报告，原因是莉迪亚的母亲和她的兄弟姐妹已陷入列宁格勒的围困之中。所有的通信都中断了，德国军队正在收紧包围圈，而苏联也几乎没有透露任何相关信息。英国广播公司的无线广播说，英国正拨出一些稀缺的飞机和物资以帮助苏联保卫这座城市，但人们很难理解那里的生存情况到底有多么严峻。

希特勒背信弃义，向他不太可能的盟友苏联发起了疯狂的"巴巴罗萨行动"。这是一场从三个方向同时展开的残酷闪电战，三支德国集团军目标直指俄罗斯和白俄罗斯的西部防线。德国北方集团军直奔关键战略城市列宁格勒。在那里，德军与来自北方的芬兰军队汇合，对列宁格勒形成钳形夹击。到那年 9 月，他们

---

① 即历史上及现今的圣彼得堡，1914 年改名为彼得格勒，1924 年为纪念列宁改名为列宁格勒。在本书中根据不同时期，会分别出现圣彼得堡、彼得格勒、列宁格勒等名称。——编者注

切断了所有通往列宁格勒的道路，封锁了所有食品和武器装备的供给。列宁格勒保卫战，历史上最为残酷的战争之一，拉开了序幕。

1941年末，一个全身裹着厚重大衣脚穿靴子的身影慢慢地行走在冰面上，小心翼翼地注视着头顶灰蒙蒙的冬季天空。他时不时地弯下腰，用钢钎戳着脚下的积雪和冰层。在他身旁，一队卡车慢慢驶过，引擎发出刺耳的声音，排气管喷出劣质燃油产生的浓烟。这个人做着笔记，又看了看他的钢钎。此时温度为-30℃，他的呼吸都带着冰霜。他听到一辆卡车的轮胎在空转，引擎轰鸣，他焦急地抬起头来。

位于列宁格勒边缘的拉多加湖被厚厚的冰雪覆盖，气温极低。卡车车队按指示轻载，非常缓慢地行驶，彼此间保持着特定的距离，因为它们正在谨慎地穿越冰面"道路"。冰路两旁的积雪形成一道屏障，可以挡住冰层上的风，但没有任何掩体可以挡住空中的敌军飞机。到此时为止，这个人感觉松了一口气。根据他的计算，这支车队应该可以幸存，通过湖面的"生命之路"（俄文为 Doroga Zhizni）将宝贵的物资运送到一个小的火车支线站点，然后从那里再运到被包围的列宁格勒市。

列宁格勒的市民陷入了一种恐怖的境地。德国和芬兰军队封锁了所有的公路和铁路，德军占领了郊区，不断向市区推进，炮击市中心、士兵和普通民众。天气非常寒冷却没有燃料取暖，也没有药品，最糟糕的是缺乏食物：每人每天的粮食配额下降到125克面包，而这些面包部分是由锯末制成的。每天有多达3 000人死于饥饿和严寒，每天清晨都有装满尸体的雪橇滑过。有些人为了生存而吃人。最终共有150万公民死于这场战争。

德军不仅想占领这座城市，还想彻底摧毁它。他们曾计算过，列宁格勒的 300 万人口会因饥饿而在六周内投降，但是他们未能设法切断湖上的通道。在冬季，当冰层足够厚、气温足够低的时候，卡车可以谨慎地驶过湖面，它们运送的宝贵物资是维持城市里的市民活下去的唯一途径。

"生命之路"是通过精确的数学计算建造的，但事实证明它仍然非常危险。1941 年 12 月初，当冰层变厚时，卡车开始穿越湖面上的路线，但仅在第一周就有 40 多辆卡车压破冰层，沉入深深的湖底，驾驶员淹死了，也失去了宝贵的补给。政府当局请来列宁格勒大学的著名学者、数学家列昂尼德·康托洛维奇博士，计算需要什么样的温度和冰层厚度，才能支撑特定重量和速度的卡车车队。人们经常看到他的身影在湖面上勘测各种条件，有时在车辆之间穿行。车辆之间要保持一段特定距离，转向也十分困难，因为大部分时间它们是在冰面上的水中行驶。

与他的大多数学术界同事一样，随着战争爆发，康托洛维奇也应征入伍，成为一名列兵（据说他在那里"遇到了军队某些纪律方面的困难"）。他是一个拥有极其聪明的理论头脑、不同寻常的人，他的天赋很快就被发现，并被重新授予少校军衔。康托洛维奇是军事工程技术大学一位杰出的年轻教授，该大学设在圣彼得堡综合技术学院的旧址上。随着德军闪电战向列宁格勒逼近，所有公民的任务都是显而易见的：抵抗德军、打破封锁、生存下来。学院在设计抵抗德军包围的防御阵地上发挥了关键作用，大学生们帮助管理军事设施。康托洛维奇少校则负责计算"生命之路"的安全货物极限。由于他的勇气和成就，他后来被授予卫国战争勋章。

康托洛维奇博士构建出一种算法：他计算出承载一匹马需要 10 厘米厚的冰层，承载装有一吨货物的马拉雪橇最少需要 17 厘米厚的冰层，而承载装有一吨货物的卡车则需要有 20 厘米厚的冰层。计算还必须考虑到长达 220 千米线路沿途的冰层厚度变化。这位数学家还推导出另一个数学公式，计算在不同温度下的结冰速度，但该区域飘忽不定的风向和风速可以迅速改变水位和冰层厚度，使问题进一步复杂化。一天中，在不同时间段里车队运行的效果也不一样，并且卡车轮胎发热也会融解表面冰层。最后，他还必须考虑未受保护的线路受到空袭的概率。康托洛维奇非常清楚，他的计算直接关乎生死。

德军侦察人员很快就发现了这条路线，他们的飞机反复攻击该线路，布置在沿线的苏联高射炮严重不足，苏联飞行员驾驶着英国飓风战机和美国战斧式战机进行抗击。在白雪茫茫的环境下，当这位孤独的数学家进行测算时，他无处藏身。许多装载食物的车辆被德国空军摧毁，驾驶员随之牺牲，这条路线也被称为"死亡之路"。

在拉多加湖面冰路上巡视时，康托洛维奇无疑有时间关注几千米之外的德军前线。他应该已经听说了在波兰、立陶宛、白俄罗斯的土地上，犹太人被残酷围捕并被向西南方向驱赶的消息。像他这样的俄罗斯犹太人，一边是反犹太人的苏联，另一边是纳粹分子，这场战争变得格外危险。

在英国，凯恩斯不断与其他人合作拓展"租借"方案。很显然，这将是拯救列宁格勒的唯一途径。1941 年末，根据与苏联政府达成的协议，英国开始使用濒临毁灭的海军护航队从英国经巴伦支海驶往阿尔汉格尔[①]和摩尔曼斯克，向苏联运送坦克、飞机

---

① 今俄罗斯港口城市，北临北冰洋。——译者注

和其他物资，在那里，这些物资可以经"生命之路"运往列宁格勒，帮助这座城市生存下来。

1942年2月是围困最糟糕的一个月，有6.7万吨食物、2万吨汽油以及润滑油和武器弹药经湖面运到列宁格勒。在卡车卸下宝贵物资后，回程时则运送撤离的妇女和儿童。通过这种方法，50多万平民和伤员从列宁格勒撤出。此外，重要的工业设备也从列宁格勒的工厂中拆卸下来，运往国家的其他地方重新组装。在第一个冬天，冰路运行了152天；到第二年，冰路运行更加高效，并且在冰封的湖面上修建了一条铁路和一条石油管线。

1942年4月23日，由于冰面变薄，三辆装载洋葱的卡车穿过正在融化的危险路面，这成为那一年冰路上最后的供给。但对一些人来说为时已晚。在那个可怕的冬天，凯恩斯生病的岳母康斯坦莎在围困中去世。第二年，城市仍处于被包围和饥饿的状态之中，他的姨姐尤金妮也去世了。

列昂尼德·康托洛维奇1911年出生于圣彼得堡，成长于彼得格勒，生活在列宁格勒。随着第一次世界大战的爆发以及苏联的统治，城市名字的变化揭示出他的动荡生活。他拥有一个舒适的中产阶级家庭，父亲维塔利是一位受欢迎的医生，擅长治疗性病，这是当时城市的一个严重问题。在康托洛维奇出生之前，家里已经有了两个女孩和两个男孩（他们后来都成为医生）。这座动荡的城市是康托洛维奇的童年世界。在他生命的第一个十年里，他遭遇了政治混乱、犯罪横行和军事暴力。尽管年幼，康托洛维奇永远记得，他童年时期的城市总是处于动荡之中，这驱使他终其一生都在寻求安全和稳定。

在1905年革命之后，俄国沙皇给予公民有限的自由。十年后，俄国参加第一次世界大战，很快就在东部前线投入大量兵力。军事僵局和军队重大伤亡催生了1917年连续的危机和革命。虽然当时只有6岁，但早熟的康托洛维奇很清楚地记得，那年2月，哗变水兵在彼得格勒引发了一系列罢工、游行和抗议活动。沙皇退位，由亚历山大·克伦斯基①领导的临时政府成立。接下来的几个月非常危险，发生了一系列重大事件，有针对临时政府的自发性抗议活动、弗拉基米尔·列宁流亡归来、俄国军队政变失败、持不同政见的团体在杜马争权夺利，以及布尔什维克控制军队发动了十月革命。

1917年的一系列革命没有带来政治稳定，相反，标志着进入了革命与反革命政党之间的冲突时期，导致布尔什维克和其他人与保皇党展开激烈的内战。德国军队利用动荡局势入侵了爱沙尼亚，并以武力轰炸和入侵威胁着邻近的彼得格勒。这座城市的生活变得非常危险。沙皇一家在1918年被杀害。第二年，德国军队试图包围彼得格勒并占领这座城市。虽然没有成功，但他们设法阻止了向民众运送食品补给，反苏维埃的白军在周边区域游荡，战斗断断续续地持续了好几年时间。在这座城市，街头犯罪猖獗，战后西班牙流感肆虐，食物匮乏，生命得不到保障。

康托洛维奇全家都是犹太人，虽然他们并不是严格遵守戒律的教徒。康托洛维奇这个姓源于一位在犹太教堂领颂祷告的要员。德系犹太人（Ashkenazy Jewish）在这个地区已经生活了几个世纪，但是他们遭到一波又一波的集体屠杀和各种限制。第一次

---

① 亚历山大·克伦斯基（Alexander Kerensky，1881—1970），俄国1917年十月革命前的主要政治领袖。——译者注

世界大战和俄国内战的动乱年代加剧了反犹太主义，此时又出现了新的关于犹太人大屠杀的谣言。父亲维塔利了解危险的过去并担心家人在这座不稳定城市中的安全，因此他决定必须逃亡。他带着包括7岁的列昂尼德在内的家人乘坐火车，踏上了一段1 000千米漫长而危险的旅程，向南到达白俄罗斯，并在那里漂泊了一年多。但那里也不安全，据估计，1918—1922年间大约有25 000名犹太人在白俄罗斯遭到杀害。大屠杀就发生在身边，他们被迫再次逃亡，返回彼得格勒的家中。

革命时期的一个较为积极的结果是，更多的犹太人可以在学术界、政府和军队中获得高级职位，父亲维塔利重操旧业也比较容易。尽管如此，那些具有犹太血统的人总是非常清楚他们脆弱的历史，这也使康托洛维奇在整个职业生涯中保持着强烈的谨慎意识。

回到彼得格勒后，家人越来越清楚地发现，10岁的列昂尼德是一个神童。虽然街上危险重重，但他至少可以去上学了。康托洛维奇后来回忆，尽管他周围的政治动荡不断，但正是在人生的这个阶段，他对学术思想产生了浓厚兴趣。

1922年，这个家庭遭遇不幸，还很年轻的父亲维塔利去世，母亲波琳娜承担起养活全家的重任。年轻的列昂尼德才华横溢，他天生对科学、政治和历史充满好奇和兴趣。波琳娜意识到他的潜力，尽管家里极度缺钱，但母亲对他的教育非常上心。

1924年列宁逝世，为了纪念他，康托洛维奇所在的城市更名为列宁格勒。布尔什维克政府逐渐在城市中稳定下来。波琳娜设法将14岁的列昂尼德送入列宁格勒国立大学的数学系。这是这个城市最著名的大学，其数学系在实数分析和数列研究领域非常出名。因为年纪太小，康托洛维奇需要获得特别批准，而这个批准拖了将近一年时间，所以在第一个学年，他大部分时间接受的是私人授课，但学习范围很广。由于授课老师的鼓励，他对政治经济学和现代历史变得更感兴趣。收到正式听课许可后，康托洛维奇就师从苏联著名数学家格里戈里·菲什登戈尔茨[①]和鲍里斯·德隆（Boris Delone）。

康托洛维奇擅长数学，成绩远超比他年长很多的同班同学。在大学二年级，他已经在研究复杂抽象的课题了。当他还是本科生时，就获得过不同寻常的荣誉，应邀出席"描述性函数理论"研讨会。在三年级的时候，学校要求学生们趁假期积累工作经验。尽管在这个动荡年代可能遇到各种危险，但康托洛维奇还是选择去了几千千米之外正在推行强制性集体化的乌兹别克苏维埃社会主义共和国的首都塔什干，为中亚水务局工作，研究大规模棉花种植的灌溉和最佳用水问题。

1930年回到列宁格勒，康托洛维奇不到20岁就以相当于博士学位的成绩毕业了（布尔什维克废除了正式博士学位制度，直到1935年才重新恢复）。毕业后，康托洛维奇立即被任命为列宁格勒大学的教员并开始给学生授课，这是一种前所未闻的荣誉，大多数学生的年纪都要比他大很多。从当时的照片上，可以看出他长着一张非常年轻的娃娃脸。康托洛维奇回忆说，他第一次讲课很困难，学生们拒绝相信这个年轻人有资格教他们，直到他有机会展示出不同于常人的数学天赋。他终于有了收入，微薄的教学工资使几近赤贫的家庭松了一口气。

[①] 格里戈里·菲什登戈尔茨（Grigorii Fichtengolz，1888—1959），列宁格勒实数分析学派创始人之一。——译者注

布尔什维克政权稳定下来之后，20世纪20年代初期是研究社会主义新经济的鼎盛时期。康托洛维奇当时可以接触到两本关键的教科书，一本是帕维尔·波波夫（Pavel Popov）写的《国民经济平衡》(1926)，另一本是格里戈里·费尔德曼（Grigory Feldman）写的《国民收入增长理论》(1928)。但在1924年列宁去世以及斯大林巩固权力的高压下，国家实施了严格的意识形态控制，限制独立的经济学研究。英国的凯恩斯和美国的学者当时享有的自由学术辩论以及对政府政策的批评，在新的苏联是不可能的。

列宁曾读过凯恩斯的《和约的经济后果》一书，并同意其中的大部分内容，他还请人把凯恩斯的几本著作翻译成俄文。托洛茨基也对凯恩斯主义的一些经济观点持肯定态度。然而，1929年，在极具破坏性的第一个五年计划进行到一半时，斯大林提出了从"资产阶级"专业转向"红色"专业的必要性，把批评的矛头专门指向了不可靠的数学和概率学科。此时，苏联对凯恩斯和凯恩斯主义的看法转为负面：斯大林使用类似"社会法西斯主义"的词语来诋毁西方理论。几年后，显然是根据斯大林的指示，《通论》被翻译成俄文，但它的阅读范围受到严格限制，估计康托洛维奇不在此列。

1930年，康托洛维奇应邀出席在乌克兰北部城市哈尔科夫举行的享有盛誉的数学大会。哈尔科夫正在发展成一个现代化的工业中心，虽然该地区并不稳定。斯大林迫使富农加入集体农庄，造成了严重的农业歉收和普遍的饥荒，哈尔科夫正在成为村民逃离斯大林强制农业集体化带来的早期饥荒迹象的一个避难所，当时街上可以看到死去的农民。康托洛维奇在塔什干就曾看到集体化造成的一些乱象，但这里的情况更糟。在接下来的几年里，估计有400万农民死于人为的大饥荒。哈尔科夫也是苏联持续处决乌克兰民族主义者的地方。

尽管当时受到各种干扰，但还是有多达500人出席了数学大会，其中包括一些优秀的苏联数学家和12位外国杰出学者，这是康托洛维奇第一次真正接触到国外的学术思想。他提交了一篇题为《论射影集合》的论文，尽管后来他尴尬地意识到这篇论文没有达到其他演讲者那样高的水平。乌克兰共产党总书记、斯大林主义的追随者拉扎尔·卡冈诺维奇（Lazar Kaganovich）在大会上发表了多少带有恐吓性的演讲，他警告在数学领域"意识形态有缺陷"。根据这一指示，几位马克思主义理论家在大会上开始批判"资产阶级反动"数学家，并有时将他们与其他反动分子，如乌克兰民族主义者及暗藏的托洛茨基分子相提并论。康托洛维奇目睹了几位杰出的数学家因其思想而受到批判，所幸由于他的级别太低而没有引起其他人的注意。

这些意识形态理论家在政治上地位稳固，他们将成为苏联学术思想界几十年中一个持续存在的问题。斯大林正在树立个人崇拜，通过公审、迫害、处决、流放等手段进行统治。这个充满猜疑和偏执的时期不是孕育新思想的理想环境。康托洛维奇还非常年轻，但他很快就了解到，亲近外国人及其理论可能是危险的，这是康托洛维奇一生大部分时间都不得不面对的风险。

那一年晚些时候，康托洛维奇被派往列宁格勒海军工程学院任教，这是一所著名的古老军事学院，尽管出于历史原因斯大林并不信任它。康托洛维奇与这所学院一直保持着联系，同时还担任列宁格勒大学的数学与力学研究所的副研究员，来年他又担任了计算数学系的副教授。年仅20岁的他，此时已在列宁格勒最高学术机构中同时担任了三个有声望的职务。

在接下来的几年里，康托洛维奇通过研究复杂数学问题建立起学术声誉，特别是在射影集合方面解决了一些旷日持久的难题（通过将数据序列射影到其他形式上来解决）。他开始发表数学论文，23岁那年与同事合著了第一本书《变分法》。第二年在列宁格勒又召开了一届全苏数学大会，康托洛维奇提交了两篇数学论文。这时他已被任命为教授。

接下来的一年，他被允许前往莫斯科（苏联已将首都搬到莫斯科）参加莫斯科拓扑学大会。在莫斯科，他遇到了几位西方数学家，其中包括与他后来研究有交集的才华横溢的匈牙利数学家冯·诺依曼及其普林斯顿的同事、加拿大人塔克（A. W. Tucker）。通过与其中一些数学家的讨论，康托洛维奇把注意力转向一个新的理论方向，即泛函空间，处理比线性代数更复杂的级数驱动的变量测算。康托洛维奇后来与冯·诺依曼就"一个与偏序空间相关的系列问题"有过直接通信（Vershik，2001，第19页）。那一年，康托洛维奇在某一特定类型的数列研究上取得了重大突破，为纪念他这一研究成果被命名为"k空间"。随着经验的积累，他的兴趣也拓宽了，他开始投身于研究现实世界的问题，随着苏联启动工业化进程，他能够看到应用数学工具解决经济问题的新机遇。但他接触到的西方经济学资料仍然非常有限。

当时，列宁格勒大学数学学院吸引了一批著名学者：数学家弗拉基米尔·斯米尔诺夫（Vladimir Smirnov）正在讲授泛函分析这门新学科，康托洛维奇和列宁格勒的同事谢尔盖·索伯列夫（Sergei Sobolev）参加了他的研讨课。他们使用的其中一本教材是1932年冯·诺依曼的经典著作《量子力学的数学基础》（德文版）。在接下来的几年里，康托洛维奇以俄文发表了几篇文章，将冯·诺依曼的分析拓展到广义函数，这项研究后来被命名为"希尔伯特空间"。但斯大林的高压手段笼罩着这个部门：数学与力学研究所所长库利舍（Kulisher）被捕，系主任尼古拉·冈瑟（Nikolai Gunther）被谴责为"社会生活中的反动分子"，被迫辞职及忏悔。对冈瑟的谴责书是由包括康托洛维奇在内的几个同事一起签署的，这件事给他留下了不好的印象，不过他随后拒绝签署进一步谴责同事的文件。

20 世纪 30 年代后期，对苏联的学者和政策制定者来说变得非常危险。随着苏联共产党把矛头对准内部及斯大林巩固了最高权力，莫斯科公审和大范围的清洗开始了。很多苏共官员被判处决或被判刑送到西伯利亚集中营。在苏联，研究经济学变得困难且具有潜在危险。当时最知名的苏联经济学家尼古拉·康德拉季耶夫①，是一位备受尊敬的学者，曾创办莫斯科的市场行情研究所，该研究所后来发展成一个重要的研究机构。在那里，他曾发表关于资本主义经济长周期理论的著名研究，国际上称之为"康德拉季耶夫长波"。②

---

① 尼古拉·德米特里耶维奇·康德拉季耶夫（Nikolai D. Kondratieff，1892—1938），苏联经济学家及统计学家，因提出"康德拉季耶夫长波"以及"康德拉季耶夫周期理论"闻名于西方经济学界。——译者注
② 康德拉季耶夫周期理论是考察资本主义经济中历时 50～60 年的周期性波动的理论。1925 年，由苏联经济学家康德拉季耶夫在美国发表的《经济生活中的长波》一文中首先提出。康德拉季耶夫认为，在资本主义经济生活中存在着 45～60 年的长期波动。他通过对英、法、美等资本主义国家 18 世纪末到 20 世纪初 100 多年的批发价格水平、利率、工资、对外贸易等 36 个系列统计项目的加工分析，认为资本主义的经济发展过程可能存在三个长波：（1）从 1789 年到 1849 年，上升部分为 25 年，下降部分为 35 年，共 60 年；（2）从 1849 年到 1896 年，上升为 24 年，下降为 23 年，共 47 年；（3）从 1896 年起，上升 24 年，1920 年以后是下降趋势。全过程为 140 年，包括了两个半长周期，显示出经济发展中平均为 50～60 年一个周期的长期波动。——译者注

康德拉季耶夫访问过包括美国在内的很多国家，他还积极为新成立的苏联政府在农业政策和列宁新经济政策方面提供咨询意见，这些政策促进了最初由农产品出口获取资金的市场导向型工业化战略。他的建议受到列宁政府的欣然采纳，然而斯大林掌权后希望政府对计划经济拥有绝对控制权，任何不同观点都被视为具有煽动性。康德拉季耶夫曾试图将数学工具运用于第一个五年计划的早期编制，并向斯大林建议，他得出的结论是计划目标不切实际。斯大林愤怒地拒绝了该建议，并明确禁止在苏联早期的计划制订过程中使用数学和技术分析工具。1928年，康德拉季耶夫被免职，稍后被逮捕，他被打上"富农教授"的标签并加以审判，最后被判处六年有期徒刑。他在狱中仍坚持研究工作。不幸的是，斯大林将康德拉季耶夫视为持续的威胁，1938年他再次遭到审判及定罪，并于当日被处决。

这个时期，其他一些知名的经济学家，如编写苏联经济增长标准教科书的格里戈里·费尔德曼已被投入劳改营，而当时另一位国际公认的苏联经济学家，也是与康德拉季耶夫同在一个研究所的同事尤金·斯勒茨基（Evgeny Slutsky），则走了一条极为谨慎的道路。他把研究工作局限于概率论和消费者理论，对个人观点守口如瓶，结果他在斯大林时代幸存了下来。多年后，康托洛维奇回忆说，早期苏联经济学研究严重依赖于斯勒茨基的需求模型和费尔德曼的增长模型。他后来在包括冯·诺依曼在内的西方经济学家的独立研究工作中看到了相似之处。面对勇敢的康德拉季耶夫公共经济咨询方法或谨慎的斯勒茨基学术经济研究方法，康托洛维奇选择了谨慎的道路并存活下来。

苏联面临着巨大的经济挑战：面对充满敌意的西方世界，一个贫穷的半封建农业国家正在快速转变为现代化的工业经济体。瓦西里·里昂惕夫将《资本论》描述成一本"非常丰富"的经济学教材（DeBresson，2004，loc.1930）。根据马克思列宁主义经济理论，生产决策由一个中央集权的计划过程做出，与西方市场配置体系完全不同，这引发了凯恩斯等西方经济学家的愤怒，凯恩斯说，"我怎么能够接受这样一种被视为圣经且不可批评的学说？据我所知，这是一部过时的经济学教科书"（Skidelsky，2000，第258页）。

尽管斯大林对经济学家高度怀疑，但他对经济事务非常了解。他几乎没有可以信任的经济亲信。政府里也有经济顾问，但他们是根据政治信仰和个人忠诚度而不是根据经济洞察力及技术专长而被挑选的。

20世纪30年代，苏联官方公布的GDP年平均增长率为14%，而时下的估计则认为，实际增长率要低得多，可能只有3%左右。由于斯大林看到纳粹德国的军备重整以及英法两国的犹豫不决，他变得更为焦虑。苏联一直在重整军备，但此时斯大林意识到他必须加快把资源投入军队建设。1938年，入侵中国东北的日本军队在哈桑湖袭击了苏联军队，虽然最后被击退，但这对苏联是一个警告。① 中国的孔祥熙曾向苏联寻求援助，但此时苏联转向支持中国共产党。传统上，苏联的敌人是在沙赫特的财政指导下重新武装起来的德国，然而，1939年莫洛托夫和里宾特

---

① 哈桑湖战斗，也被称为"张鼓峰事件"，发生于1938年7月29日至8月10日，历时13天。张鼓峰位于吉林省珲春市敬信镇防川村以北1.5千米的中俄边界上，战斗以日军失败告终。——译者注

洛普出人意料地签署了《苏德互不侵犯条约》，打破了欧洲脆弱的力量平衡。

1941 年：求解线性规划

1941 年，苏联侵占了波兰东部，陷入与芬兰代价高昂的冬季战争。大规模的军备重整已经启动，征兵也随之开始，劳动力受到严格管制，但战争才刚刚开始影响消费领域。1941 年年中，"巴巴罗萨行动"改变了这一切，德军向苏联北部工业心脏地区、东部首都、南部农业和石油资源产地同时发起了残酷而意外的进攻。战争开始时，德军的机械化闪电战非常成功，随着他们的进攻，所到城市皆沦为废墟，大量苏军士兵和平民伤亡，基础设施被摧毁。第二年初，德军进攻态势有所放缓，但他们已控制了苏联在欧洲的一半领土，并且包围了列宁格勒、莫斯科、斯大林格勒等核心城市。

康托洛维奇此时 30 岁，宽脸、矮小并已秃顶，通常穿着不合身的苏联西服。对康托洛维奇个人来说，这是一个具有纪念意义的年份：他遇到了心仪的女孩娜塔莉亚·伊利娜医生，他们于 1942 年结婚。在接下来的几年里，他们有了一个女儿伊琳娜和一个儿子维塞沃德，他们在非常困难的环境下抚养孩子们长大。

当地一家生产胶合板的联合工厂早些时候曾联系列宁格勒大学，希望能帮他们解决一个实际的生产问题。他们用车床把白桦木切削为薄板，然后将薄板叠压制成胶合板。为了生产廉价的苏制飞机用于农作物喷洒和战时用途，对高质量胶合板的需求正在增长，该联合工厂受到很大的政治压力，因为他们被要求提高生产效率。胶合板分为5种规格，被安排到8种不同的车床上进行加工。该联合工厂的实验室曾试图制订一份工作计划表以最大限度地提高生产效率，但未能奏效。年轻聪明的数学教授能对此提供帮助吗？

康托洛维奇把问题交给系里的一组数学家讨论，当没有人自愿给出答案时，他决定自己接受这个挑战。这个问题看似简单，但实际上并非如此：在8种机器和5种产品的组合中，要想计算出每一种组合的可能结果，康托洛维奇估计，可能需要求解具有12个变量的10亿个线性方程。

康托洛维奇在度假时，一直在思考这个问题。他很快就意识到，这是一个带有普遍性的问题，如果他能找到解决问题的方法，其结论可以运用于很多的管理和工程应用场景。他从一个非常简单的例子开始研究，由多台不同机器生产加工单一产品，在受制于一组同样可以表达为线性方程组的约束条件下，将目标表述为一个线性函数的最大值。将问题假设为线性关系大大简化了计算工作，他手工计算出这个简化版问题的数字。在此基础上，他逐步扩展，将许多机器和许多产品囊括进来。最终，他总算设计出一个通用的数学解决方案，能够根据消费者要求的产品比例最大化地生产出不同的胶合板产品。这是世界上第一个以线性规划形式进行计算的案例，是在一组线性约束条件下寻求数学函数最优解的方法，现在已成为广泛应用于经济学和工程学领域的一种标准化方法。

康托洛维奇认识到这项技术的适用性远超出苏联胶合板行业，因此他考虑了进一步实际应用的可能：首先他希望减少木材废料，接着他开发出一种优化农田作物轮种的方法，这种方法与标准方法相比可以减少农作物收割上的浪费，并使货物运输成本降至最低，从而最大限度地使用有限的燃料。随着应用扩展到农业、制造业和服务业，康托洛维奇指出了线性规划技术广泛的现实适用性。事实上，许多经济问题都与约束条件下的某种最优化问题相关，当它们能够以线性方程形式进行数学描述时，这种数学方法就可以成为一种非常普遍和强大的优化工具。20世纪30年代的苏联经济注重利用稀缺资源最大限度地提高产量，因此这项技术似乎非常有前途。

康托洛维奇把研究成果写成一篇论文，提交给列宁格勒国立大学数学与力学研究所的一次会议，在场的数学家对这篇论文的独创性给予了高度评价。接下来他做了另外一项测试：再次将论文提交给列宁格勒国立大学召集的一次产业工人特别会议，讨论它的实际应用，与会者也对此表现出极大的兴趣。

论文指出，更复杂的问题很快就会受到计算能力的制约，因而需要简化。康托洛维奇也讨论了如何表述生产要素的价值，他煞费苦心地解释这与资本主义的市场价格是不同的。他将这些变量称为"循环乘数"，因为它们在数学上类似于拉格朗日乘数。后来，随着它们的重要性被人们逐步了解，苏联经济学家将其重新命名为"客观确定的估值"，库普曼斯[①]则称之为"影子价格"。它们也与数学中所说的库恩－塔克（Kuhn-Tucker）乘数类

---

① 佳林·库普曼斯（Tjalling C. Koopmans，1910—1985），荷兰裔美国人，哈佛大学教授，1975年与康托洛维奇一同获得诺贝尔经济学奖。他的主要学术成就表现在经济计量学的创立和将线性规划应用于经济分析这两个方面。——译者注

似。根据康托洛维奇的方法论,循环乘数将被不断调整直至得出一个最优计划。他进一步指出,这些问题并不是资本主义经济中出现的,因为资本家在追求利润的驱使下会独立做出投资决策,而苏联则不同,所有的企业都服从国家的总体计划。

论文指出,线性规划方法原则上可以应用于更广泛的领域,而不仅限于解决如胶合板生产这样的单一工业问题。有没有可能将其应用于解决第三个五年计划中整体经济的材料、劳动力和设备使用问题呢?该论文提出,通过更好地使用劳动力完成任务、更好地在机器设备之间分配工作、更好地在企业之间分配订单,以及更好地使用燃料和战争物资,原则上这种方法可以实现重大的效率改进。

康托洛维奇写道,这些总目标都是在苏共第十八次党代表大会的决议中提出的,"决议指出,为了完成第三个五年计划期间生产增长计划目标,最重要的事情是……普遍推广最先进的技术和生产的科学组织工作……我发现,与生产的科学组织相关的一系列最具多样性的问题(机器及机械工作的最佳分配,废料的最少化,原材料和本地原料、燃料、运输的最佳使用等问题),都可以用一组数学问题来系统描述"(Kantorovich,1960,第367—368页)。

他的论文《生产组织和计划的数学方法》由列宁格勒国立大学于1939年出版,印刷了1 000册,分发给苏联各人民委员会和学术机构。交通人民委员会反馈说,他们需要解决战时武器运输里程的最优化问题,但没有收到更进一步的反馈。后来,康托洛维奇在苏联学术期刊《苏联科学院学报》上发表了一篇纯数学版本的论文,题目是《大宗物资的调运问题》。由于战时保密原因,文章以理论语言写作,虽然背景应用涉及优化铁路调度和平整机场地面的问题。文章以俄文和英文发表，这是外国人了解线性规划的第一篇文章。

但麻烦不期而至。1938年，苏联人民委员会主席维亚切斯拉夫·莫洛托夫①曾禁止经济学家讨论任何价格问题，于是康托洛维奇1939年出版的小册子很快就受到了官方的严厉回应。他的同事维希克写道，政府非常迅速地禁止讨论康托洛维奇的重大突破，"从最直接的意义上说，事件的反转威胁到埋葬整个研究方向，以及埋葬它的作者。直到很多年以后，我们才知道来自科学和意识形态高层官员的指控和威胁有多么严重。这个禁令持续了几十年，它不仅适用于经济问题，甚至也适用于列昂尼德·康托洛维奇研究的数学领域"（Vershik，2001，第2页）。从这个角度看，康托洛维奇是幸运的，他没有被流放或者受到更为糟糕的惩罚。

在斯大林众多的偏执中，他不信任经济学家，特别是数理经济学家。他曾说过，苏联的计划经济是"胜利快步舞"，因此任何批评都将被视为反苏。相反，他提倡所谓的"政治经济学"，为党的政策提供理论上的支持。数理经济学家可能被看作消除了对意识形态的需要并支持自我调节的市场机制，这是一个非常危险的方向。优化技术解决方案同样是危险的，因为它可能威胁到苏联共产党和政府官员所做判断的权威。此外，任何使用"价格"术语的研究都是对马克思列宁主义基本教义的挑战，只有劳

---

① 维亚切斯拉夫·莫洛托夫（Vyacheslav Molotov，1890—1986），苏联革命家、政治家、外交家，1930年出任苏联人民委员会主席，第二次世界大战时期任苏联人民委员会第一副主席兼外交人民委员、苏联国防委员会副主席。他是斯大林的战友和支持者，为斯大林领导班子的二号人物，支持斯大林的集体化政策并参与领导了"大清洗"。——译者注

动被视为创造价值的唯一真实来源。康托洛维奇的《生产组织和计划的数学方法》充满了这样潜在的错误，因此他被谴责为"资本主义的辩护士"。

正如康托洛维奇后来描述的，"1939 年春天，我在综合技术研究所和科学之家又作了一些报告，但有几次遇到了针对在研究中使用数学方法提出的反对意见，西方经济学的数理学派是反马克思主义的学派，经济学中的数学工具是资本主义辩护士的手段。这就迫使我在写作时尽量避免使用'经济'一词，只谈论生产的组织和计划"（Kantorovich，1975，第3—4页）。

对康托洛维奇来说，将他的研究局限于解决实际工业生产问题似乎更为安全。他以前的一个学生，此时管理着叶戈洛夫铁路车辆厂，渴望引进优化切割技术。他到大学寻求帮助，康托洛维奇组建了一个团队，并推荐使用线性规划方法来改进工厂不合理的金属切割工艺。推荐的新工艺效果很好，然而该工厂是钢铁厂最大的废钢供应商，废钢减少则意味着几乎没有原材料可用于钢铁生产［这类工业部门之间的问题，是里昂惕夫通过他的产业间分析工具（intra industry techniques）① 正在解决的问题，但苏联对此并不知情］。在充斥着控告检举的斯大林时代，康托洛维奇被指责造成钢铁生产的原材料短缺，以"共谋"的罪名被传唤到列宁格勒地区的共产党总部。所幸的是，他此时已有一些有权势的军方朋友。当苏联政府的另一个部门披露康托洛维奇正在深度

---

① 指里昂惕夫的"投入产出分析法"。里昂惕夫是投入产出分析的创始人，1936 年里昂惕夫发表了《美国经济体系中投入产出的数量关系》一文，1941 年出版了《美国经济结构：1919—1929》一书，1953 年又出版了《美国经济结构研究》一书。在这些著作中，里昂惕夫提出了投入产出分析法。——译者注

参与一个秘密的军事项目时（建造坦克和制定地雷排列模式），指控就被悄悄地撤销了。

但问题并没有结束：根据康托洛维奇的建议，叶戈洛夫工厂（它本身就是以苏联一位著名数学家的名字命名）的运行状况得到显著改善，运行效率达到了94%。这时它遇到了苏联计划体制的另一个问题，苏联部委采用棘轮原则①，即工厂每年必须提高7%的生产效率。康托洛维奇的研究所不得不写信给该部委，指出101%的运行效率是根本不可能实现的。

在这个充满猜疑的战争时期，康托洛维奇根本没有机会与国际学者取得联系，所以他的重大突破直到很多年以后才被西方知晓。战后，荷兰裔经济学家库普曼斯在美国海军从事人员和物资的运输规划工作时重新发现了线性规划方法，他后来独立开发出一种相似的方法论。但在经济学家乔治·丹齐格②（另一位流亡的俄国数学家的儿子）的工作之前，大多数西方经济学家对这种方法仍然一无所知。丹齐格在二战结束前独立发展出一套通用的线性规划方法，用于制订美国空军的各种计划，他回忆说，在战争初期，作为美国空军战斗分析部门的统计员，他帮助制订紧急制造飞机的详细计划，试图优化数十万种产品和多达5万种特殊技能的要求，他在这方面得到了另一位流亡经济学家冯·诺依曼的帮助，后者于1935年在莫斯科第一次见到康托洛维奇，并帮助

---

① 棘轮指一种轮状零件，通常是有齿的，由棘轮、棘爪和连杆组成的间歇运动装置。棘轮原则是指只能单方向向前运动。——译者注
② 乔治·丹齐格（George Dantzig，1914—2005），美国著名数学家，1947年提出了简捷法，又称单纯形法、单体法（Simplex Method），被称为线性规划之父。他的父亲托比阿斯·丹齐格是俄国数学家，后移民美国。——译者注

他发展了线性规划中的对偶理论。丹齐格的工作是英美数学家通过计算最优库存、路线、轰炸以及其他军队常规工作而为战争做出主要努力的一个组成部分。这被称为运筹学，它在战后商业领域中的应用则被称为管理科学。尽管很晚才为人所知，但康托洛维奇的线性规划突破是这方面的核心，并且他后来在莫斯科帮助发展了苏联版本的管理科学。

到1942年冬季，在饥饿、疾病和持续轰炸的夹击下，列宁格勒的生活变得极度糟糕。随着湖面结冰，部分妇女和儿童得以撤离，这些逃离者的主要目的地是莫斯科以北300千米以外的历史名城雅罗斯拉夫尔。由于担心列宁格勒最终会被德军攻陷，他们做出了一个战略决定，同时撤离一批包括军事工程高等技术学院的部分教授在内的关键人员，以防他们被德军抓获并审问。康托洛维奇教授也在撤离名单上，他开始了寒冷而危险的卡车之旅，旅途中要穿越他帮助修建的同一条冰路。穿过湖面后，他又在火车上过了几天不舒服的日子，火车沿着受损的铁轨向北缓慢地驶向雅罗斯拉夫尔，整个旅程很容易被德军轰炸机发现。

雅罗斯拉夫尔比列宁格勒更为寒冷，那里的饥荒程度要低一些，但由于工业和人口撤退到了那里，因此食品仍然非常匮乏。雅罗斯拉夫尔曾是伏尔加河畔的一座历史名城，迄今仍是重要的交通枢纽。关键性的战略工业企业已经搬迁到那里，俄国人原本预计该地区会超出德军轰炸机的航程范围。如果康托洛维奇期望找到一个安静的港湾从事研究工作的话，那么他就要失望了。随着纳粹侵略者向东部推进，他们占领了能将雅罗斯拉夫尔纳入远程轰炸范围的机场，该城市在1942—1943年遭到持续猛烈的空袭，伤亡巨大，导致约20万俄国人死亡。战争爆发之初，橡胶轮胎厂和纺织厂全部转为生产军需品。德军的策略是重点轰炸为城市重工业提供电力的电厂以及生产航空燃油的企业。在一年的部分时间里，许多道路泥泞且无法通行，因此轰炸铁路线也是德军的优先选项之一。然而，对于德军的地面进攻而言，这座城市仍然是相对安全的。

1942 年：经济资源的最佳利用

第二次世界大战之前，由于 20 世纪 20 年代的内战干扰、30 年代的强制性集体化、饥荒、军队领导人的清洗以及仅侧重于俄罗斯联邦西部经济发展的工业规划，苏联的经济状况一直很糟糕，无法抵御军事入侵。德军侵略实施焦土政策，到 1942 年，苏军后撤，拼死抵抗，资源被掠夺，工厂被夷为平地。德军占领了超过一半的苏联耕地，控制了 70% 的生铁、60% 的钢材和 40% 的电力生产。生活异常艰难，军队屡战屡败，供给和武器装备消耗殆尽，经济衰退，无法保证苏联能够继续战斗。

苏联政府的反应是将其剩余资源转向军事用途，到 1942 年底，步枪产量增加四倍，与此同时，坦克、火炮和飞机的产量则增加了更多。来自莫斯科的指令要求将工业大规模地转移到苏联更安全的东部地区，加强对人民的强制性动员，并征用所有的工厂，对消费实施严格的配给和限制（战争期间的家庭支出几乎只有 1940 年之前水平的一半）。此外，苏联还得到来自西方的援助：起初是零星的军事援助，但从 1943 年开始，援助包括汽车、高质量燃油、通信设备、工业机械、海军舰艇以及加工食品等。直接的控制导致国防支出在政府预算中的比例翻了一番，在 1942 年的占比达到 60%。到这个时期，3/4 的国民收入和大部分劳动力都投入了战争。

自 20 世纪 30 年代开始的苏联经济计划与纳粹德国的计划有一些相似之处，两者均使用固定价格、军事动员、经济强制、各种形式的市场社会主义，以及牺牲消费换取投资和重工业的发展。德国使用的方法是压低资本价格，而苏联的方法则是免费将资本分配给企业使用。苏联的"五年计划"更为具体，但是中央计划并非像建议的那样前后一致：经济原始落后并以农业为主，价格不能使用或被人为设定为等于成本，从而缺少价格信号，他们采用恐吓和公审等手段来约束表现不佳的管理者。这是一个高度中央集权和垂直的决策体系，由于恐惧和猜疑的气氛，掌握实际情况的管理者上交其决策权，听由他们的上级做出决策。资源分配决策由斯大林内阁的相应成员做出，而内阁则是在斯大林的直接领导之下。

在这场战时大戏和动乱之中，1941 年 1 月 29 日，斯大林在克里姆林宫的办公室召开了一次苏联顶级经济学家的重要会议，历时一个半小时。根据斯大林的指示，苏共中央委员会组织撰写了一本关于苏联政治经济学的教科书。初稿被呈送给斯大林，他仔细阅读并做了批注。他对初稿不满意，并以独一无二的方式展示了这一点——逮捕了其中一位原作者。书稿随后又做了多次修改。

出席 1941 年会议的有几位政治局委员和六位政府经济学家。斯大林的做法是，鼓励参会的经济学家自由发言，当他不认可其观点时，则会严厉批评他们，这对那些深知后果可能是被监禁或处决的被批评者来说是十分可怕的。会议记录显示，斯大林希望编写一部在马克思列宁主义理论框架下正确思考和讲授政治经济学的权威教科书。根据苏联 20 年的经济实践，它应包括政治经济学、市场、价值、计划、工资以及其他经济概念。

虽然人们普遍认为斯大林是一个陷入生死搏斗的极权主义暴

君,但他同时也有点像一个拥有巨大图书馆的学者。尽管有战争、饥荒和动乱,他还是会花几个小时阅读、批注和修改草稿。但对他来说,经济学是一种构建意识形态的方法,而不是一种管理技能。那天在他办公室的讨论,揭示了他关于经济学的大部分思考,他密切关注这个学科,但也认为该学科具有潜在破坏性。他后来说,他认为国家计划的主要任务就是赢得与世界资本主义的斗争。对于在没有市场价格信号的情况下如何配置资源的难题,他说,"没有生产成本,就不可能进行计算,不可能按劳分配,也不可能确定价格。到目前为止,价值规律还没有被克服,我们控制价格的说法是不正确的。我们希望如此,但尚未实现这个目标。为了控制价格,你需要巨额的储备、充裕的物资,只有到那时我们才能支配我们的价格"(Pizano,2009,第17页)。

斯大林一直深陷于所有的经济决策之中。他非常重视这本经济学教科书,战后,他再次推进这项工作,并就相关问题与经济学家又举行过几次会议。直到1951年,这本书才最终完成,分发给一些教师作为指导。斯大林此时还没有完成他的工作,在生命的晚期,他花时间重新写了关于此书的50页评论。1952年底,就在他去世之前,这些评论被编辑为一本小册子出版,题目为《苏联社会主义的经济问题》。

康托洛维奇没有直接参与这些讨论,但他清楚斯大林对经济学的看法,与可以自由地贬低马克思列宁主义的凯恩斯不同,他必须在马克思列宁主义的框架内工作。他后来说:"卡尔·马克思的经济学理论成为新创建的苏联经济科学和新控制体系的方法论基础。它关于经济普遍规律的一系列重要的根本性论述,在社会主义经济中立刻得到了应用。然而,马克思思想的实践需要认真的理论研究。在新的

条件下，缺乏实际的经济经验。"（Kantorovich，1975，第3页）

他在抵达雅罗斯拉夫尔后，了解到战时苏联经济资源配置的迫切问题。当他看到经济决策过程背后的政治阴谋时，他感到非常沮丧：他对如何改善苏联经济有着重要见解，但他知道继续从事这方面的研究并说服决策者认真对待这项工作将是非常困难的（Gardner，1990，第640页）。在这种环境下，像他这样的研究人员把数学看作比经济学更为安全的学科就不足为奇了。

在纳粹侵略、战时动乱、内部监控以及极权统治之下，康托洛维奇少校仍能以某种方式继续从事他的教学和在资源配置的新领域的研究工作。他关于线性规划的论文已经发展成一种特定生产决策的优化工具。此时，他希望实现更大的目标：为整个经济优化其计划决策。他的同事阿隆·卡塞内林博伊根（Aron Katsenelinboigen）写道："1939—1941年，他认识到社会主义经济作为一个整体可以被视为一个优化问题。苏联计划经济的逻辑自然而然地促使康托洛维奇朝着这个概念前进……在研究（优化关系）中，他也能够比在他之前的苏联经济学家更深入地了解价格的作用。"（Katsenelinboigen，1979，第136页；Klein Daza and Mead，2013，第385页）

1942年，尽管饥饿、轰炸、物资紧缺，甚至缺少纸张，但康托洛维奇仍设法完成了一部简短而重要的著作草稿，即《经济资源的最佳利用》（*The Best Use of Economic Resources*），以拓展他的新思想。这项研究是在拼命提高苏联战时生产期间完成的，该研究也预见到在一个缺乏西方市场配置机制的经济体中，战后高效生产面临的巨大挑战。

康托洛维奇提出了一个框架，在此框架中，生产订单将根据可能的最低生产成本在企业之间进行优化分配，每个工厂将被分配生产净产出最高的那些产品。在数学附录中，康托洛维奇主张说，指导资源配置所需的"客观确定的价值"符合马克思主义的劳动价值论，因为它们与原始计划中需要的劳动是成比例的。后来，他将这一框架拓展为一种更具普遍性的计划方法，将计划区分为短期计划（使用现有的生产方法）和长期计划（有建立新的工厂、基础设施和技能的空间）。解决短期计划问题是一项技术性任务，但描绘长期计划目标则需要政治决策。

与凯恩斯对总需求的关注不同，康托洛维奇的方法，正如他在线性规划研究中所做的那样，是对供给侧的分析。他在《经济资源的最佳利用》一书中的研究综合了线性规划的分部门具体分析方法，以确定最优生产。但要实现整体经济的最优结果，需要充分了解各部门之间是如何相互作用的，这种方法后来被称为投入产出分析。

在此期间，苏联的计划官僚机构不断重组，处于一种混乱的状态。不同的机构有不同的部门责任以及相互矛盾的管理方法。国家计划委员会成立于1921年，负责协调统一的国家计划，但是该机构本身非常政治化并经常被清洗。他们缺乏整体经济的数据，计划是高度加总的（aggregated）（只有大约100种商品），而且不完整。后来估计，在苏联可识别的产品就有1 200万种之多，对每一种都要设定目标（Nove，1991，第36页）。没有关于成本或投资的数据或可做比较的时间序列数据，资本实际上是免费的。这些计划将迅速的工业化增长置于效率之上，使用物质平衡法（material balance planning）作为主要工具：供给和需求的主要来源都以表格形式填写，经过反复调整以实现粗略的平衡。生产可能是以产品数量而不是卢布作为计量单位。

在1942年的研究中，康托洛维奇认识到，苏联经济运行中的重大缺陷，是由劳动力使用不足、设备利用不足、原材料和燃料的浪费、项目仓促赶工以赶在最后期限前完成、交货延误、不必要地保持剩余材料库存，以及长期拖延的建设工程等因素造成的。他解释了不准确的分配机制，订单与需要（requirements）之间的错配，并将这些归咎于不完善的计划和记账手段。他避免直接指出社会主义制度固有的治理问题，但无论如何，这是勇敢的行为，虽然康托洛维奇的目的是在现有制度下做一些有限的改进。他对未来的希望是，在更好的数学工具的帮助下建设更好的社会主义。

康托洛维奇认为，他的新研究可以从实际上帮助改进战时经济。1942年，在他的颇有影响力的老同事谢尔盖·索伯列夫院士的帮助下，他以一种通俗易懂的方式写出了研究成果，并提交给苏联的国家计划委员会。他建议，在国家计划层面应用线性规划方法，后来这被视为康托洛维奇最重要的经济学贡献。在后来的一项研究（最优规划的动态模型）中，他将自己的研究拓展到长期规划，加入受时间约束的影子价格和按时间贴现的未来变量。

外界对康托洛维奇建议的反应非常负面，一部分原因是斯大林制造的恐惧和压抑的氛围因纳粹的猛烈进攻而加剧，一部分原因是技术性的，马克思主义的计划工作者反对康托洛维奇发展他的"循环乘数"，即西方所知的影子价格。对康托洛维奇而言，它们是对稀缺资源的估值，能够允许生产决策权力下放，而不会损失效率。但是，对苏联共产党当局来说，这无异于让市场关系驱动决策，从"后门"引入了资本主义经济。苏联计划体制显然需要某种机制将消费者的需求传导给生产者，但它不能接受像价格这样的资本主义概念，这里面既存在技术问题，也存在意识形态问题。马克思主义的劳动价值理论是苏联计划经济不可动摇的基石，因此必须假设所有的价值都是由劳动投入创造的。然而在现实世界里，生产需要劳动力和其他要素的不同组合，这种不一致性造成中央集权与市场信息之间持续存在的根本冲突。

  康托洛维奇在研讨会和他的出版物中，试图推广微观优化方法，并同时声称它们与马克思主义的劳动价值论是一致的。但这是一个危险的领域，唯意识形态论的经济学者或不称职的规划者为了掩盖自己的失误，可能指控像康托洛维奇这样的学者是反马克思主义的。这就是在该时期为何有一批经济学家被流放、监禁或处决的原因。在一次研讨会上，康托洛维奇被指控是早期奥地利效用理论的先驱欧根·冯·庞巴维克①的追随者。听到这个指控后，康托洛维奇不得不去询问几个朋友，试图了解庞巴维克到底是谁。

  关于市场与社会主义计划相结合以形成某种形式的市场社会主义的讨论，虽然对唯意识形态论者是离经叛道的，但对经济学家而言，根本的问题依然存在：中央计划者能够协调所有必要的生产和消费决策，从而有效地运行一个复杂经济体吗？多年来，经济学家一直在争论这个问题。19 世纪和 20 世纪之交，意大利军事战略家恩里科·巴罗内②的注意力从火炮瞄准转向一个集体

---

① 欧根·冯·庞巴维克（Eugen von Bohm-Bawerk, 1851—1914），奥地利经济学家，他对奥地利经济学派有着重要的贡献。在其著作中，庞巴维克边际效益理论曾做出进一步阐述，将价值的主观理论与边际主义相结合。价值的主观理论主张，任何东西都只在有人需要它时才会有价值出现。——译者注
② 恩里科·巴罗内（Enrico Barone），意大利数理经济学家，其代表作为 1908 年写的《集体主义国家中的生产管理部门》。他认为，假如其他情况相同，资源的有效配置可以独立于生产要素的所有制，但关键是要找到一系列适当的价值。巴罗内设想在没有货币、价格的条件下，通过试错法，求解均衡方程式的解，以实现最小生产成本达到最大经济福利的经济上最有利的技术系数，使价格与最低生产成本相等，从而使资源得到有效配置。——译者注

主义国家的计划部门如何计算价格的问题。他的同事维尔弗雷多·帕累托①认为，对于中央计划经济和自由市场经济而言，优化生产的条件可能是相同的。奥地利经济学家路德维希·冯·米塞斯②和弗里德里希·哈耶克则认为，这在逻辑上和实践上都是不可能的。但在 1936 年，波兰裔美国经济学家奥斯卡·兰格③指出，如果经济可以被表述为一系列供给和需求的联立方程，那么这是可以做到的。斯大林对此很感兴趣，在战争期间邀请兰格访问苏联。兰格建议的方法是采用类似拍卖的程序，需要海量的数据，计算机的发展表明这也许是可行的。正如他后来写道："让我们把联立方程输入电子计算机中，我们将用不到一秒的时间就可以获得计算结果。"（Lange，1979，第 126 页）

康托洛维奇还遭到苏联科学院副院长康斯坦丁·奥斯特罗维蒂亚诺夫（Konstantin Ostrovitianov）的特别反对，这位老布尔什维克政治经济学家被视为马克思列宁主义的权威。他禁止康托洛维奇的研究成果出版，并支持其他人对康托洛维奇进行批判，包

---

① 维尔弗雷多·帕累托（Vifredo Pareto，1848—1923），意大利经济学家和社会学家。他的著名理论包括帕累托法则（即"80/20 法则"）、帕累托最优（Pareto Optimality）、帕累托效率（Pareto Efficiency）等。20 世纪初，帕累托在《社会主义制度》一书中指出，社会主义制度能够创造并实现"最优福利状态"的条件，从而达到生产资源的有效配置。——译者注

② 路德维希·冯·米塞斯（Ludwig H. E. von Mises，1881—1973），20 世纪著名经济学大师，卓越的自由主义思想家，奥地利学派第三代掌门人，也是促成古典自由主义复苏的学者。他被誉为"奥地利学派的院长"。弗里德里希·哈耶克是他的学生。——译者注

③ 奥斯卡·兰格（Oskar R. Lange，1904—1965），波兰经济学家、政治家、外交家。兰格从 1938 年起，先后在加州大学、斯坦福大学、芝加哥大学任教，1943 年加入美国国籍。1945 年返回波兰。20 世纪 30 年代，他曾与米塞斯及哈耶克就社会主义经济问题展开论战。——译者注

括在《共产党人》杂志上发表文章,他警告说"伪科学只有在控制数学的时候才能变成科学"。

康托洛维奇后来回忆道,另一个同志鲍里斯·亚斯特伦斯基(Boris Yastremskii)在批判他的书时说:"你在这里谈论最优状态,但你知道谁在谈论最优状态吗?法西斯分子(意大利古典经济学家)帕累托正在谈论这些。"这是非常严厉的批判。物价局负责人沙迈·图雷茨基(Shamai Turetskii)把康托洛维奇叫到一旁,警告说这样的争论可能会让他付出沉重的代价。康托洛维奇免于被投入劳改营,很有可能因为他已经是一位著名的数学家,并曾在战争中获得勋章,也可能因为他已受雇于苏联军队以解决紧急的战时问题。康托洛维奇不擅长应对政治上的阴谋诡计,性格非常直率,在获得同事支持方面也不够圆滑。在战争后期,他意识到意识形态上的反对和政治风险正不断积聚,因此暂时中止了他的经济研究。他说他感到沮丧,可能将完全放弃经济学。

他的同事形容康托洛维奇身上充满矛盾:善良温和,却坚韧有力。他身材矮胖、秃顶、戴眼镜、相貌平平。他喜欢恶作剧。作为一个不寻常性格的组合体,他私下内向、不擅长社交聊天,但在公众场合也可以做到很外向。他私下不善于阐明自己的观点,但学生们都说他是一位出色的教师。他的同事回忆起他在研讨会上不同寻常的举动:他通常坐在前排昏昏欲睡,但在结束时却能突然醒来,提出探索性的问题,使整个研讨会的气氛活跃起来。同事们用钦佩的口气谈论他的倾听和辩论能力,说他经常走到黑板前擦掉所有的方程式,并写出关于该问题的新证明。他的解释可能会使同事困惑惊讶,但结果令人耳目一新和精准无误。

熟悉康托洛维奇的人都说,他是一个善良、慷慨、机智的人，他的朋友称他为"Lenechka"（列昂尼德的昵称）。但在危险的政治高压下，很难定义他的个性。他的同事赛门·库塔特拉泽（Semen Kutateladze）认为："辉煌的成就与不适应现实生活阴暗面的例子之间的反差，在这个充满戏剧性且不可思议的人身上一览无遗，这就是康托洛维奇。他的人生成为一个难以置信、令人费解的人道主义现象。康托洛维奇在个人交流中表现出显而易见的内向，却出人意料地伴随着在公开场合的外向表现。他缺少任何演说家的能力，却具有深邃的逻辑思维，并特别精通辩论术。他与生俱来的自由和自立与有目的且不屈不挠的坚韧并存，在必要时这种坚韧如'铁腕'般有力。"（Kutateladze，2007，第1—2页）

康托洛维奇的绝大部分研究工作是在很少与苏联以外交流或不了解国外正在从事何种研究工作的情况下完成的。他有机会接触正统的马克思主义经济学著作，但在他职业生涯的大部分时间里没有接触过其他东西。他曾见过冯·诺依曼和其他数学家，但很多年无法与他们通信。20世纪30年代，几位西方经济学家（如凯恩斯的剑桥同事琼·罗宾逊）频繁访问苏联，认为苏联代表着勇敢的未来之路，但没有迹象表明，康托洛维奇与他们有过任何接触。

最终，康托洛维奇认为，他的工作可以改善苏联人民的经济生活。他在写作中小心翼翼地处理政治敏感话题，尽量避免犯意识形态错误。康托洛维奇的一生都是在经济混乱、军事暴力、宗教迫害、政治高压下度过的。当被拒绝时，他知道什么时候应该抽身，什么时候应该保持沉默。他写于1942年的开创性著作，直到1959年在后斯大林解冻时期才得以广泛发行，即便如此，当局仍坚持在序言中批判康托洛维奇的意识形态错误。由于意识形态、语言和战争的阻隔，西方研究人员对苏联的许多成就一无所知。这本书直到 1965 年才被译成英文（在库普曼斯的帮助下），尽管现在已经以多种语言重新出版。

早在 1925 年，德国就发表了一篇短文评论新编撰的《苏联经济的平衡》，随后不久又被翻译成俄文在苏联出版。这篇短文也许为康托洛维奇建立苏联经济的全面生产模型提供了框架，但没有迹象证明他在那个阶段就知道这篇文章。文章作者是另一位年轻的彼得格勒经济学家，名叫瓦西里·里昂惕夫。

列昂尼德·康托洛维奇（左）在斯德哥尔摩接受
瑞典国王（右）颁发的诺贝尔奖

第 6 章　帮助制定轰炸战术的反战分子

瓦西里·里昂惕夫在 1943—1944 年的美国

另一个来自彼得格勒的男孩

华盛顿开展了一项关于苏联国防开支以及经济状况的调研，地点选在第 23 大街和 E 大街拐角处旧建筑群中的一栋综合办公楼里。三名天才经济学家孜孜不倦地开展着他们的研究，这三人都和俄国*有关联：组长艾布拉姆·柏格森的父母是俄国移民，西蒙·库兹涅茨①是俄国移民，而负责撰写报告的瓦西里·里昂惕夫则是一位非常有前途的年轻经济学家，他来自哈佛大学，能说一口流利的俄语。

为了统一协调美军各情报机构，罗斯福总统于 1941 年成立了美国战略情报局（OSS），它是美国中央情报局的前身，由威廉·约瑟夫·多诺万上校担任首任长官。随着战局的发展，它的职能也从收集情报扩展为窃取情报、开展破坏活动、发动宣传战，并在欧洲组织反纳粹的抵抗运动，以及在亚洲组织抗日游击活动。

---

*　这里用俄国是因为这几位经济学家与苏联成立之前的俄国相关。在涉及苏联时，经常会出现俄国、俄罗斯混用的情形，因为涉及不同历史时期。——编者注

①　西蒙·史密斯·库兹涅茨（Simon Kuznets，1901—1985），俄裔美国著名经济学家，"美国的 GNP 之父"，1971 年诺贝尔经济学奖获得者。——译者注

它还发明了一些普通的和特殊的间谍器材与暗杀工具。

起初战略情报局主要从事一些秘密军事行动。但威廉·唐纳文也深谙招聘其他方面人才的重要性，包括懂外语、了解外国习俗和进行情报分析的专家。为此，在1942年，他设立了研究和分析处，聘用受过大学教育的专门人才对敌对国家的统计数据、经济能力、战略战术等进行更复杂的分析。到1943年，战略情报局已充分意识到，在美国避难的知识分子社群是巨大的人才库，他们聘用了一些著名学者，涵盖考古学、文学、历史、地理、政治、心理学和社会学等领域。此外，他们还组织了一批杰出的经济学家，包括传统经济学和马克思主义经济学两个方向。瓦西里·里昂惕夫就是他们中的一员。

造成康托洛维奇坎坷童年的俄国大革命，同样给里昂惕夫的生活留下了创伤。由于瓦西里·瓦西里耶维奇·里昂惕夫这个名字，他一直以为自己1906年出生于俄国的一个农民家庭，但事实并非如此（Bjerkholt, 2016, 第11页）。其实，他是1905年出生于德国的一个商人家庭，里昂惕夫也是在晚年才知道这个事实的。他的祖父经商有道，成立了一家生产棉质印花面料的工厂。这一家人信奉旧教，即东正教早期的一个分支。不同寻常的是，他的父亲于世纪之交曾在德国留学，可能由于政治原因遭到沙皇俄国的流放。他于1904年或1905年（这段时间缺失历史记录）在巴黎邂逅了来自敖德萨的犹太裔女孩莱塔·贝克。高颜值的莱塔·贝克是一名艺术生。贝克怀孕之后他们辗转到了伦敦仓促成婚，也没有通知家人。婚后他们返回慕尼黑并生下了里昂惕夫。

1905年，高桥是清在东京参加日本庆祝日俄海战胜利的活动。噩耗传回彼得格勒，大规模的暴乱在周日造成了群体性流血事件。听到战败的消息后,一群工人冲进圣彼得堡的冬宫游行,很多人被枪杀。

这是俄国危机的开始。莱塔的一些亲戚由于在敖德萨开展政治活动而遭到逮捕,她的兄弟也被枪杀。雪上加霜的是一场针对犹太人的大屠杀正在展开。

此时,被流放的里昂惕夫的父亲在慕尼黑完成了劳动经济学博士学位的学习。他的导师是著名的意大利经济学家卢乔·布伦塔诺(他也给沙赫特以及高桥是清的同事福田德三上过课)。1906年,他们举家返回圣彼得堡,犹太裔的母亲皈依了东正教。他们赶上彼得格勒尚未平息的动乱风暴,里昂惕夫的父母都具有进步思想并积极参与政治活动。父亲加入了社会革命党,他甚至怂恿工会在自己父亲的工厂里罢工。

他们一家三口和里昂惕夫的大家族一起住在涅瓦河彼得罗夫岛的一幢公寓里。里昂惕夫还记得在花园里和小熊玩耍以及参观附近家族老宅的情景。他们家在芬兰也拥有一栋位于森林和湖泊中的别墅。他们偶尔会将此处提供给那些逃离俄国的革命者用以避难。

与那位来自圣彼得堡的犹太裔经济学家列昂尼德·康托洛维奇相似,里昂惕夫也非常聪明、少年老成,父母思想进步,成长在一个生活动荡的时代。作为家中唯一的孩子,瓦西里深受父母宠爱。除了在家说俄语之外,他还可以说流利的法语和德语,这要归功于家里给他请的私人教师(但他学会的第四门语言英语却是带有口音的)。在他儿时的记忆中,他还记得为了作家和思想家列夫·托尔斯泰的去世而全国哀悼。和凯恩斯家一样,里昂惕夫家也喜欢周游列国。年少时,瓦西里随父母多次游历欧洲,他们一路经过德国、奥地利和瑞士，直到意大利。

里昂惕夫成长在世界大革命的中心。他和俄国临时政府领导人亚历山大·克伦斯基的儿子以及激进的布尔什维克党人列夫·托洛茨基的女儿是同学。他还记得魅力魔僧拉斯普京①就是在他家附近被暗杀的。7岁时，小瓦西里听说俄国作为协约国成员参加了第一次世界大战。随后，他看到了俄国在经济和军事上的衰败。就在这座当时改名为彼得格勒的城市，人们对战争越来越担忧。到1917年，通货膨胀导致物价在1914年的基础上上涨了400倍，还伴随着食品短缺、大范围罢工、严重的骚乱和惨痛的军事失利。国家杜马号召成立民主政府，但遭到沙皇的拒绝。抗议示威的人群充斥着彼得格勒的街头。

1917年2月，沙皇尼古拉二世试图阻止罢工、驱赶示威者并解散国家杜马。不久后他被迫退位，政权交由过渡政府。这届政府与前几届相比更加进步，但这并不能平息充斥在大街小巷的示威者的怒火。

里昂惕夫还记得，由工人和士兵组成的示威和暴乱人群充斥着各大广场时近乎无政府状态的情形。部队拒绝服从向示威人群开枪的命令。政府成立了由工人和士兵组成的苏维埃代表大会，社会主义的布尔什维克党和孟什维克党为了领导地位大打出手。里昂惕夫还依稀记得流弹呼啸着穿街而过的情形。他还听过弗拉基米

---

① 拉斯普京（Grigori Rasputin），原为无业游民，后成为僧侣。他以各种手段招摇撞骗，装神弄鬼。最后竟混入宫廷，取得沙皇信任，与皇后的关系尤为隐秘。他在宫廷中干了一系列坏事。沙皇在他的唆使下，颁布了一道又一道压迫人民的法令。拉斯普京的行为招致俄国一些贵族的嫉恨。最后，他被一群青年军官杀死。——译者注

尔·列宁、格里哥里·季诺维也夫①和其他俄国革命领袖在冬宫外的演讲。1917年7月，社会革命党领导人克伦斯基成为总理，随后里昂惕夫的父亲也当选为议员，但这届政府依然短命。随着列宁回国，布尔什维克革命终结了俄国民主的希望。1917年10月，革命爆发，工人们冲进冬宫，社会革命党政府被布尔什维克取而代之。

布尔什维克夺取政权之后，里昂惕夫一家人由于担心受到政治报复而躲入他们认为相对安全的农村。几个月后，彼得格勒似乎一切恢复正常，他们也就此返城。让人大吃一惊的是，他们碰上了列宁的水兵部队，这些水兵强占了里昂惕夫家的公寓，乱扔家具和衣物并将他们一家人赶了出来。他们家族在生意上的资产也被夺走，从而变得一贫如洗。里昂惕夫还有着年少时挨饿的记忆（他每天只有三片面包，其中一部分还可能是他父母省下来给他的），冬天也没有木材取暖。但他后来说，大革命这段经历给了他很好的人生一课，他的父母从不抱怨他们的处境，并非常乐观地期盼着新政权会更加公正。

俄国军队在第一次世界大战中死亡了近200万人，雪上加霜的是，从战场返回的队伍带回了西班牙流感。在俄国大革命期间，生存变得尤为艰难：食品严重匮乏，根本无法取暖。在随后的6年中，里昂惕夫逐渐长大，俄国也饱经内战的痛苦折磨。1919年，白军占领了彼得格勒，再次引发食品奇缺，最终白军被托洛茨基组织的红军击败。随着内战的延续，彼得格勒的人口只

---

① 格里哥里·季诺维也夫（Grigory Zinoviev，1883—1936），犹太人，俄国工人运动和布尔什维克党早期的著名活动家和领导人，担任过彼得格勒苏维埃主席、党中央政治局委员、共产国际执行委员会主席等职位，共产国际前期的领导人，后来成为联共（布）党内托季联盟的重要代表。1936年8月被处决。苏联最高法院于1988年6月13日宣布撤销1936年对格里哥里·季诺维也夫的判决，并为其恢复名誉。——译者注

有战前的1/3。当时地方和国家经济也十分脆弱，到1921年，国家农业生产下降了1/3，工业生产只有战前的一小部分。严重的通货膨胀导致绝大部分交易退回到以货易货的经济方式。

里昂惕夫的父亲是彼得格勒大学的经济学教授，讲授外贸经济政策（与凯恩斯的父亲是经济学教授相似）。1921年，他觉得尽管里昂惕夫年龄尚小，但已经具备进入大学学习的条件。与凯恩斯相似，里昂惕夫在上大学这件事上，走了他在著名学府当教授的父亲的后门。如康托洛维奇一样，当时年仅15岁的他入学是需要特别许可的。与沙赫特类似，他也花了一些时间来选择专业，起初学习哲学，然后是社会学，在考虑成熟之后，他最终选择了经济学。他跟随一些著名教授学习经济学和历史学。里昂惕夫声称，他系统地阅读了17世纪、18世纪和19世纪俄国、法国、德国和英国所有古典经济学家的著作。他最早研究的是路易十四终审法院大法官弗朗索瓦·魁奈①的著名论著《经济表》，这是经济学领域的第一幅经济地图。在所有经济学家中，他认为马克思是最有深度的。

如同他的父亲一样，里昂惕夫生来就对政治感兴趣，在校期间几次因被捕而中断学业。他后来受到社会学教授皮季里姆·索罗金②

---

① 弗朗索瓦·魁奈（François Quesnay，1694—1774），古典政治经济学奠基人之一，法国重农学派的创始人和重要代表。他早年研究医学和哲学，后转到经济学，并在各领域都有卓越成果，尤其在经济学方面，不仅有许多著作，而且提出了一系列重要的观点学说。——译者注

② 皮季里姆·索罗金（Pitirim A. Sorokin，1889—1968），社会学家，美国哈佛大学第一位社会学系主任，著有《社会和文化的动力学》《我们时代的危机》《重建人性》《利他的爱》《危机时代的社会哲学》《当代社会学理论》《今天的社会理论》。——译者注

的影响。索罗金曾为克伦斯基的社会革命党政府工作且十分反共。布尔什维克上台之后，他遭到秘密警察契卡①（克格勃的前身）的逮捕。凭着一腔热情，里昂惕夫和其他学生举行了抗议活动，支持学术自由，要求释放索罗金。此时，里昂惕夫称自己为"具有独立观点的社会主义者"，这也是贯穿他一生的称谓。

  一天晚上，年少无知且充满热情的里昂惕夫溜上街头张贴传单，然而城里到处都是告密者，他遭到了跟踪。凌晨，他在一处军事机构附近被逮捕。此时，他手里尚拿着浆糊和传单。传单呼吁给予出版自由、言论自由和选择国家体制自由。他之前曾经被拘留过（他说为了让他听话，每年他都会被逮捕一次），但这次的情况尤为严重。他被关进了设在契卡地下室的监狱，并在狱中待了3个月。有些时候他被单独关在一间黑暗阴冷的牢房里，在凌晨被押送到审讯室，狱警威胁要枪毙他。在当时，无论从哪个角度看，这都是十分危险的。可后来在介绍这一经历时，里昂惕夫淡然处之。他说他和狱警就哲学和政治问题展开了充满火药味的争论。和沙赫特一样，辩论从此成了里昂惕夫生活的一部分。

  当他的父母设法探监时，他要了一些阅读资料，特别是19

---

① 契卡，全称为全俄肃清反革命及怠工非常委员会，简称全俄肃反委员会，是苏联的一个情报组织，于1917年12月20日由费利克斯·埃德蒙多维奇·捷尔任斯基创立。该组织是因为列宁在俄国十月革命成功后要求捷尔任斯基创办一个可以"用非常手段同一切反革命分子作斗争的机构"而创立的。捷尔任斯基将契卡的任务概括为："在全国范围内消灭和制止反革命和怠工行为，将其积极分子交由法庭处理，同时还进行前期侦察和预审。"实际上，契卡的主要职能还包括逮捕苏联国内的反革命分子，并负责管理监狱、搜查、逮捕、拘禁。契卡于1922年被改组成国家政治保卫局（即格别乌），1934年7月改名为国家安全总局（隶属于内务人民委员部），后又在1954年更名为国家安全委员会，即著名的苏联情报组织克格勃。——译者注

世纪德国经济学家约翰·洛贝尔图斯（Johann Robertus）的一本书。约翰·洛贝尔图斯对劳动价值问题的论述早于马克思。为了阅读这本书，他不得不站在牢房的长凳上并保持平衡，以获得房顶灯泡的微弱光线。他的父母对当时的情形十分担忧，但面对险境，年仅16岁的里昂惕夫依然无所畏惧。值得庆幸的是，此时正值契卡重组。最终，在受到训诫之后他被释放了。重返学校后，他在1924年得以从社会科学经济学专业毕业。

在大学一年级时，里昂惕夫就开始了论文写作。1923年，他翻译了德国人C. A. 沙佛（C. A. Schaefer）关于德国货币稳定政策的一篇报告。无疑，沙赫特是知道此事的。另外，与康托洛维奇在塔什干的经历相似，里昂惕夫也做过暑期实习生，不同的是他选择的地点是苏联观象台。

1925年他写了一份研究报告，题目是《社会学定律——抽象逻辑分析之体验》，论述了科学哲学的因果和规范性方法。一家顶级杂志社准备发表该报告，但由于该报告引用了康德[1]和黑格尔[2]的理论，在送审时被认为容易引起争议，因而被禁止刊登。这样的审查制度对里昂惕夫影响匪浅。彼时，他意识到如果这样的纯理论文章也被封禁，那么想在苏联做一名纯粹的科学家就无从谈起。离开苏联，这是里昂惕夫做出的一个事关命运的重大决定。正因如此，同为经济学家，他的人生和留在苏联的康托洛维

---

[1] 伊曼努尔·康德（Immanuel Kant，1724—1804），拉脱维亚裔德国哲学家、作家，德国古典哲学创始人，其学说深深影响近代西方哲学，并开启了德国古典哲学和康德主义等诸多流派。——译者注

[2] 格奥尔格·威廉·弗里德里希·黑格尔（Georg Wilhelm Friedrich Hegel，1770—1831），德国哲学家，是德国19世纪唯心论哲学的代表人物之一。——译者注

奇大相径庭。

里昂惕夫是以特殊理由出国的：他发现自己的下颌骨部位出现了异物，被诊断为恶性肉瘤，随后他接受了手术治疗，最终确认该肿块为良性。而里昂惕夫声称诊断结果为恶性，请医生出具了一份他不适合在苏联服兵役的证明。以此为借口，他设法获得了出境许可。1925年3月，20岁的里昂惕夫乘火车去了柏林，就此离开祖国。

此时，柏林是欧洲大陆最大的工业城市。没有了战后的失业大军和高通货膨胀，魏玛共和国的生活一片祥和。柏林也成为适合文化和学术生活的国际化大都市。然而，里昂惕夫留在列宁格勒的家人则穷困潦倒，不可能给他任何经济支持。因此，他在柏林生活得非常拮据。他租了一间单人房，以土豆饼和酸牛奶充饥。有好几年，他靠给一家俄国商业周刊写煤炭和铁矿的市场报告获得微薄报酬以勉强度日（这段经历使他得以了解全球工业的状况，凯恩斯和沙赫特也做过类似的商业专栏作家）。

里昂惕夫被著名的柏林大学录取，攻读经济学博士学位（多年以前，沙赫特曾在此学习，冯·诺依曼也曾是该校的学生，几年之后他将作为夏季客座讲师重返柏林大学）。在这里，里昂惕夫师从著名统计学与数理经济学家拉迪斯劳斯·波特凯维茨（Ladislaus Bortkiewicz），以及著名的马克思主义经济学和社会学家、后来被指控为纳粹分子的维尔纳·桑巴特（Werner Sombart）。里昂惕夫说这两位导师给他带来的是定量分析和定性分析方法的完美组合。当时，桑巴特教授是沙赫特的拥趸。凯恩斯到访柏林大学时，里昂惕夫聆听了他的讲座。1927年，里昂惕夫的父母从苏联搬来柏林，他的父亲获得了苏联财政部驻柏林办事处的一份工作。一家人的生活得到了改善。里昂惕夫也因此有了一些闲钱可以享受魏玛共和国的繁荣，去柏林市中心的一些低档剧院、音乐厅和歌剧院。

1928年，里昂惕夫尚未毕业，但他的导师桑巴特就极力举荐他到基尔的世界经济研究所工作。该机构主要侧重于经济数据统计和商业周期的研究，当时全球仅此一家。第一次世界大战之后，商业周期是经济学家讨论的热门话题，基尔的研究所在这方面引领潮流。在他们看来，周期可以通过在技术变革及不平衡增长环境下生产部门间的相互作用做出最合理的解释。在此，里昂惕夫得以提高自己定量分析的技能，在经济学的海洋里如鱼得水。在阿尔弗雷德·马歇尔关于静态局部均衡研究的基础上，他进行了供需平衡分析，推导市场弹性，将变化分为价格变化和结构性变化两个方面。这方面的研究作为重磅统计学研究成果得以出版，让他声名鹊起。

基尔曾是第一次世界大战爆发前的军备竞赛中心，1918年德国海军在此哗变，从而导致德国投降。基尔大学位于波罗的海的最西端，和彼得格勒隔海相望。里昂惕夫得以向东方回眺其来时的漫漫旅途。他喜欢在基尔的生活：出海、打网球、爬山（30多年前沙赫特也是如此）。这样的日子一直延续到他遇到一位与众不同的中国人。

很长时间以来，铁路之于中国都是一个十分重要的经济和政治问题。中国的铁路大部分是由外国财团修建和运营的，带有殖民色彩。1911年随着清政府的灭亡，国民政府颁布的《铁路权益保护法》不再允许外资银行控股中国的铁路权益。

国民党认为现代铁路系统是建立工业化中国的重中之重，它可以使国家经济一体化，从政治意义上看也可以加强与边远省份的联络。孙中山热衷于这一理念，他是首任民国大总统，还是孔祥熙的连襟。孙中山曾任全国铁路督办，他任命孔祥熙的岳父宋查理为司库，并让孔祥熙的夫人宋霭龄担任秘书。孙中山意识到铁路对美国发展的重要贡献（其中大部分铁路是由中国劳工修建的），也希望采取同样的措施来建设中国的现代化。1921年，孙中山亲自规划了一份宏伟蓝图，包含了50 000千米的铁路建设计划，这份宏图指导了中国近半个世纪的经济发展。

孙中山逝世后，国民政府认为，德国先进的工业体系是学习的榜样。当时，铁道部部长是孙中山的儿子孙科*，工商部长是孙科的姨父孔祥熙。1928年，一个中国政府代表团到访德国以寻求财政和技术援助。因缘际会，他们在那里偶遇了里昂惕夫，他懂得一些经济部门如何才能整合在一起的知识。当时的情形是：里昂惕夫正和同事坐在基尔大学附近的一家餐厅里，隔壁桌一群中国人的谈话引起了他的注意，于是他加入了他们的讨论。这群中国人是由中国驻德国大使带领的南京国民政府代表团，他们正在寻找可以帮助中国制定发展规划的外国专家。

里昂惕夫知无不言，谈到了很多具体的技术细节。随后，国民政府电邀里昂惕夫到中国担任一年的政府顾问，着重对经济尤其是对新的铁路系统规划提出意见。时年22岁的里昂惕夫欣然接受。不久，他乘火车抵达马赛，并在此乘邮轮经过苏伊士运河和印度到达上海。这是他首次出远门，沿途尽赏异国风光。抵达上海之后，他在公共租界的伯林顿酒店租了一间公寓。当时的上

---

* 1928年，国民党政府成立铁道部，孙科为第一任部长。——编者注

海是十里洋场，车水马龙，鱼龙混杂。孔祥熙在此居住，高桥是清 30 年前也曾到访过这里。在上海，他开始了对中国经济和铁路技术问题的研究工作。

里昂惕夫不懂中文，对中国也知之甚少，更不懂铁路，可他对这份工作充满信心。他认为自己的任务就是将经济各部门和各个经济区域建立联系。在这方面没有任何前人的研究可以借鉴，地图也不准确。为此，他雇了一架飞机对农村和城区进行航拍。他的经济使命是帮助中国将分散、零星的工业生产过渡到更高水平的现代工业化时代。当然，和同时代所有与中国经济问题相关联的事情一样，他的任务还包含军事和地缘政治的需要——通过铁路联通所有危险地区，特别是帮助国民政府和地方军阀达成和解并共同打击共产党。不出十年，侵华日军成了里昂惕夫这些地图和计划的受益者，他们沿着铁路线推进战线。

沙赫特、凯恩斯和冯·诺依曼在不同时间分别都想过造访中国，但只有里昂惕夫得以成行。

中国的工作结束后，里昂惕夫返回基尔，却发现德国的氛围变得糟糕起来。此时是 1929 年，经济大萧条显露端倪，魏玛共和国也风雨飘摇。国家社会主义党党魁戈培尔住在柏林，到处都是纳粹的宣传，而里昂惕夫的房东更是一位激进的纳粹分子。鉴于他母亲的犹太血统、他自己的苏联背景及自由主义倾向，里昂惕夫感到自己越来越不受欢迎。是时候去寻找一个新世界了，一个可以给他提供庇护，让他继续自己研究的地方。

在哈佛的奥地利经济学家熊彼特和美国国民经济研究局（NBER）的俄裔经济学家库兹涅茨的帮助下，里昂惕夫获邀以访问学者的身份，在纽约的 NBER 从事市场供需关系的研究。他接受了这份邀请，离开了旧欧洲，并于 1931 年 9 月抵达纽约埃利斯岛。库兹涅茨到码头迎接并直接送他去了 NBER。到达之后，他才发现由于受到经济萧条的影响，该机构也陷入了财政危机，员工和预算都被削减了 2/3。他得以保留职位，但研究资源十分有限。

NBER 专注于时间序列的研究。里昂惕夫希望从更加宏观的角度分析经济领域的变化是如何影响经济体系改变的，他将最先发生的变化与后续变化分隔开，追踪这些变化对经济体系中相邻部分的影响。NBER 负责人韦斯利·米切尔（Wesley Mitchell）是一位经验主义者，对基础理论的研究毫无兴趣。尽管里昂惕夫对过往事件的研究也有兴趣，但他还是希望可以用合适的理论来解释这些事件。里昂惕夫桀骜不驯，在入职后的几个月里一直和他的美国新同事争执不下。他组织了一个"地下理论研讨会"，质疑 NBER 的现行运作方式。除此之外，还有一些其他口角。为此，里昂惕夫无视大萧条期间失业的风险，在工作未满一年的情况下，毅然辞职。

然而，失之东隅，收之桑榆。里昂惕夫在纽约邂逅了年轻的钢琴教师艾斯特拉·马科丝。当时，他住在国际学生宿舍，单身、孤独。有一天，他在咖啡厅看见一位年轻姑娘。在她邀请他过去一起喝巧克力之前，里昂惕夫一直在盯着她看。他们于 1932 年成婚。婚后，他们返回欧洲看望里昂惕夫的父母。此时，他发现整个欧洲大陆充斥着极权主义和独裁。回到美国之后，他受聘在哈佛大学任教，校方承诺给他提供一位助手帮助整理数据。这是因为里昂惕夫意识到他关于计划经济的独特想法需要大量的数据支撑。他的新同事一开始为他不同寻常的想法和好斗的作风感到震惊，但不久就折服于他对经济学领域的真知灼见，也热衷于看到开创性的投入产出研究将要带来的成果。

1933年6月，在之前价格模型的基础上，里昂惕夫撰写了一篇重要的研究论文《经济变化和一般均衡》（Economic Changes and General Equilibria）。他向伦敦的《经济学杂志》投了稿。很快，编辑凯恩斯给他回了信，有点草率地拒了稿（凯恩斯后来告诉弗里希①，这篇论文的介绍部分写得很好，但数学部分则很糟糕）。这可能是里昂惕夫和凯恩斯长期对峙的开始（Hagemann，2010，第15页）。里昂惕夫又将稿件转投给《计量经济学》杂志并收到了善辩的年轻编辑拉格纳·弗里希的多处修改意见，而争强好胜、性格鲜明的里昂惕夫则拒绝做出修改。

1934年，里昂惕夫和妻子再次到欧洲旅行，他们去了巴黎、柏林和西班牙，但据他说，到处都是独裁者当权，欧洲岌岌可危。1935年，返回美国之后，他开始在哈佛大学教授一门价格分析专业课程，从而催生了哈佛大学的数理经济学（与此同时，康托洛维奇正在一个实际上禁止价格分析的环境下挣扎）。尽管操着一口浓郁俄国口音的英语，但里昂惕夫还是成了一位积极活跃、清晰易懂、引人入胜的哈佛讲师，并能激发学生们的最佳潜能。后来他的好几位学生都获得了诺贝尔经济学奖。保罗·萨缪尔森②

---

① 拉格纳·弗里希（Ragnar Frisch，1895—1973），挪威数理经济学和经济计量学研究领域的先驱，主要致力于长期经济政策和计划，特别是关于发展中国家问题。弗里希教授发展了经济规划的决策模型，设计了设法利用现代计算机技术的数学规划方法。1930年，拉格纳·弗里希与欧文·费雪（Irving Fisher）发起成立了世界计量经济学会。——译者注

② 保罗·萨缪尔森（Paul A. Samuelson，1915—2009），美国著名经济学家，1970年诺贝尔经济学奖得主，美国麻省理工学院经济学教授。萨缪尔森是凯恩斯主义在美国的主要代表人物，也融合了新古典主义经济学，创立了新古典综合学派（Neoclassical Synthesis）。——译者注

（2004）评价他轻声细语但饶有趣味的国际化视野，讲课也很扣人心弦，"一身棕色穿着，神色忧郁，饱经沧桑但很帅气"，即使上了年纪，也保持着有魅力的形象。

里昂惕夫和艾斯特拉的女儿在1936年上半年出生，出于对俄国故乡的思念，他们给她起名斯维特拉娜（Svetlana）。里昂惕夫安顿下来后，在佛蒙特州乡下的威洛比湖边买了一栋公寓，这让他联想起他家在芬兰的居所。他喜欢在此钓鳟鱼，了解当地的历史、采蘑菇、画色粉画并品尝葡萄酒。他和凯恩斯一样也喜欢芭蕾。他在会议期间给同事们画素描，他也喜欢画一些动物、风景，当然还有芭蕾舞女演员。1939年，里昂惕夫被提升为哈佛大学副教授（熊彼特帮了他的忙并给凯恩斯写信以寻求支持），这意味着他有足够的资金在坎布里奇购买一处房子。

战争在欧洲爆发了。他的父母被困在柏林，这对于他身为犹太人的母亲而言是相当危险的。他的父亲被要求返回苏联，去应对一些捏造的指控，但老瓦西里明白，没有人可以从斯大林的法庭上无罪开释。随着担忧的加剧，里昂惕夫在1939年底设法将他们接到了纽约。佛蒙特州的住所成了一处世外桃源，里昂惕夫成天独钓，在那里度过了漫长的日子。这门技术还是在芬兰时他父亲教他的。他父母也定居在附近。

1943年：苏联经济形势报告

德国的入侵行动在1942年的最后几个月里达到了顶峰，德军包围了苏联的主要城市，将所到之处洗劫一空后弃之而去。1943年初，斯大林格勒保卫战标志着战争的转折点。随着苏联军队的反攻，德国第六集团军被迫投降。这一年，苏军在库尔斯克、哈尔科夫和高加索等主要方向上发起了一系列反攻，阻止了德军占领油田的企图，并逐步向西推进，就此拉开了战略反攻的序幕。与此同时，盟军也从意大利半岛开始向北推进。

盟军遇到了十分顽强的抵抗，所有战役都相当惨烈，这也表明轴心国依然掌控着众多经济资源并具备使用这些资源的军事能力。在东方战场，美军和日军正在太平洋上僵持不下。但到1943年，美军在所罗门群岛登陆并着手切断日军的供应线，将战线北移，并就此开始了反攻。

1943年11月，罗斯福、丘吉尔和孔祥熙的连襟蒋介石以及孔祥熙的小姨子宋美龄在开罗会面，商讨东方战场事宜。他们一致决定必须战至日本无条件投降，被日军侵占的中国东北地区、台湾、澎湖列岛等归还中国。斯大林也在被邀请之列，但他拒绝离开苏联。他不想支持国民党，并且同时暗中向中国共产党提供援助。

带着这些保证，蒋介石回到了陪都重庆。而其他两位盟国领导人则飞往德黑兰，斯大林最终同意在那里的苏联大使馆举行会谈，这是三巨头的首次会面。他们一致认为，打败德国需要开辟东西两条战线，但盟国和苏联政府对参战的具体时间和战后经济秩序等问题还相互存疑。在晚宴上，斯大林提出处决5万～10万名德国高级军官，让德国再也无法发动战争。罗斯福认为他是在开玩笑，丘吉尔则不这样认为，他怒气冲冲地离开了房间。当会议最终恢复后，三方就如何停止德国战争机器、苏联在东欧的目标以及在西北欧开辟新战场的时机达成了书面协议。

从死亡人数看，东线付出的代价是西线的十倍以上，东线参战各部队的伤亡情况也大致相同。此时，不仅仅是俄国人，美国人也十分担心苏联的经济潜力是否足以支持他们打败纳粹军队。如果苏联经济崩溃，防线就会被突破，而德国人则可以占领南部的油田区，获得乌克兰的小麦和其他工业产品。果真如此的话，欧洲将前途黯淡。如果德国战胜苏联，西欧的力量均衡将会发生巨大变化，日本也没有了后顾之忧。而一旦苏联最终战胜德国，苏联自身也会千疮百孔，美国则可以坐收渔翁之利。无论哪种情况，美国政府都有必要深入了解德国和苏联的经济情况。

战前，美国政府部门就有使用经济学家的经验，特别是在农业部和国内外贸易局（这两个部门的经济学家帮助建立了美国的国民经济核算体系）。现在，战略情报局将政府部门，包括战时经济委员会遇到的一些问题，提交给新的研究和分析处。他们可以获取任何公共、商业和情报数据。在战争期间，他们提交了 3 000 多份报告，其中许多是关于经济方面的。尽管整日待在办公室中被人瞧不起，但很快他们就因为高质量的有用情报建立了很高的声誉。

1941 年末，研究和分析处成立了一个经济组，组长是哈佛大学另一位教授爱德华·梅森（Edward Mason）。他带来了一批顶级经济学家，这批人里面有 5 位后来担任美国经济学会主席，其中也包括里昂惕夫。他们研究全球经济，尤为关注德国和日本。

研究和分析处远东组主要关注日本的战时经济情况。就在日本轰炸机起飞轰炸珍珠港的同一天，由哈佛经济学家埃米尔·德普雷（Emile Despres）领导的研究人员完成了一份报告，题为《日本经济压力的证据》。该报告指出，由于美国的制裁，日本进出口严重萎缩，自 1936 年高桥是清去世之后，日本的公共债务增加了 5 倍。

而欧洲则是另外一种情况,当然供应链同样是关键。在德国入侵苏联之初,他们占领了 10 条主要铁路线,这些铁路线对他们继续东侵起到了运送兵员和补给物资的关键作用。研究和分析处的经济学家现在需要估算的是,在列宁格勒保卫战及莫斯科保卫战之后,德国需要多长时间才可以重新恢复供给以保持攻击的态势。这项研究需要收集的数据包括火车和卡车的运力、气候、配给、衣物以及武器的数量和重量等。他们得出的结论是,德国在战前囤积了大量物资,但部队每前进 200 千米就需要 35 000 节车皮的运输保障,这将最终制约德军的进攻。该分析后来被证明是正确的。德国人的确也意识到他们必须占领高加索的产油区以在当地获得燃油补给,用火车运输燃油是不现实的。

研究和分析处的经济学家先是将他们的观点写进一份题为《德国军事和经济处境》的报告。这份报告的结论挑战了传统军事思维,但事实胜于雄辩。当时流行的军事情报都显示德国军队正处于食品严重短缺的边缘,而这份新的报告则得出与之相反的结论。报告指出,自 1936—1937 年以来,前线部队的主要食物配给是上升的。平民缺少食物,但德国土豆的消费量上升了 50%。同理,报告指出,石油供应、武器和其他战略物资的生产对德国而言并不是主要障碍,真正的制约是因一战造成的低人口出生率导致的劳动力短缺与扩军需求之间的矛盾。几乎所有人都认为,德国的经济和战争机器在 1941 年时已经马力全开。实际上,该报告的结论是在 1944 年之前并非如此。部分原因是,德国人对闪电战的过度自信。这段时间,德国大多数工厂仍然只运行一个白班,也没有积极动员家庭主妇加入劳动大军(这些在战后由哈佛经济学家J. K. 加尔布雷斯领导的美国战略轰炸评估中得到了证实）。

盟国对任何可以使其对轴心国轰炸更有成效的分析都特别感兴趣。这基本上意味着要了解德国在各条战线上的作战能力，发现其经济潜力的薄弱环节，从而分析出如何高效地开展大轰炸以缩短战争的进程（Guglielmo，2008）。

另外一组研究农产品生产和消费的经济学家发现，英国对德国的封锁并不能使德国陷入饥荒（不像第一次世界大战那样）。有关工业品生产、库存和军民需求的进一步报告揭示了基础原材料和石油是瓶颈问题。关于劳动力市场的研究准确预测了德国最缺少人力资源而非原材料。军事供给方面的研究预测了德国军事工业及其对空袭的惧怕。除此之外，研究和分析处还推测了德国的国民收入水平。

苏联战时和战后的经济能力也是盟国关心的问题。从某些角度看，对盟国而言，苏联经济较之于德国经济更加扑朔迷离，这是由多种因素造成的，包括缺乏官方数据、语言障碍、无法获取第一手情报、经济学家在苏联体制下的地位局限，以及斯大林对信息披露的严格保密措施等。苏联经济不同于西方国家的经济，它幅员辽阔、中央集权、机构臃肿。从1941年起，苏联加入盟国阵营。但苏联和盟国之间的关系并不融洽，双方各怀鬼胎。特别是纳粹德国的"巴巴罗萨行动"到底给苏联经济造成了多大损失，需要多久才可以恢复元气等都无从知晓。

在哈佛学者占主导地位的研究和分析处再启用一名哈佛教授也不足为奇。1943—1945年，里昂惕夫暂停了他在哈佛大学的学术生涯，请了两年假。他被任命为研究和分析处苏联组的组长。

他非常适合这个角色，因为他说俄语，懂得西里尔字母①，过去曾研究过苏联经济，是一位优秀的计量经济学家，而且他已经开发出一种开创性的部门分析方法。他平日在华盛顿特区上班，但他说自己从来没有归属感。他的夫人艾斯特拉后来回忆说，这段日子对他俩而言并不好过。里昂惕夫受助理国务卿迪安·艾奇逊和战时生产会员会主任唐纳德·尼尔逊领导，负责提供苏联经济如何在战时生存以及在战后恢复的研究报告。

关于苏联经济方面数据较少的原因之一是斯大林对这方面的信息披露管制极严，他不信任苏联经济学家，也不相信盟军的情报。而美国的优势在于他们有一批流亡美国的俄裔顶级经济学家，大多数人像里昂惕夫一样有犹太背景。尽管因为个人和家庭经历使他们戴着有色眼镜来看待苏联经济，但他们的分析技能一流。他们不信任苏联的霸权也不喜欢马列主义经济学。此外，西方对苏联经济潜力的很多预测都是假设市场经济本质上优于计划经济，民主优于集权。事实上，在战争期间，苏联的人力资源投入、军工生产以及全体人民的精神士气都是很高的。

起初，美国军方有很多疑问，包括对苏联是否可以顶住纳粹的进攻，他们是否有资源开展反攻，如何开展对苏联的有效军事援助，战争对苏联经济的破坏程度，苏联战后的补偿要求，多久

---

① 西里尔字母（Cyrillic）源于希腊字母，普遍认为由基督教传教士西里尔（827—869）在9世纪为了方便在斯拉夫民族传播东正教而创立，被斯拉夫民族广泛采用，因此有时也被称为斯拉夫字母。用西里尔字母拼写的语言有不少是斯拉夫语族的语言，包括俄语、乌克兰语、卢森尼亚语、白俄罗斯语、保加利亚语、塞尔维亚语、马其顿语等，另外，有些非俄语国家也常用西里尔字母当作书写文字（如蒙古、哈萨克斯坦）。——译者注

可以恢复经济，以及军事力量在战后会达到什么水平。

美国军方情报部门起初担心德军的入侵会让轴心国获得俄罗斯、白俄罗斯以及乌克兰丰富的农产品和石油资源。战略情报局的经济学家对此并不认同，他们认为，鉴于铁路线遭到严重破坏，无法顺利运送武器和物资，尽管战争给苏联造成了巨大损失，但德国也所获无几。此外，由于苏联的中央集权制，入侵者很难在占领区开采石油，也无法获取更多的粮食。

里昂惕夫自1943年起开始了他在华盛顿办公室的工作。到9月，他完成了第一份估算苏联经济体量的报告。这份10页的文件在研究和分析处的编号是1004，题目为《俄国国民收入和国防开支》。在这份报告中，里昂惕夫开创性地使用了战略情报局能够收集到的关于苏联经济的大量数据，建立了库兹涅茨工业生产指数，并将其代入柯布-道格拉斯生产函数。利用这一技术，他可以推导出工业、农业、建筑业、运输业和贸易各部门提供的消费品净产出。里昂惕夫知道其工作之难，因为市场价格数据缺乏、服务业数据难以推测、通货膨胀率数据不准确以及对汇率的人为干预。在做出一系列进一步假设之后，里昂惕夫推算出苏联的 GNP 为 338 亿卢布。他认为，这大概相当于当时美国经济体量的不到40%。据此，他采用基本的预测方法推算了苏联战后若干年的国民收入。

1943年11月，盟国外交部长在莫斯科举行会议，讨论经济形势。很显然，德国的战争赔偿问题是需要协商解决的诸多战后事宜中的关键一项。美国需要更为准确地预测苏联的战争损失，以免重蹈凯恩斯明确指出的1919年《凡尔赛和约》的覆辙。不知疲倦的凯恩斯又一次投身于建立战后经济新秩序的工作，但美国想要美国人自己的预测。为此，里昂惕夫采用投入产出法更加系统地预测苏联经济。尽管有些方面难以估算，但里昂惕夫的公式算出战时苏联经济的固定资产损失大约为 180 亿美元。这一计算也写进了里昂惕夫小组的另一份报告，题为《苏联战后的能力和意图》，该报告揭示了苏联战时计划工作的成功经验以及出人意料的强大经济实力。这份报告被用于即将召开的盟国三巨头雅尔塔会议的前期准备工作。

此时，苏联已经收复了大部分失地。东部地区的工业生产如火如荼，但这并不足以抵消西部地区遍地焦土的战争损失。国民收入大大低于战前水平，主要是由农产品生产和日用品消费下降造成的。里昂惕夫的结论是，战争可能使苏联损失了 1/4 的资本存量。他进一步推断：如果德国赔款或盟国经济援助为每年 15 亿美元，苏联国民收入在 4 年内即可恢复到战前水平；苏联持有足够的外汇来进口急需的物资（《俄国重建和战后外贸发展》，1944）。相比较而言，林茨的战后计算结果表明，战争损失的所有物资的重置成本相当于战后劳动力 8~10 年的收入，进一步的外国援助（德国赔款、外国援助、租借贷款资金）有可能补偿多达一半的损失（Linz，1984）。

里昂惕夫提出了自己的观点，挑战了当时唱衰苏联经济的论调。当时普遍认为，苏联经济和西方联系不密切，且在战时受到沉重打击，战后若干年内很难开展独立自主的经济和外交政策。基于此认识，苏联自然在经济上要依赖美国这样的经济大国，因此共产主义的扩张风险不大，苏联无力开展冷战。事后来看，里昂惕夫的观点十分正确，但在战争后期却不受欢迎，当时西方仍然普遍支持"乔大叔"斯大林。

随着战争的天平向盟国一方倾斜，里昂惕夫继续着他对苏联经济的研究。1944年8月，他在《经济与统计评论》上发表了一篇关于俄国工业管理的书评。他在随后发表的一篇论文《苏联经济科学的衰落与崛起》中指出，任何对苏联经济计划原理的研究都将是徒劳无功的，因为他们没有原理。他认为，苏联将国民收入尽可能多地用于生产性资本投资，同时抑制消费。这种苏联的集中式计划经济降低了人们的生活水平，同时让所有人拼命工作，但令人讽刺地压低劳动力工资，而保持了资本的高收益。由于缺乏基础数据和可计算的程序来平衡成千上万种商品和服务，这样的计划配置过程必定是低效率的。里昂惕夫认为，苏联经济在20世纪40年代后期之所以能够成功，不是因为苏联的经济体制有多么高效，而是得益于其政治定力和集中控制。此时，他并不了解康托洛维奇的最优化方法，也对今后苏联如何使用他的研究成果一无所知。

1943—1944年：投入产出法和大轰炸

1944年伊始，经过几年的苦战，列宁格勒保卫战取得了胜利。在西线，盟军已可以生产出相当数量的军火，且由于掌握了制空权，他们拥有大规模轰炸的能力。但是，德国的战争机器并没有停摆。军方是时候重新审视盟军的进攻战略了。在这方面，经济学家是否可以助一臂之力呢？

几年前，一份非常有意义的关于美国经济的报告已经完成。该报告向人们展示了一个经济体如何运行的全新图景。这份报告就是里昂惕夫的《美国经济结构》，他为此工作了几十年。有些军方人士对于采用经济学家的研究成果是否具有实际意义心存疑虑，这份报告终于以图表的形式让军方能够看懂并加以使用。

这种表达方式并非源于美国。在苏联成立初期，中央统计局和国家计划委员会就使用了一种开创性的做法来采集经济数据。1922年，苏联中央统计局局长波波夫为国家计划委员会提供了一份初步的"苏联国家资产平衡表"。波波夫的工作部分受到魁奈18世纪的著作《经济表》的影响。马克思在他的《资本论》第二卷中也引用了魁奈的表述，并将此称为资本主义经济的样板。1925年，里昂惕夫发表过一篇重要的早期文章《苏联经济的平衡》，评论波波夫的报告。他指出，该报告存在很多问题，比如它偏重于实物产品，对国有部门、服务部门和自给自足的农业计算不充分，对投入和产出的计算有重复，以及存在其他技术缺陷。尽管如此，里昂惕夫仍然认为这是一份关于苏联国民经济总量计算的开创性尝试，从而也引发了他研究苏联经济的毕生兴趣。后来，康托洛维奇意识到这份首次介绍苏联经济成果报告的重要性，他描述说，"这是苏联中央统计局的'棋盘式平衡分析'，并在后来被里昂惕夫利用美国经济数据从数学和经济学上做出了发展"（Kantorovich，1975，第4页）。里昂惕夫的哈佛大学好友奥斯卡·兰格声称，有一段时间里昂惕夫是在帮助苏联国家计划委员会工作，但此事并没有得到证实。

由于斯大林认为该项工作没有意义，苏联经济的早期统计研究于1929年戛然而止。1932年，官方出版了《1928—1930年苏联国民经济平衡表》，但只是简单记录了6个经济部门的统计数据，没有技术系数，本身也不能构成一个经济计算的模型，几年之后又编制了一份更为详细的"物资平衡表"。

此时，里昂惕夫已经离开苏联，前往柏林攻读博士学位。在那里，他热切地接受了德国的古典传统：公认的建立在数学研究基础上的一般均衡理论。该理论的代表人物是古斯塔夫·卡塞尔[①]，他在1918年出版了一本教科书，即《社会经济学理论》。里昂惕夫在卡塞尔和里昂·瓦尔拉斯[②]研究的基础上开展工作，这两位的研究较之他在苏联接受的教育提供了更多令人兴奋的选择，在此基础上，他开始尝试前所未有的投入产出分析法。里昂惕夫后来回忆说，当时他的研究方法是新古典主义的，但很快他就不满足于总需求和总供给的均衡，并就此发明了"经济各部门相关联性的研究框架"（De Bresson，2004）。他的大学论文使用了一个简单的传统模型，包含两个相互关联的经济部门，规模收益不变、资源稀缺、技术系数以及收入循环流动。几年之后，约翰·冯·诺依曼依据同样的德国理论建立了动态均衡模型，并于1945年以英文发表。

里昂惕夫的论文提供了一个观察经济体的全新视野。现在更

[①] 古斯塔夫·卡塞尔（Gustav Cassel，1866—1945），瑞典经济学家。曾在乌普萨拉（Uppsala）大学、斯德哥尔摩大学学习，并于1904—1933年在斯德哥尔摩大学任经济学教授。在理论研究中，摒弃英国和奥地利经济学家的边际效用价值论。多次出席国际经济会议，由于1920年在布鲁塞尔会议中解决世界货币问题及1921年在国际联盟财政委员会工作中成绩卓著，赢得国际盛誉。——译者注

[②] 里昂·瓦尔拉斯（Léon Walras，1834—1910），法国经济学家，他开创了一般均衡理论，是一位数理经济学家，边际革命领导人，洛桑学派创始人。瓦尔拉斯于19世纪50年代开始研究政治经济学，1870年被聘为洛桑大学政治经济学教授。他是边际效用价值论的创建人之一。他把边际效用称为"稀缺性"，并在经济学中使用了数学，研究了使一切市场（指所有商品的市场）都处于供求相等状态的均衡，即一般均衡，成为西方数理经济学和一般均衡理论的创建者和主要代表。他的一般均衡分析成为现代经济学的通用分析方法。他把自由竞争的资本主义看作最理想的制度，但也主张国家根据正义原则干预经济。——译者注

具挑战性的是如何建立一个直观的映像（map）让人们看清经济各个部门之间是如何联系互动的。他的结论是，侧重于各个独立市场的局部研究无法揭示经济在整体上是如何运行的。为此，他着手设计了一个我们现在熟知的一般均衡模型，这是一个能够通过经验数据测算的框架。和波波夫不同，里昂惕夫的一般均衡理论不是来自马克思列宁主义经济学，而是起源于早期关于国民收入核算的研究。里昂惕夫认为他继承的是马尔萨斯[①]、牛顿和达尔文，并不是马克思，他和其他流亡经济学家一样都不看好苏联经济，"就苏联经济计划的技术而言，人们可以套用对鹦鹉学舌的评价：令人关注的不在于它说了什么话，而在于它能否说话。西方经济学家经常试图发现苏联计划方法的'原理'是什么，但从来没有成功过，因为它们就是没有'原理'"（Leontief, 1960, 第225页）。

在里昂惕夫之前，从来没有人尝试论证经济体内部各部门的这种相互作用，而他想以美国经济为模型来说明这一切。里昂惕夫一直坚持认为，理论经济学家的工作就应该提出完善的理论，并展示如何将之应用于现实经济，预测经济活动并通过统计数据来检验其准确性。他明确表示，经济学家需要深入实际，为现实世界的分析构建足够的数据支持。

他在纽约和马萨诸塞州的坎布里奇工作的好处是他可以查询美国普查局的数据，这是全球最好的经济统计数据库之一，在助

[①] 托马斯·罗伯特·马尔萨斯（Thomas Robert Malthus, 1766—1834），英国教士、人口学家、政治经济学家，以其人口理论闻名于世。著有《人口原理》《地租的性质和增长及其调节原则的研究》《政治经济学原理的实际应用》《价值尺度，说明和例证》《政治经济学定义》。——译者注

手的协助下,他开始利用实际数据进行产业部门分析(sectoral analysis)。可是,获得即时数据成了一大难题。由于现实原因,里昂惕夫选用1919年和1929年的统计数据作为研究的基础年份。当出现数据缺失时,他就会给某个特定产业的公司打电话,以获得直接数据。他尝试制作的第一份美国经济投入产出表相对简单,且有许多数据缺陷。

传统经济学家对经济的看法建立在资本、劳动力、土地和创新之上。里昂惕夫现在的方法更加全面,他计算中间产品的生产和服务,并显示它们在各行业中的配置。在农业、工业以及服务业企业生产的产品和服务中,销售给其他产业部门的将作为投入,而销售给最终消费者的则被称为家庭支出。再加上政府在生产和中间产品消费中的作用,以及进出口贸易,该分析框架就比较完整了。

通过投入产出表,里昂惕夫可以说明各产业部门之间的相互作用,进而展示一个经济体中市场的互动。例如,他可以追踪一项投资给其他部门带来的影响、生产瓶颈的冲击,或者某种商品超产造成的进口下降。经济变量之间的相互作用十分复杂:橡胶业既为汽车业生产轮胎,也会购买一些汽车。石油税收这样的外部冲击也会对汽车业造成影响并最终影响橡胶业。投入产出法逐渐被政府和商业机构接受,成为了解和预测需求、供给及政策变化对经济产生连锁反应的工具。

罗伯特·多夫曼认为,里昂惕夫最先看到了对整体经济构建数学模型的可能性。但他面临三大难题:首先,他需要进一步发展生产函数,以避免传统生产理论中的完美替代性假设;其次,他必须超越缺乏产业部门间系数的国民收入账户,使用从美国制造业普查和其他渠道获得的数据作为替代；最后，他还必须寻找计算模型的新方法（Dorfman，1955，第306页）。

投入产出模型依赖对大型逆矩阵的计算，过多的变量使得预测几无可能（在当时，这样的计算主要是由成排的妇女操控机电台式计算器进行的）。里昂惕夫意识到，要在1936年的报告中计算国民经济40个部门是不现实的，于是他和麻省理工学院的约翰·威尔伯签约，利用他的"同步计算器"（由大量的机械传动部件组成，日本人抄袭了这些部件用于其战争时期的研究）来求解大大简化的包含9个线性方程的模型。

第二年，里昂惕夫借用战略情报局同事西蒙·库兹涅茨对1929年国民收入账户的估算，建立了一个新的投入产出模型。该模型假设，每种商品的生产都需要一段标准时间，其产出可以被用作投资或再投入，每个生产过程可以用一个技术参数表示，并且每个产业部门都根据一个线性生产函数运作。这项研究成为当代投入产出分析的基石。里昂惕夫绘制了一份有44个经济部门的图表，共有2 000个系数。显而易见，要想解决44个联立方程组的计算几乎是不可能的，为了方便计算，他将这些方程式合并为10个。

这项研究写入一部题为《美国经济结构：1919—1929》的开创性著作中，并由哈佛大学出版社在美国参战前夕出版。尽管现在普遍认为该书是一本经典之作，但是当时的销量并不好。当里昂惕夫更新研究内容并想出版第二版时，遭到了哈佛大学出版社的拒绝，理由是此书"过时且无甚科学价值"。牛津大学出版社花了1美元买下了该书的版权（显然后来他们赚钱了）。

并无充分证据显示，投入产出法曾被正式用于规划美国的战时生产。不无讽刺的是，1939年德国的帝国军事经济规划办公室却依据德国1936年的工业普查结果，出版了《官方生产普查结果——德国工业》。这是继里昂惕夫之后首次对该方法的有益尝试，该结果中包含了德国所有工业部门投入产出的全部数据。某些战略性产业，如飞机制造则通过合并或打上缺失标签的方式被隐藏。该书的前言部分毫不隐讳地指出，书中的数据是用作战争规划的，"毫无疑问，鉴于资源情况，德国的战时经济总体上来说将是计划经济性质的。为此，该项工作的准备基本上必须依靠对数据的完全统计规划"（Fremdling and Staglin，2014，第9页）。事实上，盟军原本也打算利用这一数据绘制一份相对完整的德国投入产出表，而里昂惕夫似乎对此并不知情。

在20世纪30年代，凯恩斯革命已经由学生们传播到了美国马萨诸塞州的坎布里奇市。这些学生在英国剑桥聆听了凯恩斯讲课，也震惊于凯恩斯1936年的大作《通论》。其中有一位学生名叫J. K. 加尔布雷斯，他在战时负责调控美国物价，后期又从事对德战略轰炸的调研工作。此后不久，哈佛大学的阿尔文·汉森（Alvin Hansen）写了一本开创性的教科书，为美国的经济学家和政策制定者介绍凯恩斯的《通论》。

里昂惕夫对凯恩斯理论一直有所了解。1936年，他就为《通论》写了一篇评论，随后的几年中他又发表了几篇。但与加尔布雷斯不同，他并不完全认同《通论》中的观点。他在《经济学季刊》的一篇文章中强调，与传统经济学理论相比，该理论并不像凯恩斯主张的那样更具"普遍性"，这是因为存在一些关键的限制性假设，比如货币工资下降刚性、利率对货币供应量的增加不敏感。次年，凯恩斯在同一份期刊中傲慢地回应了里昂惕夫的评论，"然而，从过往的经验看，这个家伙对此感到困惑，我一点都不奇怪。因为在任何情况下，都是那些提出了一个非常特殊假设的人（general negative），而不是那些放弃了这个假设的人，才能证明一个普遍被否定的结论"（Keynes，1937，第209页）。终其一生，里昂惕夫对凯恩斯的《通论》都不完全认同。他说，他从不认为自己是凯恩斯主义者。"我很早就批评过凯恩斯，因为他太实用主义了。但是毫无疑问他是一个天才"（Debresson，2004，loc.1960）。凯恩斯访美时，与里昂惕夫的一些新旧同事都有会晤（包括韦斯利·米切尔、约瑟夫·熊彼特和阿尔文·汉森），但显然没有和里昂惕夫会面，后者无疑知道这位巨匠来访的消息。里昂惕夫认为，凯恩斯更多的是一个政客而不是分析家，他创造的经济学理论也仅是为了证明他对经济先入为主的看法而已（尽管如此，里昂惕夫的学生保罗·萨缪尔森和罗伯特·索洛却成为凯恩斯主义的代表性人物并获得了诺贝尔经济学奖）。对凯恩斯而言，他对里昂惕夫和康托洛维奇的供给侧模型毫无兴趣。

凯恩斯的一大拥趸弗朗西斯·珀金斯，当时是罗斯福总统的劳工部长。在新政时期，她对在美国推行凯恩斯主义发挥了重要作用。在她的安排下，罗斯福总统和凯恩斯于1935年举行了会谈。1941年4月，美国尚未参战，她写信给里昂惕夫说，她无法回答总统提出的美国参战后经济情况会如何的问题。唐纳德·达文波特（Donald Davenport）告诉她，里昂惕夫开创性的投入产出法可能会提供一些答案。唐纳德早前也在哈佛大学，当时任职于劳工部统计局。里昂惕夫答应帮忙，但指出这项工作可能会费时费力。在珀金斯的敦促下，美国政府同意出资在劳工部统计局下设一个新部门，建立美国经济的投入产出模型，利用国会拨款的9.65万美元专项研究军人复员产生的影响。这在当时是一笔巨资。

劳工部统计局在哈佛大学附近设立一处办公室，里昂惕夫组建了一个工程师和经济学家团队，以构建一个完整的投入产出模型。模型使用1939年的数据，包含了美国经济的95个部门。该项工作需要的资源十分庞大，但最终里昂惕夫获得了开展工作所需的人力、资源和即时数据的权限，并开始尝试。尽管如此，里昂惕夫还是缺乏计算能力。采用手工方式计算如此复杂的模型是极不现实的。他听说哈佛大学一位研究者制造了一台新的机器。该机器重达5吨，是一台采用机电计算的计算器，后来被称为"哈佛马克一号"。里昂惕夫设法获得了该机器的使用许可，成为经济学家中进行此类模型计算的第一人。这样的计算现在已经成为经济学家的家常便饭，但在当时这是一项具有试验性的先驱工作，操作起来十分复杂，需要将指令打在一条易碎的纸带上并等待56个小时以获得计算结果。

到1943年，第一版投入产出表制作完成。次年，里昂惕夫也完成了最终版报告，并附有未发表过的经济活动情况表格。该报告从疑问句开始："如果停止了飞机、机枪、坦克和军舰的战时采购，而又没有其他商品需求增长的替代，这是否会影响国家的就业水平？"（Kohli, 2001）劳工部统计局进一步假设政府开支减少和民间消费增加，从而可以利用模型预测战后就业问题。

为了使该项成果更易于使用，里昂惕夫在1944年建立了一个包含11个部门的简化版模型。该模型后来纳入增补的《美国经济结构：1919—1939》一书中。该书于1951年出版，其中包含了写于1944年的关键一章"产出、就业、消费和投资"。劳工部统计局在一个扩大到43个部门的模型上继续着他们的研究工作，并于1946年完成，但结果并未公开发表。这一版研究报告增加了投资竖列（记录部门投资带来的产出）和投资横行（代表折旧抵扣），对比分析了部门经济活动情况表与国民收入账户。该报告预测了每个部门的消费、投资、政府支出和贸易往来情况。他们获得了一些有趣的发现。比如，其中一个结论是尽管战后关闭兵工厂，但要满足在战时被压制的民用需求则需要更多的钢铁产能。

随后，美国国防部建立了一个更加详细的模型，用于战时生产规划，并投入了相当大的资源来完成它。里昂惕夫意识到，资源获取、模型更新以及技术变革的应用都将是持续存在的大问题。

美国政府一直使用投入产出法来预测就业，但空军方面则对投入产出分析法有更现实的兴趣：轰炸战术。这项分析法是否可以分析出德国经济的薄弱点，然后实施"轰炸"呢？1942年，战略情报局的一组经济学家被空军上校理查德·休斯召集到伦敦，成立了"敌方目标研究小组"（Enemy objectives Unit）。休斯上校是欧洲战场美国空军目标规划高级官员，他感到在轰炸目标的选择上过于依赖英国情报，并为此向美国政府求助。小组的首任组长是钱德勒·莫尔斯，他也是一位哈佛毕业生。事实上，在未来几年中，这个小组的15名成员如果不是全部，也大部分都是哈佛大学的博士或讲师。该小组以伦敦为基地（先是在伯克利广场40号，后来搬到克拉里奇斯附近布鲁克街68号的一座乔治王朝风格的公馆中），在经济学家查尔斯·金德尔伯格①的指导下开展工作。

起初，该小组的目标是制定战略轰炸方案，削弱严重依赖石

---

① 查尔斯·金德尔伯格（Charles Kindleberger, 1910—2003），美国纽约人。麻省理工大学经济系资深教授，国际货币问题专家，擅长从历史角度研究经济问题，第二次世界大战后"马歇尔计划"的主要构建者之一。——译者注

油的德军高度机械化部队的部署能力。这项工作要求对不同的目标系统、具体目标等设定条件并进行优选，同时对大型目标采取定点的精确轰炸。

战争初期，英国皇家空军开始了以德国和占领区为目标的轰炸行动。起初，该项行动的目的是以削弱轴心国战力为主，对军事和商业目标进行轰炸。但这种方式存在诸多问题：无法确定优选目标，白天无自卫能力的轰炸机损失过多，而相对安全的夜间轰炸则往往彻底错失目标。轰炸机组成员报告投中目标，但独立评估机构给出的结果是这些早期轰炸几乎没有效果。为此，英国人改变了战术，采用饱和轰炸，由空军准将哈里斯带领。他因此被人骂作"轰炸机哈里斯"。他的策略是飞越目标工业区，在城市中心和民房区投弹，特别是容易起火的老城区。他的理论是，巨大的平民伤亡可以使德国战争机器丧失信心（但事实并非如此）。哈里斯组织了无差别轰炸，比如1943年末上千架轰炸机对德国城市的大规模袭击。其中有两次最严重的轰炸打击了里昂惕夫当年在柏林和基尔的落脚处。

是年底美国人加入轰炸后，他们改变了轰炸策略，重新开始了对工业区的精确轰炸。这种战略配合他们的大型远程轰炸机是非常实用的。这些轰炸机的自我防御能力有了很大提升，可以在白天开展轰炸行动。同时，它们也配备了改良的雷达和其他目标定位技术。美国人的加入使盟国之间在轰炸战略和更有选择性地瞄准目标的可能性方面产生了争论。"选择性轰炸的理论相信对少数关键基础工业的深度毁坏要好过对所有工业造成的小规模毁坏"（Hays Parks，1995，第145页）。

在1943年的卡萨布兰卡会议上，盟国领导人罗斯福和丘吉尔同意同时采取两种战略：英国人继续无差别轰炸，而美国人则进行精确轰炸。会议也统一了对轰炸目标类型的选择标准，如德国海军、空军和其他一些对德国经济有着重要作用的设施，其中包括交通设施和炼油厂（后来这些设施被摧毁成为轴心国战败的一个重要原因）。

休斯上校要求敌方目标研究小组的美国经济学家对轰炸目标提供意见。他们先着手在英国寻找一些类似的工厂，通过对它们的供应、位置、生产、工厂布置和薄弱环节进行实地分析，以找出一个可行方案。战争进展到这个时期，盟国已经通过航拍和地面渠道获得了许多关于敌方工厂的位置情报，然后经济学家再分析具体的德国工厂，试图找出最薄弱的环节。他们提交了数百份有关轰炸目标的报告。

敌方目标研究小组的目标选择原则是，以最小数量的轰炸目标，对战场产生最大、最快及持续时间最长的直接影响。另一位哈佛大学毕业生威廉·萨伦特（William Salent）提交了一份纪要，纪要指出从理论上这一问题的目标选择应该基于抵达、轰炸和摧毁目标的能力，要以最有效的方式削弱敌人的战争能力。这可以归纳为以下三个方面：物理破坏对敌方战争能力的削弱程度、每一批炸弹对目标造成的物理破坏程度，以及己方战机和物资成本的损失程度。

萨伦特用这三个要素建立了一个方程式，以此为基础，小组开始了对敌方目标的选择、评估和排序。第二个关于物理破坏的要素很大程度上是一个工程问题，而第三个关于轰炸风险的要素则是空军的作战问题。经济学家把注意力集中在第一个要素的研究上：对战争能力最大程度的削弱。起初，是用简单的指标衡量，比如假设工厂和设备的损坏程度，或是轰炸造成的工时损失。但小组成员们知道，事情远非如此简单，还要考虑该工厂与更广泛的经济部门之间是如何相互作用的。

鉴于敌方目标研究小组成员绝大部分来自哈佛大学，他们对里昂惕夫的投入产出分析法有所耳闻，知道这一方法的侧重点恰恰就是经济各部门之间的联系。组长查尔斯·金德尔伯格回忆说，他们本能地感觉必须采用投入产出法进行分析（Kindleberger，1999，第181页）。在美国财政部工作时，他汇报给哈里·德克斯特·怀特，而后者刚好了解里昂惕夫的研究。当然，如果他们需要里昂惕夫本人对一些技术问题给出建议的话，可以在华盛顿战略情报局的另一个部门找到他。里昂惕夫后来回忆说："他们也建立了一个德国经济的投入产出表，因为这能够帮助他们选择目标"（Foley，1998，第122页）。

目标选择是一个典型的投入产出问题，即许多产品在经济活动中既是投入也是产出，有些时候甚至可以互换角色。例如，生产煤炭需要用到钢铁，反之亦然。有些部门相对独立，基本不受其他经济部门的影响。而另一些部门则相反，一旦这些部门的生产受阻，将会对其他工业部门产生重大影响，从而造成瓶颈。

经济学家随后做了进一步分析。他们希望计算某个产业遭受损毁的"深度"（depth）以及该产业的"缓冲余地"（cushions）。"深度"衡量产业损毁在多长时间内会影响战场，这一分析将已生产的武器装备作为目标。而"缓冲余地"则是分析该产业有多大的空间可以转移需求或者找到新的替代品，损毁深度浅以及缓冲余地小的目标就是较好的目标。对这些问题的研究逐步在模型中引入了一个新动态因素，并且需要供给弹性和需求弹性数据，有些甚至超出了里昂惕夫的正式建模框架。

为了推导出这些数据，敌方目标研究小组的经济学家通过各种渠道收集所需的数据，他们利用战前所得文件中的军事情报、敌占区特工、战俘审讯记录以及任何可以获得的信息。经济学家的有些工作还是相当有创意的，他们利用德国人系统性地记录一切的习惯，例如，该小组从德国报纸刊登的军官讣告中获得了大量关于死亡人数的信息，他们利用德国报纸公布的铁路货物运费推算出石油运输量，依靠公开发行的德国运输时刻表推算出一批德国秘密工厂的位置，通过拦截的德国通信估算出德国石油的用途，他们还通过战前的地图、工业蓝皮书、图书以及贸易杂志等获得了更多数据。

利用缴获的装备和文件，经济战争办公室（Economic Warfare Division）研究了轮胎、坦克、卡车、机枪以及火箭上的标记。这些标记可能表示生产商的名字、地址和生产日期，以及生产序列号、商标、型号等其他有用信息。通过对这些信息的研究，他们建立了德国战争物资的库存、用途、地点、重要性以及可替代性方面的详细资料库。例如，获得轮胎制造厂商的信息可以反过来帮助盟军预测轴心国坦克和飞机的产量。军事情报部门当时的估计是，德国每月生产轮胎的数量大约为100万条，而经济学家推翻了这个估计，他们的结论是在当时只有18.6万条，事后证实后者的分析比较准确。从缴获的车辆以及记录本中，他们获得了序列号以及其他信息，从而推断出数量相对较少的坦克组装厂商、两家坦克引擎厂商，还有两家坦克变速箱厂商。这样的工业集中度表明，下游企业很容易受到轰炸的影响。这样的信息对战术评估也十分有用。除此之外，这些经济学家对于预测可供未来几个月作战使用的坦克生产数量也变得驾轻就熟。与坦克生产的高度集中不同，通过分析标识得出的结论是，1943年开始使用的V1导弹的生产分散在50多个厂家。因此，V1就不是一个理想的打击目标。

基于以上分析，敌方目标研究小组建议盟军将飞机制造厂和滚珠轴承厂作为重点目标，以获得最大破坏效果。事后看，选择这两个目标可能是比较明智的，但在这两个目标上都遇到了问题。轰炸可以大面积摧毁飞机制造厂的厂房，但里面的设备很坚固，损坏较少。关键的滚珠轴承厂生产集中、数量少，的确是重要的战术目标，但德国人已经开始积极设计并应用减阻技术，从而减少滚珠轴承的使用量。

卡萨布兰卡会议后几个月，盟军签署了"近期轰炸指令"，列出了一批包括德国战斗机及其零部件制造厂在内的高优先级目标，旨在摧毁德国的战争能力。然而，德国战斗机的月产量从 1 月的 381 架增至 7 月的 1 050 架。盟军在西线的军事行动受到这一新产量的威胁。美国空军开始轰炸德国中部的飞机制造厂，结果德国人不得不分散他们的飞机制造厂，年底时，月产飞机架数下降到 560 架。1944 年 2 月，美国空军动用所有的轰炸机轰炸欧洲的飞机厂，后来被称为"大轰炸周"（big week），德国战斗机生产从此一蹶不振。

几个月后，盟军计划"D 日行动"①，准备登陆欧洲大陆。盟军秘密策划登陆地点，迫使德国人分散他们的防线。敌方目标研究小组的经济学家们面临新的问题：如何防止德军快速增援。他们的答案是袭击铁路编组站，这里的火车比较集中。同时，对关键桥梁进行精确轰炸。

---

① "D 日行动"是指，诺曼底登陆战发生在 1944 年 6 月 6 日 6 时 30 分，是第二次世界大战中盟军在欧洲西线战场发起的一场大规模攻势，这次行动的日期 1944 年 6 月 6 日被称为"D 日"。这次作战行动的代号为"霸王行动"（Operation Overlord）。这场战役盟军计划在 1944 年 6 月 6 日展开，8 月 19 日渡过塞纳－马恩省河后结束。诺曼底战役仍然是目前为止世界上最大的一次海上登陆作战，有接近 300 万士兵渡过英吉利海峡前往法国诺曼底。——译者注

英国人希望美国空军参加他们的夜间无差别轰炸，但敌方目标研究小组认为这是错误的做法。在美国将军斯帕茨和英国皇家空军元帅泰德之间发生了一次重大的战术争论。美国的计划是轰炸德国的石油生产（经济学家发现这是削弱德国地面部队战斗力的一种方法）。与此同时，泰德希望以西欧的铁路编组站作为轰炸目标，但斯帕茨认为这些目标太容易被修复。1944年3月，盟军最高统帅艾森豪威尔决定轰炸铁路编组站以获得更为直接的效果。美国空军找到了另一个方法来赢得辩论，他们策划了一次"行动失误"。空军的目标是罗马尼亚普洛耶什蒂的一个火车编组站，他们故意迷航，将袭击目标改为炼油厂。轰炸立即造成了石油供应的紧张，这也证明了之前经济学家们发现的战术瓶颈的观点。似乎是为了进一步证实这一行动的正确性，军事情报部门不久后就得到了德军对石油供应能力产生恐慌的一些迹象。根据这一情况，美国空军重新将轰炸目标转向德国中部的油田区。1944年3月，德国石油产量为98 000吨，到9月就已锐减。不久，德国军事行动就开始受到燃油供应不足的影响，而不是飞机不够。

　　1945年德国投降后，包括经济学家在内的一个小组开始进行美国战略调查，评估盟军轰炸战术的效果。该调查由J. K. 加尔布雷斯（里昂惕夫的哈佛同事）主导，尼古拉斯·卡尔多①（凯恩斯的同事，并与冯·诺依曼保持经常通信）等著名经济学家共

---

① 尼古拉斯·卡尔多（Nicholas Kaldor, 1908—1986），出生于匈牙利布达佩斯一个比较富裕的犹太家庭，中学毕业后赴英国，1927—1930年就读于伦敦经济学院（LSE），剑桥学派主要代表人物之一，研究领域涉及企业理论、福利经济学、国民收入分配、经济周期、经济增长、国际贸易、货币和税收政策等。他还十分关注发展中国家的经济发展和国际货币制度改革问题。——译者注。

同主持。该调查对轰炸结果持批评态度，指出尽管消耗了大量人力，但对军事目标造成的损害常常被快速修复。同时，盟军低估了德国对于弥补损毁和短缺展现出的创造力。

1944年7月，里昂惕夫被委以另一项特别任务：他应美国财政部长摩根索的要求，加入了在新罕布什尔州举行的布雷顿森林会议的谈判小组，这也许是因为哈里·德克斯特·怀特的举荐。他可能知道里昂惕夫的研究，他在哈佛大学就一个相关主题（法国国际收支体系）撰写了自己的博士论文。在布雷顿森林，里昂惕夫将和凯恩斯正面交锋。里昂惕夫描述自己非常有才华、政治人脉广泛但不如其哈佛大学同事那样有说服力。布雷顿森林会议将是经济学家们史无前例的聚会之一，为了一个宏大的目标：创建一个国际经济新秩序，以确保战后的和平与稳定。

瓦西里·里昂惕夫在研讨会上侃侃而谈

第 7 章　"如果他们说轰炸在 1 点开始"

约翰·冯·诺依曼在 1944—1945 年的美国

冯·诺依曼和其他美国人

至 1944 年底,布雷顿森林会议①关于汇率、发展以及贸易的全球新秩序谈判进展顺利。《联合国宪章》在旧金山签署,《波茨坦公告》将划分盟军各国战后在欧洲和亚洲的势力范围。关于国际合作的新渠道成为彼时的热门话题。对于爱因斯坦、奥本海默等和平主义者而言,这似乎提供了国际合作的新契机。在他们普林斯顿的同事冯·诺依曼看来,这似乎意味着国际强权势力的危险重组,这些强国在德黑兰会议上就已经为战后利益开始竞相争吵,他们很快就会装备起更致命的武器。冯·诺依曼将置身于这种新式武器的开发过程中,并将面对由此引发的一系列难题。

那一年,《纽约时报》在头版介绍了一本关于博弈论的书。

---

① 1944 年 7 月 1 日,44 个国家的代表在美国新罕布什尔州布雷顿森林镇召开了著名的布雷顿森林会议,会议宣布成立国际复兴开发银行(世界银行前身)和国际货币基金组织(IMF)两大机构,确立了以美元为主导的国际货币体系,构建了战后国际货币体系的新秩序。——译者注

它为分析政治经济冲突和竞争提供了一种新的科学方法。冯·诺依曼再次涉足经济学并做了开创性的探索，提供了可以改变大国政治的工具。这位身材魁梧、思维敏捷并带有匈牙利口音的普林斯顿教授是个什么样的人？他的同事，诺贝尔物理学奖得主尤金·维格纳①说："世界上有两种人：冯·诺依曼和我们其他人。"

第一次世界大战将沙皇俄国推向绝境，康托洛维奇和里昂惕夫都亲身经历了这一时期。一战同时也终结了一个伟大的欧洲帝国，那就是拥有维也纳和布达佩斯双首都的奥匈帝国。② 1903 年，冯·诺依曼出生在布达佩斯。当时正值经济和民族复兴时期，但十多年后奥匈帝国就分崩离析。19 世纪末，是中产阶级天主教徒和犹太人的商业和文化发展期，这一时期催生出许多著名的科学家、数学家和经济学家。冯·诺依曼就是他们当中出类拔萃的一位。

他的父亲马克斯是一位来自匈牙利北部的著名犹太人银行家，有良好的社会关系，母亲玛吉特来自布达佩斯的大户人家。冯·诺依曼在布达佩斯多瑙河左岸佩斯的一栋宽敞豪华的公寓里长大，家族在多瑙河右岸的布达山上还有舒适的避暑屋。他们和姻亲一大家人住在一起。起初，家里给他请了女家庭教师，教他德语和法语。年幼的冯·诺依曼展露了惊人的才华：在 6 岁时他可以心算 8 位数的除法，8 岁时他已熟练掌握微积分。少年时他

---

① 尤金·维格纳（Eugene Wigner, 1902—1995），美籍匈牙利理论物理学家、美国普林斯顿大学教授，1963 年诺贝尔物理学奖得主。他曾参与"曼哈顿计划"，与恩利克·费米等人一起建立了世界上第一座核反应堆（芝加哥一号堆）。——译者注

② 奥匈帝国是哈布斯堡王朝统治的最后一个国家。在 1848 年匈牙利革命被镇压后，1867 年，奥地利帝国为防止匈牙利再次独立，签订《奥地利－匈牙利折中方案》改组为奥匈帝国，匈牙利获得高度的自治权，但奥地利君主仍然兼任匈牙利国王，成为政合国，于 1918 年一战后解体。——译者注

就可以和父亲进行高水平的国际象棋对弈。他还可以跟父亲用古希腊语交谈和开玩笑,这一语言也是他们兄弟姐妹之间的暗语。小时候,每当看到母亲盯着他发愣时,他总要询问她是否在计算什么难题。他似乎有着独特的超强记忆力:他家聚会上玩的一个小游戏便是请晚餐客人在布达佩斯电话本上任意挑选一列,小约翰看上一小会儿后,就可以回答在这一列范围之内的任何关于姓名、地址或电话号码的提问。

他的父亲购买了海量的经典藏书并建了一个图书馆。小约翰阅读过不少长篇巨著,包括44卷的《德国通史》,他边读边做笔记。几十年后,他依然可以一字不落地背诵出来。在父亲的鼓励下,晚餐时间成了家庭讨论会的交流时间:由父亲提出文化、文学、科学、投资或者数学方面的主题供大家讨论。在餐桌上,约翰常常给包括弟弟们在内的其他家庭成员宣讲他当天感兴趣的问题。他总是在思考事实背后的科学依据:爬行动物的神经系统是如何工作的?眼睛和照相机是一样的吗?他眼中的生意是怎么回事?父亲马克斯常带他的银行客户回家,而且也让孩子们参与他们的谈话,然后就恰当的商业策略和融资决策发表意见。他的父亲最终成为奥匈帝国经济部长的顾问,并为自己赢得了在姓氏中加入"冯"这个头衔的权利。①

1913年,10岁的约翰开始去路德文法学校(Lutheran Gymnasium)上学,这所学校拥有高质量的教育设施。此时他已经能说5种语言,他在此又认真学习了拉丁语和希腊语,同时学习了历史、数

---

① 冯(von)原意是介词,表示"……的"。17世纪后,德国、奥地利等国在姓中加入"冯"表示有封地的贵族。——译者注

学和科学等人文课程。根据当时的标准来看，这种文法学校的教学体系是一种先进的尝试。全市大约只有三所这样的学校。在同一时期，一批和约翰差不多大的孩子也进入这些学校学习。其中就有研制原子弹的主要成员利奥·西拉德①、诺贝尔物理学奖得主尤金·维格纳、著名数学家保罗·埃尔德什②和"曼哈顿计划"的主要负责人之一爱德华·泰勒。③ 在当时以及后来入学的学生中还涌现了著名的经济学家尼古拉斯·卡尔多、威廉·费尔纳④、约翰·海萨尼⑤和托马斯·

---

① 利奥·西拉德（Leo Szilard，1898—1964），出生于匈牙利的布达佩斯，美籍匈牙利核物理学家、美国芝加哥大学教授，曾参与美国"曼哈顿计划"，第二次世界大战后积极倡导核能的和平利用、反对使用核武器。利奥·西拉德于1958年获"阿尔伯特·爱因斯坦奖"，1959年获"原子能和平利用奖"，1961年被选为美国国家科学院院士。——译者注

② 保罗·埃尔德什（Paul Erdös，1913—1996），匈牙利籍犹太人，数学家。幼年时被视为神童，一生共发表论文1 475篇，与511人合作，论文数量居史上数学家之最。埃尔德什命运多舛，身为犹太人，遭纳粹迫害而亡命国外。20世纪50年代因与华罗庚通信而被怀疑"通共亲华"，被美国麦卡锡主义者赶出美国，从此终生漂泊。埃尔德什终身未娶，没有固定职业。他一天工作十八九个小时，一年四季奔波于世界各地，与数学界同行探讨数学难题，即便垂暮之年依旧热衷于猜想和证明，把一生献给了数学。——译者注

③ 爱德华·泰勒（Edward Teller，1908—2003），美国著名理论物理学家，出生于匈牙利，曾长期任教于伯克利加州大学、芝加哥大学等高校。1952年，他与欧内斯特·劳伦斯共同创建了美国劳伦斯利弗莫尔国家实验室，1959年又主持建立了伯克利空间科学实验室。爱德华·泰勒被誉为"氢弹之父"。——译者注

④ 威廉·费尔纳（William Fellner，1905—1983），出生于匈牙利布达佩斯，1929年获弗里德希·威廉大学（今柏林大学）经济学博士，1952年起任耶鲁大学斯特林（Sterling）经济学讲席教授直至1973年退休。1973—1975年曾任美国总统经济顾问委员会委员。——译者注

⑤ 约翰·海萨尼（John Harsanyi，1920—2000），出生于匈牙利布达佩斯，因对不完全信息博弈的研究，于1994年获诺贝尔经济学奖。他还在福利经济学和经济哲学方面有许多重要的研究成果。——译者注

巴洛夫。① 这些匈牙利天才后来都移民了。

冯·诺依曼在学习上从不偏科，门门优秀。他对大多数事情都很感兴趣，从来不满足于被告知"真相"，除非他可以亲自证明。他后来说，真相太复杂了，我们得到的只是不断接近真相的近似值。在遇到难题时，他举止奇特。在算出答案之前，无论身处何地，他都可以神游天外，大声嘟囔。目睹过这一场景的同事说，他充分展示了十分罕见的按照顺序和逻辑进行计算的能力。

冯·诺依曼的一些老师本身也是有才华的数学家，他们很早就发现了这个孩子天赋异禀，并安排一些著名的教授给他特别辅导。尽管冯·诺依曼还在上中学，但是他已经被大学的数学家们认同是很有前途的同僚了。在他年仅 17 岁时，就用德文发表了他的第一篇科学论文，论文的主题有些沉重：对某些最小多项式零点的深奥研究。这是他一生中大量出版物的首篇。他的著作大多是关于理论数学的，对于非专业人士而言犹如天书。

冯·诺依曼不但智慧超群，还善于社交。他喜欢自己那与众不同的家庭生活。在当时的政治背景下，能够成长在这样一个愉快和稳定的家庭里是得天之眷顾的。在约翰上学期间，尽管主要战场远离布达佩斯，但奥匈帝国成了第一次世界大战的战败国。战争让奥匈帝国土崩瓦解并导致了大规模的局势动荡。第一次世

---

① 托马斯·巴洛夫（Thomas Balogh，1905—1985），出生于匈牙利布达佩斯，1928 年获得洛克菲勒基金会资助，在哈佛大学从事两年的研究工作，此后在巴黎、柏林、华盛顿等地工作。1938 年加入英国国籍，并在牛津大学任教。1964 年工党竞选获胜后任首相哈罗德·威尔逊内阁办公室的经济顾问。他也是非洲问题专家和世界著名的职业教育家，其学校本位的职业教育思想对世界职业教育的发展产生了重要影响。——译者注

界大战和 1918 年的西班牙大流感造成匈牙利近 100 万人死亡。1918 年爆发了总罢工并伴有抢劫和骚乱。在动荡的局势中，15 岁的冯·诺依曼依然步履坚定地走向学堂。

动乱的局势最终演变成由革命者库恩·贝拉①领导的共产党革命。他首先采取的行动之一就是废除私有制和剥夺私人企业。布达佩斯变成了一个危险的城市，政治帮派在街上到处游荡，伺机施暴。当暴徒们聚集起来袭击城里的银行家时，冯·诺依曼家族仓皇出逃。他们在半夜乘火车去了亚得里亚海上的一处度假屋（类似地，康托洛维奇一家逃到了白俄罗斯，里昂惕夫一家则躲到芬兰避难）。

在冯·诺依曼描述的"133 天红色恐怖"之后，革命党政府被推翻，库恩流亡苏联（后来在那里被处决）。1920 年，海军上将霍尔蒂领导的纪律严明的右翼政府上台。全家人终于松了一口气，但冯·诺依曼不久就感到压抑。他看到新的独裁者对共产党人展开了残酷的报复。在"白色恐怖"期间，有 5 000 人遭到杀害。这个残暴的新政权认为库恩政府太过受到犹太人的影响。霍尔蒂自我标榜为"反犹主义者"，他对犹太人上学设置了限制。这对于出生在匈牙利但有犹太血统的冯·诺依曼来说并非

---

① 库恩·贝拉（Kun Bela，1886—1939），匈牙利共产主义革命家，匈牙利苏维埃共和国的主要创建者和领导者，犹太人，在 1919 年宣布成立匈牙利苏维埃共和国后出任外交人民委员，后兼任军事人民委员。苏维埃政权被颠覆后侨居奥地利。1922—1923 年在乌拉尔做党的宣传工作，后任俄共（布）中央驻共青团中央的特派员。1936 年被指控阻挠执行共产国际七大路线而被解除一切职务，并在翌年 6 月被捕，1939 年 11 月 30 日于狱中逝世。1956 年恢复名誉。著有《论匈牙利苏维埃共和国》《库恩文章和讲话选集》等。——译者注

好事。第一次世界大战之后，匈牙利被迫签订了《特里亚农条约》。① 这一条约割走了匈牙利2/3面积的国土，并最终造成东欧的混乱。类似的《凡尔赛和约》则造成西欧的混乱。

由于这些混乱、暴力和不稳定，这个犹太家庭的银行业务受到严重破坏。当冯·诺依曼高中毕业后，他的父亲敦促他要专注于自己擅长的领域（这对他来说可能是任何方面），以期未来可以找一份像样的工作。遵从父亲的建议，冯·诺依曼决定选择化学工程专业，但他的这份兴趣并没有维持很久。随后他进入了布达佩斯大学，过得优哉游哉，也不怎么去上课。尽管他是高中毕业后上大学，但他同时获得了数学博士生的入学资格，还被柏林大学化学工程专业的本科录取（其他两个也不知道自己想学什么的人是沙赫特和里昂惕夫。沙赫特两年前进入柏林大学，而里昂惕夫则是几年之后才入学）。同时学习基础化学工程和高等数学这种奇怪的组合对冯·诺依曼来说并不奇怪。

冯·诺依曼很快就展现出他真正的天赋在于理论数学而非应用工程。他在柏林大学的绝大部分时间都用来向资深数学家求教。仅仅用了一年时间，他就用德文起草了博士论文《集合论公理》。如果说当初他的父母希望他可以逃离政治不稳定和反犹主义的布达佩斯，冯·诺依曼则发现20世纪20年代的柏林同样充

---

① 《特里亚农条约》(Treaty of Trianon) 是1920年协约国集团和匈牙利签订的一项制定匈牙利边界的条约。第一次世界大战结束前，奥匈帝国灭亡，奥地利帝国的伙伴匈牙利王国宣布独立。由于奥匈帝国包含数个不同种族，故此需要重新划定匈牙利、奥地利及其他刚刚独立之新国家的边界。条约在6月4日于法国凡尔赛的大特里亚农宫由数个国家签署，分别是战胜国美国、英国、法国与意大利，以及刚独立的罗马尼亚、塞尔维亚－克罗地亚－斯洛文尼亚王国与捷克斯洛伐克，战败国是代表奥匈帝国的匈牙利。——译者注

斥着不安定和反犹主义，并承受着第一次世界大战的伤痛：战后的高通胀、抗议、反叛和内战的威胁。

1923年，20岁的冯·诺依曼离开柏林，前往著名的苏黎世瑞士联邦理工学院。这里的入学考试难度之大远近闻名，爱因斯坦曾经失败过，而冯·诺依曼则轻松过关。在第一学年，他每门功课都得满分，因而不久就成了助教。几年之后，他以优异成绩毕业。他还时不时回到布达佩斯大学以完成他的数学博士学位。1926年，他以最优异的成绩获得该学位。此时，年仅22岁的他已经拥有欧洲顶级学府的三个博士学位。

但这并非终点。冯·诺依曼终于有机会实现他在理论数学顶级研究中心工作的梦想。这就是位于德国萨克森州的哥廷根大学。这所著名的学府历史悠久，校友包括政治家奥托·冯·俾斯麦、数学家卡尔·弗雷德里希·高斯、科学家亚历山大·冯·洪堡德、哲学家亚瑟·叔本华和诗人海因里希·海涅。在20世纪20年代，这里是全球研究热门新学科量子力学的中心。在此，人们经常会看到一位杰出教师在和一些著名教授进行激烈争论。这些人包括诺伯特·维纳[1]、大卫·希尔伯特[2]、沃尔夫冈·保罗[3]、马克斯·德尔布

---

[1] 诺伯特·维纳（Norbert Wiener，1894—1964），美国应用数学家，控制论的创始人，在电子工程方面贡献良多。他是随机过程和噪声过程的先驱，提出了"控制论"一词。——译者注

[2] 大卫·希尔伯特（David Hilbert，1862—1943），德国数学家。他对数学的贡献是巨大的和多方面的，研究领域涉及代数不变式、代数数域、几何基础、变分法、积分方程、无穷维空间、物理学和数学基础等。他在1899年出版的《几何基础》成为近代公理化方法的代表作，且由此推动形成了"数学公理化学派"，可以说希尔伯特是近代形式公理学派的创始人。——译者注

[3] 沃尔夫冈·保罗（Wolfgang Pauli，1913—1993），德国物理学家，离子阱的开发人之一，1989年获诺贝尔物理学奖。——译者注

吕克①、罗伯特·奥本海默、恩利克·费米②、维尔纳·海森伯③以及其他一些来访学者，比如来自瑞士的埃尔温·薛定谔④、哥本哈根的尼尔斯·玻尔⑤、维也纳的库尔特·哥德尔⑥和剑桥的保罗·狄拉克。⑦ 这群人一起推动了量子力学的革命，并开启了核时代。

冯·诺依曼非常适应这个智慧的熔炉。到哥廷根一年内，他

---

① 马克斯·德尔布吕克（Max Delbruck, 1906—1981），德裔美籍生物学家，他与美国生物学家阿尔弗雷德·德·赫希（Alfred Day Hershey）以及萨尔瓦多·爱德华·鲁利亚（Salvador Edward Luria）共同获得了1969年的诺贝尔生理学或医学奖。——译者注

② 恩利克·费米（Enrico Fermi, 1901—1954），著名美籍意大利物理学家、美国芝加哥大学物理学教授，1938年诺贝尔物理学奖得主。1942年，费米领导小组在芝加哥大学建立了人类第一台可控核反应堆（芝加哥一号堆），为第一颗原子弹的成功爆炸奠定基础，人类从此迈入原子能时代，而费米也被誉为"原子能之父"。——译者注

③ 维尔纳·海森伯（Werner Heisenberg, 1901—1976），德国物理学家，量子力学创始人之一，"哥本哈根学派"代表人物之一。1933年，海森伯因为"创立量子力学以及由此导致的氢的同素异形体的发现"而获得1932年的诺贝尔物理学奖。——译者注

④ 埃尔温·薛定谔（Erwin Schrödinger, 1887—1961），奥地利理论物理学家，量子力学的奠基人之一，在固体的比热、统计热力学、分子生物学等方面也做了大量的工作。最重要的成就是创立了波动力学，提出著名的薛定谔方程，并于1926年证明自己的波动力学是与海森伯、玻恩和约当创立的矩阵力学在数学上是等价的。与英国物理学家狄拉克一起获得1933年诺贝尔物理学奖。——译者注

⑤ 尼尔斯·玻尔（Niels Bohr, 1885—1962），丹麦物理学家，哥本哈根大学博士，丹麦皇家科学院院士，曾获丹麦皇家科学文学院金质奖章，英国曼彻斯特大学和剑桥大学名誉博士学位，1922年获得诺贝尔物理学奖。——译者注

⑥ 库尔特·哥德尔（Kurt Gödel, 1906—1978），美籍奥地利数学家、逻辑学家和哲学家，是20世纪最伟大的逻辑学家之一，其最杰出的贡献是哥德尔不完备性定理。——译者注

⑦ 保罗·狄拉克（Paul Dirac, 1902—1984），英国理论物理学家，量子力学的奠基者之一，并对量子电动力学早期的发展做出重要贡献。他给出的狄拉克方程可以描述费米子的物理行为，并且预测了反物质的存在。1933年，因为"发现了在原子理论里很有用的新形式"（即量子力学的基本方程——薛定谔方程和狄拉克方程），狄拉克和埃尔温·薛定谔共同获得了诺贝尔物理学奖。——译者注

已经发表了多篇关于数学方面的主要论文，并在随后的几年里保持了大约每个月发表一篇论文的频率。这些论文都以德文发表，依据量子理论的发展研究了数学和物理学的新边界。冯·诺依曼有一个睿智的大脑，但并不专注。他常常会为解决同事给他提出的一个新问题而分心，或者抓住一个学生提出的思想火花去创造一个新的理论。由于英语是他的第四语言，学生们不太听得懂，也很难跟上他跳跃性的思维。很典型的例子是，他会在黑板的一个小角落写下一些方程式，在学生们还没完全搞懂之前就擦掉。

他于1928年返回柏林大学担任讲师，和里昂惕夫在同一座城市。这是柏林大学有史以来聘用的最年轻的讲师。冯·诺依曼并不是象牙塔中的教书匠，他清楚地意识到当前政局的不稳定，如凯恩斯批评的那样，德国有报第一次世界大战战败的"一箭之仇"的风险，以及德国和奥地利的密谋合并。他预见到阿道夫·希特勒和独裁德国的崛起，但他对这样一个国家来抗衡专制的苏联抱有幻想。冯·诺依曼逐渐意识到哥廷根这样的温室在这种压力之下难以幸存，因此他开始将视线转向美国以寻求他所需要的学术环境。意识到自己的英文不好，他为此选择了小说和百科全书这两类图书进行大量的精读。多年以后，他依然可以凭记忆引用这些书中的大幅段落。有人猜测，他没有"正常"的摄影记忆，而拥有一种能够在任何数量维度上进行思考和记忆的超能力。

在20世纪20年代末，位于城乡接合部的普林斯顿大学正计划成立一个数学系，在德国和中欧寻找一些有才华的，尤其是那些被极右翼民粹主义政策疏远的教授来此落户。冯·诺依曼被认为是一个非常有前途的青年才俊，1929年，他获邀在普林斯顿大学教授数学物理学。

在离开欧洲之前,他返回了布达佩斯并向他的发小玛丽达·柯维斯(Mariette Kovesi)求婚。他以特有的呆头呆脑的方式提出了求婚的话题,"你和我在一起可以有很多乐趣,比如咱俩都喜欢喝红酒"(Macrae,1992,第157页)。玛丽达比他小6岁,聪明、机灵、活泼并热衷于社交。为了和她结婚,不太遵守教义的名义犹太教徒冯·诺依曼承诺要改信天主教(尽管他曾经给母亲写信说他愿意相信上帝的存在,因为这样就不难解释一些用数学无法解释的重要现象,但他后来选择成为不可知论者。在晚年,他重新皈依天主教)。

玛丽达显然对他这种晦涩的示爱方式心领神会,这对新人很快就在布达佩斯成婚。在随后的巴黎蜜月之旅中,冯·诺依曼轻而易举地征服了她。他完全凭着对看过的旅游指南的记忆指导她细致地参观了他们去的每一家博物馆。

1930年新年,这对新人穿越大西洋后,在新泽西州普林斯顿这个小镇定居。在那里,他们租了一间设施齐备的房子,并请了佣人。途径纽约时,冯·诺依曼给了一个没有职业操守的驾驶教练10美元,没有参加任何考试就拿到了驾照。他常常在道路中间高速危险驾驶并神游车外,据说他每年至少要毁坏一辆车。

在普林斯顿大学一学期后,冯·诺依曼回了趟柏林大学,按约定和利奥·西拉德以及埃尔温·薛定谔开夏季研讨会,分享并交流量子力学的研究。就学术前景而言,这次会议令人兴奋。但在会议之外,他和里昂惕夫一样也觉察到了危险:柏林的政治前景正在变得越来越黯淡。

1931年，得益于一大笔捐赠，普林斯顿大学成立了高等研究院。[①] 该院采用新的管理模式，给少数国际顶尖的数学家和物理学家提供高薪和实验室，没有墨守成规的制度、不需要讲课，也不用带学生。1933年，高等研究院给冯·诺依曼抛出了橄榄枝。两周之后，阿道夫·希特勒当选德国国家元首。作为犹太裔匈牙利人，冯·诺依曼再留在德国显然是没有前途的，为此他接受了高等研究院的邀请。他离开的正是时候：3个月后，纳粹政府解聘了所有非雅利安人公务员，包括在德国的学者。为了表示抗议，冯·诺依曼立即辞去了他在德国所有学术机构中的职务，并号召其他德国教授反对这一政策。返回美国之后，冯·诺依曼断绝了与欧洲的联系并申请了美国国籍。

冯·诺依曼的为人处世也很特别。他非常睿智，但和凯恩斯不同，他为人和善，从不让人难堪或伤心。他出了名地喜欢交谈。通常，他会先听同事讲述一个逻辑问题，然后直接给出答案和解决方法。许多数学家在和他讨论之后如醍醐灌顶，进而发表了重要的论文。大多数谈话都是在以男性为主的学术圈里进行的。他有时也会开一些性别歧视的玩笑，一位同事说他是唯一可以用三种不同语言讲双关语的人。他可以使用德文来引用歌德，用法文引用伏尔泰，用希腊文引用修昔底德。

他和女人的关系不是很融洽。似乎了解他的女人们比较喜欢他，但初次见面时他却让她们觉得毛骨悚然，因为他会下意识地盯着她们看。他总是依照欧洲人的习惯，穿着正式、整洁，刚开

---

① 高等研究院（Institute for Advanced Study，简称IAS）成立于美国新泽西州普林斯顿市，是世界著名的理论研究机构。——译者注

始是为了以示他和学生的区别，因为 26 岁的他还显得很年轻。出门远足时，他也会坚持穿西装。曾经有一次，他穿着漂亮的三件套骑着骡子去大峡谷。

玛丽达组织的聚会使他们在普林斯顿小镇的生活焕发了生机，也驱散了她远离欧洲大都市而产生的孤独感。参加这些聚会的大多数是逃离纳粹威胁的欧洲移民科学家。冯·诺依曼喜欢这些场合，他泰然自若、自信、彬彬有礼且十分幽默。但有时他也会突然从聚会上消失，转头记下一些公式。婚后两年，他们有了一个女孩，名叫玛丽娜。她后来成长为著名的经济学家，并在尼克松政府担任经济顾问。冯·诺依曼是个笨手笨脚的父亲，对于为人父母和家务琐事一窍不通，甚至需要夫人教他如何接水。

1935 年，这对夫妻重回欧洲。这次他们首先去了英国剑桥，在此执教的凯恩斯依然是最著名的经济学教授。他们接下来去莫斯科参加了一个著名的数学会议，在那里，冯·诺依曼遇见了苏联的天才，年轻的经济学家康托洛维奇。莫斯科这座城市受到斯大林集体化政策的重创。在冯·诺依曼看来，毫无疑问，那里的经济陷入了混乱。配给制度让他感到比在纳粹德国还要压抑。由于经历过革命，冯·诺依曼总是对苏联的动机心存疑虑，对于他的一些左派朋友认为马克思主义是未来之路的想法深感惊讶。相对于康托洛维奇比较温和的评价，冯·诺依曼则完全和凯恩斯站在了同一战线，认为《资本论》是过时的、错误的，也不认同里昂惕夫对《资本论》"内容丰富"的评论。

第二年，冯·诺依曼受邀前往巴黎讲学，他的太太则直接去了布达佩斯。他的同事很清楚地看到，这对夫妇在一起并不快乐，并已经开始分居。冯·诺依曼孤身回到普林斯顿。玛丽达和另一位普林斯顿大学的学者有了婚外情。这对夫妇最终分手，但终其一生还保持着密切的关系。

在此之后的 22 年，冯·诺依曼一直在普林斯顿高等研究院工作，有时也会在外地工作一段时间。在这期间，他一共发表了 75 篇学术论文。其中，绝大多数都是关于理论数学研究的前沿问题，他从不停止思考。此外，这位天才还对理论物理学、计算科学、人工智能、哲学，当然还有经济学做出了重大贡献。在冯·诺依曼晚年，当被问及他的主要成就时，他没有提到经济学，而是提到了量子力学。他为这一领域建立了首个严格且有效的数学框架，以说明量子系统的状态如何可以用希尔伯特空间中的一个点来表示（集合论中一种 n 维的表示方法）。这和康托洛维奇在"k 空间"方面的研究是有所不同的。终其一生，冯·诺依曼在经济学方面只写过两篇论文，但它们却跻身该领域研究中最伟大的文献之列。

普林斯顿不像哥廷根那样有着充满活力的数学讨论。高等研究院没有受到美国商业、政治和社会潮流的影响。但由于有了爱因斯坦和冯·诺依曼，它已经成为国际学者访问的中心，比如量子力学领域的保罗·狄拉克和沃尔夫冈·保罗，逻辑学的库尔特·哥德尔和计算学的艾伦·图灵。[①] 宁静的校园成了学术天堂，远离独裁的欧洲、鸵鸟般的英国和经济衰退的美国。

但对冯·诺依曼而言，普林斯顿并非伊甸园，他保持着对国际

---

① 艾伦·图灵（Alan Turing, 1912—1954），是现代人工智能的鼻祖，在 24 岁时奠定了计算机的理论基础。二战期间，他为盟军破译密码，为结束战争做出巨大贡献。战后，他开创性地提出人工智能的概念，并做了大量的前期工作。——译者注

形势的密切关注和思考，并对纳粹心生厌恶。在1935年他写道，"在下个十年中，欧洲将会发生战争"（Macrea，1992，第185页）。他希望冲突双方是纳粹德国和他同样不喜欢的苏联，但他担心欧洲的犹太人可能在这样一场战争中受到种族灭绝式的大屠杀，就好像第一次世界大战时土耳其境内亚美尼亚人的遭遇一样。不幸的是，他的担心成了事实。

1937年，诺伯特·维纳①曾鼓励冯·诺依曼访问中国，并以冯·诺依曼的名义给中国的一所大学致函。由于在随后的几个月里，爆发了日本侵华战争，这一想法也就不了了之。此后，他再也没有机会像里昂惕夫那样体验东方的异国风情。

1938年夏天，冯·诺依曼最后一次前往欧洲旅行。他参加了在华沙和哥本哈根举行的研讨会，他乐此不疲地和量子理论的杰出专家玻尔、海森伯等人进行激烈的争论。这是这些学术巨匠们战前的最后一次聚会。冯·诺依曼还有另外一个目的，就是计划再婚。这次的对象是另外一位发小，克拉里·丹。她此时正在布达佩斯进行一场痛苦的离婚。随后，他们就结婚了。他们的婚姻关系长久而热烈，但争吵不断。她是一位犹太美人，聪明、多情，且越来越不安分，总是希望引起他的注意。1939年1月，他和第二任夫人返回美国，此时欧洲已经处于战争边缘。与凯恩斯和里昂惕夫一样，冯·诺依曼也想方设法动用关系试图将家人从欧洲接出来。他的母亲和他的岳父母一家在战前一刻设法逃离了欧洲，和里昂惕夫的父母同期到达美国。

---

① 诺伯特·维纳（Norbert Wiener，1894—1964），美国应用数学家，控制论的创始人，在电子工程方面贡献良多。——译者注

1944—1945 年：轰炸、计算和模型

1944 年下半年，世界大战已经持续了好几年，盟军的轰炸战略逐步改变了欧洲的经济力量平衡。诺曼底登陆成功将德国人从英吉利海峡逼退，而苏联军队则从东欧向德国逼近。在投入产出法的帮助下，轰炸瓦解了德国的战争经济。但日本人依然在战斗，而且他们的战略很特别：用传统的轰炸工业中心的方法无法结束战争，需要一枚有史以来最大的炸弹。

坐在洛斯阿拉莫斯实验基地的地堡上，冯·诺依曼对此事陷入深思。在欧洲开战时，冯·诺依曼就积极做美国政府的工作，说服他们参战。他认为这是维护人类文明基本准则的需要。当时的美国总统罗斯福可能想参战，但国会不同意。美国又保持了两年的中立，直到"珍珠港事件"后才宣布参战。和其他多数欧洲移民一样，冯·诺依曼对美国参战的消息感到欢欣鼓舞。

甚至，冯·诺依曼在战前就已经开始考虑他在这场战争中可能扮演的角色。他知道自己在数学方面的才华，也了解这一学科对现代战争的重要性。他甚至天真地认为，他参与这场战争的最好做法就是加入美军，因为这样可以帮他获得计算所需的军方数据。尽管看起来不像应征者，但他还是参加了美军军官考试。他记住了敌情手册中的所有相关内容，这对他来说并非难事，因此在绝大部分测试中获得了满分。

在最后一次欧洲之旅结束返回普林斯顿之后，冯·诺依曼也以满分的成绩完成了他最终一轮的军官考试。但由于他已经 35 岁，所以被拒绝服役。这丝毫没有影响他继续以军事为重点的数学研究。他写了一篇论文《从连续差异中估算可能的误差》，通

俗地说就是"在连续几次错失目标的情况下如何对投弹进行修正"。他已经成为一名通过数学计算轰炸模式的专家。

尽管冯·诺依曼无法成为美军的一分子,但他随后多次被美军聘为顾问。探索数学在战争中的长期应用,帮助军方制定精确的射击表。这一探索借助了早期的计算设备,如查尔斯·巴贝奇[①]设计的计算器。火炮的发展不断趋于大型化、复杂化,这让弹道计算也变得越来越复杂。在第一次世界大战中,军队不得不在移动的坦克上、糟糕的海况下以及运动的飞机上进行瞄准射击。建立爆炸冲击波的模型则更加复杂,还需要了解炮弹或机翼周围产生的气流将如何影响弹道轨迹。解决这些问题都需要复杂的数学计算。

在普林斯顿以南一个多小时车程的地方,是美国政府的阿伯丁陆军兵器试验场,冯·诺依曼受邀帮助那里正在进行的数学研究。他很高兴地发现,这项研究十分具有挑战性。他的天才禀赋不久就得到了认可。他受邀成为美国政府弹道研究顾问委员会的委员,该委员会自诩拥有一批顶尖学者。他们每年会举办几次会议,讨论关于数学和物理在冲击波、碎片化、摧毁目标、风洞实验和气压等方面的军事应用问题。这份工作让冯·诺依曼得以进行一系列的射击和轰炸应用研究,他因此也成了评估复杂爆炸成果的专家。不久后,他还入选美国国防科学委员会,研究炸药中用于聚集爆炸效果的炸药设计。这项研究的实际成果之一是巴祖

---

① 查尔斯·巴贝奇(Charles Babbage,1791—1871),英国发明家,科学管理的先驱。他在1812—1813年初次想到用机械来计算数学表,后来设计了一台计算器。——译者注

卡反坦克火箭筒。与战时其他国家相比，美国战争部门在组织研究活动方面特别有效。

冯·诺依曼很快就有了众多拥趸，美国的陆军和海军将领都在争夺他的时间和注意力。他说他更喜欢后者，因为海军在午餐时间会喝更多的酒。不久，他也为海军工作，致力于开创性地研究运筹学在水雷战中的应用。

冯·诺依曼的名声传到了大西洋彼岸，那里不久就亟需他的特殊技能。1943年上半年，他被派往英国以帮助美国政府在那里开展的爆炸物研究工作。为准备出行，他一遍又一遍地整理行囊，为了给体积庞大的《牛津英国史》腾出空间，他决定放弃海军发给他的钢盔。在对自己此行的风险进行数学概率估计后，他为自己买了一份价值2万美元的人身保险（约等于现在的30万美元）。他被临时授予高级军衔，若他一旦被德国人抓获，可以依据《日内瓦公约》不受审讯。

在英国，海军希望他研究狡猾的德国水雷布雷模式背后的算法。这些水雷都使用了复杂的延迟爆炸装置。冯·诺依曼很快就搞清楚了精于算计的德国人在（盟军）护航航线上布雷的具体算法，他设计了一个公式来进行最有效的反击。随后，他还与英国许多战时科学家合作，特别是在如何扩大爆炸效果、使用风洞实验数据以及通过摄影记录监测爆炸效果等方面。

在英国期间，冯·诺依曼参观了巴斯航海年鉴办公室。《航海年鉴》是一份官方出版物，它精确定位了一年中每小时太阳、月亮和恒星的位置，被航海家用于天体导航。该办公室正在制作复杂的海图，以便盟军的海军在大西洋航行时可以精确定位，从而避免受到德国U形潜艇的攻击和封锁，还可以寻求帮助。《航海年鉴》是在一台经过巧妙修改的国家收银公司（National Cash Register）的收银机上制作而成的。在回伦敦的火车上，冯·诺依曼写了一个数学程序来帮助机器更好地工作。这是计算机编程的早期应用。

冯·诺依曼接下来的工作相当复杂：他加入了已经开展的旨在提高盟军对德国轰炸效率的大规模研究。英国夜间轰炸袭击风险极大（每次任务一度损失多达20%的飞机），精确度很低，几乎没有位置引导，对轰炸结果监测也不到位。此时美国空军的轰炸目标选择采用了里昂惕夫的投入产出分析法，而里昂惕夫本人则在位于华盛顿的战时情报机构战略情报局工作，研究苏联经济。他的一位同事名叫尼古拉斯·冯·诺依曼，是战略情报局匈牙利方面的专家。尽管名字不同，尼古拉斯实际上是约翰·冯·诺依曼的弟弟（切勿与德国移民弗朗茨·诺依曼混淆，他当时与里昂惕夫在战略情报局一起研究苏联经济问题，后来被怀疑是苏联间谍）。

里昂惕夫的方法是攻击敌方的经济命脉，而冯·诺依曼则致力于扩大爆炸的破坏效果。通过一起分析炸弹爆炸的照片，著名科学家雅各布·布罗诺夫斯基对冯·诺依曼的思维模式有了深入了解。一天，冯·诺依曼对他说："哦，不，不，你看不到。你那种视觉化的头脑是看不到这个的。当你抽象想想的时候第一个差分系数的轨迹就消失了，这就是为什么可见的只是第二个差分系数的轨迹。"布罗诺夫斯基对此心悦诚服（Macrae, 1992, 第211页）。

冯·诺依曼本人热衷于继续研究欧洲的常规轰炸问题，但美国政府则对他另有重用。按照政府的要求，他于1943年9月返回普林斯顿。在20世纪40年代早期，美国科学家一直在研究一种全新的致命性爆炸形式的可能性。1941年，罗斯福总统授权当时世界上有史以来最昂贵的科学项目：在美国参战前一个月（罗斯福总统）以行政令的方式批准了20亿美元的投资决定。这就是研制原子弹的"曼哈顿计划"。不久以后，冯·诺依曼被要求加入该项目。

"曼哈顿计划"由美国军事总监莱斯利·格罗夫斯将军和科学总监罗伯特·奥本海默共同管理。两者均非常人，虽然性格大相径庭，但都才华横溢。他们合作运行这一巨大的工程，管理着难以管理的顶级理论学者、令人敬畏的目标以及通过原子裂变在地球上造成比以往更大破坏的项目。该项目集中在洛斯阿拉莫斯外的新墨西哥州沙漠中的一个大型秘密建筑物里。那里有来自欧洲和美国的科学家，形成了各种聪明才智的独特组合。他们中的大多数人在政治上有些左倾。这可能是迄今为止为了历史上最重大事件之一而聚集的最伟大的科学天才。

1943年9月，冯·诺依曼受命加入"曼哈顿计划"，尽管军营偏远、生活艰苦，但他发现这种人才队伍和工作任务的结合是他一生中最令人振奋的时光。最初，这项研究是由物理学家（包括许多前匈牙利人）而不是数学家主导的。在洛斯阿拉莫斯，有很多意识形态上的争论和意见分歧。尽管被认为思想上右倾，但冯·诺依曼似乎能够与该项目的主管和科学家们和谐相处。

除了数学研究，冯·诺依曼还参与了洛斯阿拉莫斯的社交生活。偶尔，他会参加周日的户外徒步旅行，尽管有些犹豫，但通常在活动中他还是穿着西装。他经常打扑克，尽管在游戏策略上他占据先机，但冯·诺依曼通常会输。这显然是因为在玩游戏的同时，他在脑海中还不断思考其他问题。他的大脑很复杂，他的第二任妻子克拉里说："奇怪的矛盾和有争议的人，幼稚和幽默，老练和野蛮，极度聪明但本能地缺乏处理自己情感的能力。一个无法解释的自然之谜。"他的女儿记得他表面上开朗温和，内心却有着悲观和愤世嫉俗的一面（Whitman，2012，第778页）。

冯·诺依曼在加入开发团队时，有些人认为这是一项有原罪的任务，但洛斯阿拉莫斯科学家的共同看法是，除了赶在纳粹之前制造出原子弹之外别无选择。战后，他的一些同事计划通过提供开源技术来进行弥补，但冯·诺依曼不同意这种观点。他认为，打败军国主义和极权主义政权是没有罪的，而且他更认为战争不会因为德国的失败而消亡。他预见到，这枚原子弹只是新一代超级武器中的第一枚，希特勒也只会是新一代邪恶独裁者中第一个被打败的。冯·诺依曼心中明白，随着经济的崩溃，德国和日本必将投降，而苏联将是今后要战胜的大敌。

在洛斯阿拉莫斯，对原子弹设计采用了两种主要方法。方法之一是使两块铀-235互相碰撞产生爆炸。这种方式的技术可行性很大，但需要较长时间才能从原铀中提纯出足够的铀-235。第二种方法是使用钚，从化学角度看，钚的生产要更容易一些。但现有的爆炸装置对钚不适用，必须设计一种新的内爆方法。包括冯·诺依曼在内的一组科学家被指派来解决这个问题，他们就不同的可能性展开了激烈的争论。最终冯·诺依曼设计出了汇聚内爆法来解决这一问题。

除了引爆问题外，冯·诺依曼还专注于研究投下这种炸弹的最佳高度。构建模型计算投弹高度如何影响炸弹设计和对目标的爆炸影响，甚至如何尽量减少轰炸机被摧毁的可能性。他采用置信区间和其他概率论方法对这一切都进行了精确的数学计算。

不幸的是，项目团队里有德国人克劳斯·福克斯。他系统地监视着冯·诺依曼，并将他的一些实验结果传给了苏联人。克劳斯·福克斯是德国共产主义者（他与里昂惕夫和冯·诺依曼同时就读于基尔大学）。冯·诺依曼和福克斯甚至在1946年共同申请了一项氢弹的设计专利。颇具讽刺意味的是，如果美国和苏联充分利用这一信息的话，氢弹的设计将会提前几年。康托洛维奇可能曾使用过一些福克斯泄露的数据，但对美国而言，幸运的是斯大林不相信他获得的情报，苏联人甚至没有把所有的情报都翻译过来。

1933年，冯·诺依曼第一次对流体动力学的湍流感兴趣，但他很快就明白用数学建模的复杂性。20世纪30年代，台式计算机不能满足如此庞大的数字计算需求。当冯·诺依曼在进行军事应用研究时，经常会碰到计算问题。如今"曼哈顿计划"涉及的计算问题出现了。冯·诺依曼来到洛斯阿拉莫斯的时候，物理学家正为此焦头烂额，他们的研究迫切需要数学的帮助。该团队开创性的数学建模技术大大加速了原子弹的设计进程。有了足够的计算能力，物理实验可以通过数学建模的方式进行，并估算结果。

汇聚内爆法设计背后的数学是极其复杂的。最初，许多模拟都是通过粗略的估算得出一个数量级来完成。冯·诺依曼的估算速度非常快。在洛斯阿拉莫斯，他以能够使用数学方法解决任何问题而声名鹊起。正式的计算是利用台式计算机，但研究小组遇到了远远超出他们能力的计算问题。1944年6月，该项目在洛斯阿拉莫斯安装了一些IBM穿孔卡片计算机。冯·诺依曼对此印象深刻，他开始思考如何将它们转换为可以在日常处理大量数据的计算机，以提高效率。他不知道康托洛维奇在苏联也做着类似的事情。

彼时，现代电子计算机尚未诞生。它的起源比较复杂，但基础理论将基于哥廷根大学的数学家们在 20 世纪 20 年代对量子力学的开创性突破。冯·诺依曼曾与许多引领电子时代的巨匠共事。

当时,在计算机领域的最大成果是,盟国在二战中全力以赴打破了复杂的敌方加密通信代码。在这方面,最重要的是英国布莱奇利公园①在解密德国恩尼格玛(Enigma)密码机②和其他密码方面的工作。这种机器每天可以多次更改其设置,并可以产生上万亿种组合,无法通过传统的计算解密。由剑桥大学的艾伦·图灵领导的卓越的英国数学家团队在 1943 年成功建成由数百个真空管组成的"巨人"密码破译机③,通过和机器相连接的纸带每秒可以处理成千上万个字符,以获取德文信息。

在英国工作时,冯·诺依曼对计算技术的兴趣已经欲罢不能了。他是否设法得知了高度保密的"布莱奇利公园"行动,我们不得而知,但这个可能性是有的,因为图灵在战前曾经是他在普林斯顿大学的研究助手,而布莱奇利公园的领导者麦克斯·纽曼(Max Newman)也是他的朋友,两人在 1937—1938 年曾在普林斯顿大学共事。

回到美国后,冯·诺依曼询问在洛斯阿拉莫斯有什么计算设备可用时,他被告知可以使用位于马萨诸塞州坎布里奇市哈佛大

---

① 布莱奇利公园(Bletchley Park),曾经是二战期间的密码破译中心(别名 X 站)。在这里,一群天才数学家组成的特别行动小组破解希特勒及其高级统帅部使用的德国恩尼格玛和其他更复杂的代码。——译者注
② 在密码学史中,恩尼格玛密码机是一种用于加密与解密文件的密码机。确切地说,恩尼格玛是对二战时期纳粹德国使用的一系列相似的转子机械加解密机器的统称,它包括了许多不同的型号,为密码学对称加密算法的流加密。——译者注
③ 二战期间,英国在布莱奇利公园成功破解了部分德国军事通信密码,在电机设计的炸弹机(bombe)协助下,德军的恩尼格玛密码机大受威胁,炸弹机是艾伦·图灵与高登·威奇曼(Gordon Welchman)仿造 1938 年的波兰解密机炸弹机的设计,运用一连串电子逻辑演绎器件找出可能由恩尼格玛密码机编发的密码。——译者注

学的"马克一号"计算机①，该计算机曾被里昂惕夫用来运算巨大的美国经济投入产出模型。同时，他们还可以使用贝尔实验室在新泽西州的电力计算机。1944年初，冯·诺依曼尝试了这两台机器，发现它们的作用不大。哈佛的机器花了整整五周才完成他前半部分的计算，另一个现有的选择是宾夕法尼亚大学范内瓦·布什②的微分分析机，每台都重达一吨，包括150个电机和基于光电电池的复杂机械。这些机器被描述为"巨人机"。

　　随后这一领域有了重大发展。1943年夏末，冯·诺依曼在宾夕法尼亚州阿伯丁车站的站台上等火车，这时一位名叫戈德斯汀中尉的年轻数学家走近他。戈德斯汀正在宾夕法尼亚大学摩尔学院从事一项新的开发工作。戈德斯汀回忆道："当冯·诺依曼清楚地知道我正在开发的是一台能够进行333次/秒计算的电子计算机时，我们整个的谈话气氛从轻松幽默变成了更像数学博士学位的答辩。"（Macrae, 1992, 第281页）

　　戈德斯汀说的是一种ENIAC③（电子数字集成计算机）的机

---

① "马克一号"是美国第一部大尺度自动数位电脑，被认为是第一部万用型计算机。采用全继电器，长51英尺、高8英尺，看上去像一节列车，有750 000个零部件，里面的各种导线加起来总长500英里。——译者注
② 范内瓦·布什（Vannevar Bush，1890—1974），二战时期美国科学家、工程师。战时他创立的美国科学研究局（OSRD）对美国取得二战胜利起到了关键性的作用，当时几乎所有的军事研究计划都出自范内瓦的领导，其中最著名的莫过于"曼哈顿计划"。——译者注
③ ENIAC，全称为Electronic Numerical Integrator And Computer，即电子数字集成计算机。ENIAC是继ABC（阿塔纳索夫-贝瑞计算机）之后的第二台电子计算机和第一台通用计算机。它是完全的电子计算机，能够重新编程，解决各种计算问题。它于1946年2月14日在美国宣告诞生。承担开发任务的人员由科学家冯·诺依曼和"莫尔小组"的工程师埃克特、莫奇利、戈尔斯坦以及华人科学家朱传榘组成。——译者注

器，美国陆军军械部资助了一部分，但显然洛斯阿拉莫斯的军事人员并不知道此事。它是由工程师 J·普罗斯珀·埃克特和数学家约翰·威廉·莫奇利于前一年开发的。1944 年 8 月，冯·诺依曼参观了费城的实验室。他看到了一个长 100 英尺、高 10 英尺的机器怪物。它有 17 000 个真空管、70 000 个电阻器、10 000 个电容器和 6 000 个开关。尽管冯·诺依曼感到十分震撼，但天性使然，他的思维立即跳到如何改进其逻辑的设计上。

他思考如何利用 ENIAC 来协助空气动力学爆炸的计算。显然，重置程序需要很长时间，且每次必须将所有数据输入计算机的累加器。尽管计算速度会比哈佛"马克一号"快得多，但是输入需要更长的时间。他们需要某种存储程序的方法。形势发展得很快，冯·诺依曼对如何做得更好闪现了新的灵感。阿伯丁弹道研究实验室同意在 1944 年 8 月底研究他的建议。1945 年初，上级要求他报告实际进展。1945 年 3 月，他发表了 EDVAC（电子离散可变自动计算机）的报告草案。这份 101 页的报告是他在乘长途通勤火车到洛斯阿拉莫斯途中手写的，他把这份手稿寄回了费城的摩尔学院。

这份关于 EDVAC 的报告改变了世界计算发展的未来。一段时间以来，冯·诺依曼一直在思考人脑是如何工作的，以及机器如何可以像大脑一样工作。现在，他的报告解释了现代计算机的构成：它应该有三个基本组件，即一个中央处理单元进行中央分析、一个中央控制部分提供正确的操作排序，以及一个用于数据和指令的内存。数据可以通过电传线胶带、磁丝、钢带或穿孔卡输入。他写道："这三个部分……与人类神经系统中的神经元是相对应的。"（Von Neumann，1945b）

该研究提出了一种新的结构形式：具有简单固定结构的计算机，可以通过编程来执行任何类型的计算，而无须对电路重新布线。这被称为程序存储技术，它将成为未来几代高速数字计算机的基础。根据存储在内存单元的数据指令程序，运算可以随时中断和重启。这允许子程序不必重新编程，但可以在内存中保持完好，以便根据要求读取，许多程序都可以通过子程序库进行组合。这些技术不久以后就成了行业标准做法。

报告详细介绍了"极高速自动数字计算系统"的设计。与采用十进制的 ENIAC 不同，该系统采用的是二进制。计算系统结构尽量简单，从而避免繁杂的操作。这种给机器下指令的先进编程系统，也改变了计算机程序员的角色，冯·诺依曼的妻子克拉里（她一直在普林斯顿从事统计工作）成为世界最早的现代程序员之一。冯·诺依曼指导她用程序语言负责美军的编程工作。

在希特勒自杀和欧洲轴心国投降之后，摩尔学院做出了一个不同寻常的决定：他们为美军（当时仍处于战争状态）打印了 EDVAC 报告，并在 1945 年 6 月 30 日作为专著出版。这是一种非常开放的做法。在这份报告发表的同一周，《联合国宪章》在旧金山签署，对一些乐观主义者来说，这一宪章预示着即将诞生一个新的和平的世界政府。EDVAC 报告在国际上广为流传。由于其中包含了大量技术细节，原则上任何人都可以据此构建 ED-VAC。这也许可被视为当今的开源计算传统的开端。它引致世界各地的许多研究人员试图建立自己的机器，并不断提出各种改进的建议。几年后，摩尔学院造出了一台样机。在此之前，剑桥大学的工程师已经在报告草案基础上造出了自己的机器,并取名为EDSAC。①

并非所有人都欢迎该报告的发表。当时,洛斯阿拉莫斯仍在计算高度机密的原子弹试验。此外,ENIAC 的先驱埃克特和莫奇利对此表示反对,称该报告包含其商业机密的知识产权,并随之将他们的 ENIAC 计算机(他们一直试图获得技术专利,并进行商业化推广)投放市场。冯·诺依曼本人并没有因它获利,他似乎对它的商业影响也不感兴趣。

大约在 1945 年该报告发表的同时,冯·诺依曼在美国顶级经济学杂志上发表了一篇革命性论文。他刚刚改变了计算的未来,这篇新论文又将对动态经济模型的未来产生深远影响。作为一名数学家,经济学家们对他知之甚少,但这并没有阻碍他对经济学领域的研究。通过对数学的研究,他掌握了一些复杂的工具,而数学在爆炸方面应用的研究也给了他一些新的见解。当炸弹击中目标时,整个系统都会受到冲击波的影响,那么,在一个动态的经济系统中会有类似的情况发生吗?

早在 1928 年的暑假,冯·诺依曼在布达佩斯遇到了另一位杰出的布达佩斯经济学家,名叫尼古拉斯·卡尔多。尽管他的左翼思想与冯·诺依曼的右翼观点形成鲜明对比,但卡尔多和冯·诺依曼很相似:阳光、聪明、坚强、分裂。虽然存在分歧,两位还是成了好朋友。冯·诺依曼去世后,卡尔多对他的朋友说,"毫

---

① EDSAC,电子延迟存储自动计算器(Electronic Delay Storage Automatic Calculator)是英国的早期计算机。1946 年,英国剑桥大学数学实验室的莫里斯·威尔克斯教授和他的团队以 EDVAC 为蓝本,设计和建造 EDSAC。1949 年 5 月 6 日正式运行,是世界上第一台实际运行的存储程序式电子计算机。——译者注

无疑问,他是我遇到的人中最接近天才的。"如同对许多分析学科感兴趣,冯·诺依曼也对经济学感兴趣。他与卡尔多进行了多次经济学方面的讨论,并请卡尔多推荐一些阅读材料以了解现代经济学背后的数学模式。卡尔多此后成了凯恩斯的同事、支持者,最终又成为凯恩斯主义的批评者。他知道沙赫特的作用,他在上议院中赞许地引用了沙赫特的话,并声称了解康托洛维奇的研究(Pizano,2009;Loc,1240)。

卡尔多推荐经济学新手冯·诺依曼研究一本由里昂·瓦尔拉斯写的数理经济学入门读物。瓦尔拉斯通过对研究古典经济学和边际效用概念,推导出一个经济体中投入和产出的供求状况(里昂惕夫研究的理论先导)。有了这个框架,原则上应该能够编写方程来解释一个经济体是如何运作的。冯·诺依曼以他惯有的高效率读完了这本书。他向卡尔多反馈说,瓦尔拉斯的论述存在若干问题,特别是没有从假设的最优个人行为中解决社会成本问题。此外,瓦尔拉斯的方程式对市场出清做出了不切实际的假设。更根本的是,冯·诺依曼认为取消联立方程组,重新设计整个系统会更加现实,以便它在约束条件下实现福利最大化(实际上是康托洛维奇线性方程的变体)。

大约也是在这个时期,冯·诺依曼在柏林参加了由犹太裔乌克兰经济学家雅各布·马尔沙克[1](他1928年在柏林的基尔研究所工作,里昂惕夫当时也在此工作)举行的经济学研讨会。肯尼

---

[1] 雅各布·马尔沙克(Jacob Marschak,1898—1977),经济学家,信息经济学的创始人。1959年发表《信息经济学家评论》一文,标志着信息经济学的诞生。——译者注

斯·阿罗[1]从研讨会的另一位参与者那里听说，当马尔沙克在黑板上写出生产函数时，冯·诺依曼变得非常兴奋，他跳了起来用手指着黑板（大约是说）："但这里你想要得出的肯定是不等式而非等式吧？"马尔沙克说，会议无法正常结束，因为冯·诺依曼已经起身在会议桌边徘徊，快速且大声地推导生产的线性规划理论（Macrae，1992，第252页）。

1932年回到美国后，冯·诺依曼在普林斯顿的数学研讨会上做了半个小时的无稿演讲，题目是"关于经济学的某些方程和布劳尔定点定理的概括"。同事们对这次演讲有印象，但没有记录，也没有正式的文献记载。1936年，冯·诺依曼出席了在著名的维也纳大学卡尔·门格尔学院举行的数学会议。该学院在1928年至1936年期间汇集了欧洲顶尖数学家和一些经济学家。门格尔学院请冯·诺依曼进一步阐述他1932年在普林斯顿的非正式演讲中的内容。这一次，冯·诺依曼写了一篇论文，但只有9页，非常简练。据推测，这可能是冯·诺依曼在巴黎一个酒店房间里的潦草之作。当时他正沉浸在奥地利的合并使他的祖国受到威胁、对犹太人的限制日益增加、欧洲政治恶化，以及第一次不幸婚姻的极度悲痛之中（Leonard，2008，第46页）。

在数学研讨会上，他提交了普林斯顿演讲的书面版本，旨在回答"在什么条件下，可以对瓦尔拉斯和卡塞尔一般均衡模型中

---

[1] 肯尼斯·阿罗（Kenneth Arrow，1921—2017），美国经济学家，于1972年因在一般均衡理论方面的突出贡献与约翰·希克斯共同荣获诺贝尔经济学奖。他在微观经济学、社会选择等方面卓有成就，被认为是战后新古典经济学的开创者之一。除了在一般均衡领域的成就之外，阿罗还在风险决策、组织经济学、信息经济学、福利经济学和政治民主理论方面做出了开创性的贡献。——译者注

存在的非负价格因素找到一个有意义的解"。这证明了在一个扩张的经济系统中存在均衡的定理（瓦尔拉斯和卡塞尔理论还指导里昂惕夫建立了开创性的投入产出模型）。

对于冯·诺依曼就不断扩张的多部门经济体所做的开创性但非常简明的阐释以及指向一个鞍点的解，很多参会人员依然不得要领。这是冯·诺依曼使用对偶原理的首篇文章。如果首要目标是优化资源配置，那么它的对偶则是一个资源评估问题。这是最后一次数学研讨会，因为纳粹入侵奥地利阻止了任何未来可能举行的会议（战后里昂惕夫试图恢复类似的会议）。该论文于1937年以德语发表在研讨会的最后一期论文集中。

两年后，冯·诺依曼写信给当时在伦敦国家经济和社会研究所工作的同行卡尔多，随附了一份该论文的单行本，并标注上"作者的道歉"。卡尔多承认，他自己无法理解，但他认为这可能非常有价值，并希望让更多的经济学家读到它。他安排一位在英国避难的同行将德文翻译成英文，随后把它寄给了一位杰出的前同事戴维·钱珀瑙恩（David Champernowne），英国数理经济学家艾伦·图灵的助手。他在剑桥大学国王学院时曾是凯恩斯的学生，也是凯恩斯国民账户研究的合作者。钱珀瑙恩在首相办公室的统计处工作，从事战时统计、方案拟订和战时决策工作。他写了一篇评论，帮助解开了这个非常复杂的数学论述，并将其解释给了英美经济学家。征得冯·诺依曼同意后，卡尔多安排将翻译的原稿和钱珀瑙恩的评论在1945年的《经济与统计评论》中一并发表，题为《一般经济均衡模型》，比原来德语的内容简化得多——该模型此后一直被称为扩张经济模型（EEM）。这前后花了10多年的时间，但现在经济学家对此非常重视。

该模型具有开创性,因为它表明,在某些条件下,经济可以达到均衡,以尽可能低的成本生产尽可能多的产出。而随着时间的推移,产出可以不断扩大。这是一种新方法,是首次尝试对一个非静态且正在经历持续变化的经济体建模,原则上这一方法可以用来确定经济扩张的条件。

然而,它有许多不切实际的假设,例如经济不受劳动力供给或资源供给的限制,经济将继续以目前的结构增长。冯·诺依曼构造了一个技术因子、一个价格向量和一个强度向量(产能利用率),所有这些都与里昂惕夫的投入产出模型有些类似。生产过程的回报率等于利率(即没有利润可赚取)。基于这些假设,冯·诺依曼说明了在达到均衡状态时,经济增长率将等于资本成本。

起初,经济学家们对此文有些困惑,它太简短新颖,深奥难懂,主要运用数学语言(这是冯·诺依曼最喜欢的语言,相比之下他不喜欢作为第三种外语的英语,尤其是在解释疑难问题时)。冯·诺依曼从未想过他的模型是一个真实经济体的全部。对数学家来说,这是一个纯粹的数学问题,即首次使用不动点定理来证明一般均衡的存在。有最大和最小函数的解法,还有鞍点特性,构成了在数学上具有开创性的对偶理论。

经济学界有一些反对的声音,其中一些是由于误解。而一些左翼经济学家认为,这篇论文意味着冯·诺依曼提倡将工资保持在维持生计水平的经济上(这也和康托洛维奇与他的马列主义同事遇到的问题类似)。相反,事实上冯·诺依曼要说明的是,劳动力应该从低生产率部门转移到高生产率部门,而在工资涨幅不是过高时,最有利于经济增长。他的做法消除了主要生产要素和产出之间的区分，从而弥合了康托洛维奇和里昂惕夫在"原始生产要素"（即劳动力）方面的分歧：劳动力是生产要素，工人需要消费商品才能生产其他商品。一些人认为，冯·诺依曼在暗示，利率的改变将立即影响经济增长率，后来的凯恩斯学派与货币主义学派在其激辩中也提到了这一点。其实，冯·诺依曼表达的思想是长期增长与资本的实际成本有关。另一些人则对模型的循环流动感到困惑，在模型中所有产出对应的投入本身也是产出。保罗·萨缪尔森写道："EEM 是一个模型，所有东西都是在其他东西的基础上生产的。"（里昂惕夫的投入产出模型也揭示了同样的循环原理）

冯·诺依曼认为，这一特殊方程组未必有解，里昂惕夫本人并不赞同这一观点。他们同为美国哲学学会的会员，在一次美国哲学学会的会议上，里昂惕夫对冯·诺依曼发表的论文提出了质疑。他后来告诉一位采访者："这没有任何意义。真是一团糟。我不能同意……我挑战了他，我说他错了，我可以证明。我有一个实例。他没有反对，也没有和我辩论。虽然并不是每个这样的系统都是有解的，但我的经济系统就可以。他对此没有反对。"（De Bresson，2004，loc. 2012）

EEM 模型可能介于纯资本主义（利润为正数）和纯共产主义（商品没有价格且劳动力作为所有价值的来源）之间。最终，它被理解为一种综合，可以澄清计划经济和市场经济之间的区别。它代表了康托洛维奇线性规划的一个特例，具有与里昂惕夫投入产出模型一样的线性产业特征。它摒弃了稳态平衡增长的概念，并推导出了一条黄金法则：利率和增长率相关，而不是和资本数量相关（最优增长理论）。因此，它有助于开创经济增长的动态模型（后来由凯恩斯主义经济学家，如里昂惕夫的研究生保罗·萨缪尔森和罗伯特·索洛以及他的俄罗斯同事在哈佛大学继续开展研究）。其中几位经济学家还因自己的努力获得了诺贝尔经济学奖。经济学家们已经意识到这篇论文将经济学理论的研究推向了一个新的复杂水平。

和许多其他20世纪20年代初曾经生活在德国的人一样，冯·诺依曼总是担心不稳定、通货膨胀以及糟糕的政策和政治。在大萧条时期，他实际上支持促进有效需求的"新政"政策，但像里昂惕夫一样，他并不认为自己是一个经典的凯恩斯主义者。尽管他渴望参政，但他现阶段更侧重理论研究而不是实际应用，他从来没有指望自己的模型会被用于现实的宏观经济政策目的。

冯·诺依曼的研究成果姗姗来迟，无法对战时经济管理产生直接影响。半个世纪后，艾略特·罗伊·温特劳布[①]教授重新发掘了它，他宣称"这是数理经济学有史以来最伟大的论文"。当现代读者重温这一作品时，温特劳布的观点得到了许多有影响力的经济学家的支持。在1989年一本题为《约翰·冯·诺依曼与现代经济学》的著作中，多尔等人追溯了这位数学家对里昂惕夫、康托洛维奇和其他诺贝尔奖获得者的开创性研究产生的重要影响，最终使学者们可以更复杂巧妙地分析动态宏观管理和稳定（Dore et al.，1989）。

---

① 艾略特·罗伊·温特劳布（Eliot Roy Weintraub），美国数学家、经济学家，1976年以来一直在杜克大学任教，致力于从技术、方法论、历史视角以及宏观和微观层面研究经济学与数学之间的关联。——译者注

1945 年：博弈论与对抗

1945年4月，欧洲战争终于接近尾声：苏美两军在德国的易北河会师。几天后，柏林被苏军包围，墨索里尼在意大利被绞死，达豪集中营被美军解放，希特勒自杀。随后，德国在5月7日宣布投降。在太平洋战场，日本人正在从中国和东南亚撤退，但中国国共两党之间再次爆发战争。

随着一些传统大国的战败或衰落以及核武器的诞生，各个军事、政治和经济战略家都在寻求一种解释新的权力平衡的方法。冯·诺依曼为他们提供了一种新工具，即博弈论。

博弈论的起源可追溯到几年前，冯·诺依曼的几位匈牙利教师曾写过关于博弈数学的文章（Leonard，2008，第27页）。1921年，法国数学家埃米尔·博雷尔（Émile Borel）以扑克为例，首次发表了一篇关于博弈数学的论文。他的最终目标是找到一种在任何博弈中都可以采用的唯一最优策略，但他没能深入研究下去。

在苏黎世和哥廷根时，冯·诺依曼不仅与数学同事下棋，还玩扑克，但牌风不太好。在等待别的玩家出牌时，他总是开小差思考牌局以外的其他问题。早在1926年，他就向哥廷根数学协会提交了一篇关于博弈论的早期论文。他的论文表明，在两个利益完全对立的玩家之间进行一个定义明确的博弈，将会产生一个理性的结果。而这个结果就是两位玩家都明白，根据游戏规则，他们没法做得更好了。

两年后，冯·诺依曼在一篇题为《帕洛尔博弈理论》的创新数学论文中进一步发展了他的理论。它为此类比赛提供了决策规则，包括更复杂的游戏，其中玩家需要考虑连锁反应，例如考虑第二个玩家期望第一个玩家做什么。在两个人的零和博弈中（即如果一个玩家获胜，另一个玩家必须输），这篇论文提供了一个合理的策略，即最大限度地提高潜在收益或尽量减少损失。总的来说，这种策略将赢得未来，这就是今天所谓的"极小极大策略"。冯·诺依曼表示，在这些条件下，两位玩家的最小最大（minimax）结果是等价的。这篇论文独立地确立了博弈论的基本概念。

冯·诺依曼意识到他的理论还不是很成熟，于是继续深思熟虑，考虑这一理论将来在金融、经济和政治方面的应用。在1936年的维也纳座谈会期间，他遇到了一位奥地利裔德国政治学家奥斯卡·摩根斯特恩（Oskar Morgenstern），他是维也纳大学的经济学教授，一直在研究完美预测和不完全信息的课题。1938年，摩根斯特恩访问了普林斯顿大学，部分原因是有机会与冯·诺依曼合作。当他在普林斯顿时，希特勒以合并为幌子入侵了奥地利。摩根斯特恩决定留在普林斯顿，在那里他有机会与冯·诺依曼合作。在此期间，冯·诺依曼又写了几篇关于博弈论的数学论文。

摩根斯特恩与冯·诺依曼就更现实的博弈中可能发生的情况展开了辩论。他特别感兴趣的是，博弈者获得不完全的有关博弈结果的信息，以及有多方参与博弈的情形。1941年，摩根斯特恩将自己记录的观察结果给了冯·诺依曼。后者是阅读他人作品的专家，他立即向摩根斯特恩建议如何改进和扩展它。最初，这份作品打算以一篇文章的形式发表在《政治经济学杂志》上。冯·诺依曼的女儿回忆说，两位学者常在拿骚俱乐部利用早餐时间进行不间断的讨论和交流。经过他们两位的讨论和发展，这篇文章扩展成为小册子，继而从100页的薄书又最终扩展成一份641页的著作，冯·诺依曼也成为作者之一。

《博弈论与经济行为》出版于1944年。如果说冯·诺依曼的EEM模型晦涩难懂，那么这本书的出版立即就引起了经济学家和其他人的兴趣。《纽约时报》在头版对此进行报道也反映了这一点。博弈论部分主要由冯·诺依曼执笔，而经济行为部分主要由摩根斯特恩撰写。事实证明，这二人的组合非常强大。哈罗德·库恩[①]对他们的角色描述如下："如果冯·诺依曼在单性繁殖的特殊行为中同时扮演父亲和母亲的角色，那么摩根斯特恩就是助产士。"与里昂惕夫在哈佛大学出版社的经历一样，普林斯顿大学出版社审阅了这本书，并预计它不会畅销。但他们惊奇地发现，它卖得很好，多次重印。事实上，由于晦涩难懂，它被描述为20世纪最有影响力但阅读人数最少的书籍之一。它首次在经济学中建立了二元决策模型。

美国数学家阿瑟·科普兰是该作品的首批读者之一。他写道："这本书可能会被后人认为是20世纪上半叶最主要的科学成果之一。它为建立一门新的严谨科学——经济科学打下了坚实的基础。"（Copeland，1945，第498页）

这本书为互惠互利（give-and-take）的商业竞争设定了框架，但利益不一定是货币，它们可被统称为"效用"。这样，冯·诺依曼和摩根斯特恩将商业计划或经济策略简化为如客厅游戏般的简单形式，可以对其构建数学模型。冯·诺依曼和摩根斯特恩指

---

① 哈罗德·库恩（Harold Kuhn，1925—2014），研究博弈论的美国数学家，1980年与戴维·盖尔（Dauid Gale）和阿尔伯特·塔克（Albert W. Tucker）获得冯·诺依曼理论奖。他还因为非线性规划中的库恩－塔克定理而闻名。——译者注

出,在博弈（商业竞争、客厅游戏或生活博弈）中,参与者经常需要依据概率而不是基于特定选项做出选择。他们表明,如果要对这些特定选项进行选择的话,就应该给每个选项分配一个"效用"数值,借此确定最优策略。

作者从单人博弈开始（例如鲁滨孙·克鲁索型经济学）,然后转到有固定奖励的双人博弈。对冯·诺依曼来说,这是一个将他在玩扑克游戏时钟爱的虚张声势和第二次猜测行为转化为正式理论的机会。他们展示了不对称信息和虚张声势都可能使结果复杂化。随后,他们将博弈环境扩展到涵盖三到四个直至任何数量的参与者来进行分析,并区分了合作博弈和非合作博弈。

此后,以冯·诺依曼的理论为基础,经济学家创建了不确定性下的效用理论和选择理论。在现实经济中,大多数情况都具有半竞争、半敌对、信息不对称以及混合策略的特点,这造成博弈者很难做出最终选择（这些问题将由约翰·纳什和其他经济学家,如冯·诺依曼的布达佩斯同学约翰·海萨尼创建其他的均衡条件加以解决,从而使博弈更符合现实）。

博弈论的最初关注点是引导寡头垄断行业的商业行为,并刺激在诸如贸易谈判等情况下的经济策略。随后,博弈论的应用研究扩展到心理学、社会学等其他诸多领域。随着战后局势的紧张,冯·诺依曼非常热衷于将博弈论应用于政治、经济和战争。据说,这种兴趣可能源于他儿时最喜欢的一种叫作克里格斯皮尔（Kriegspiel）的策略游戏,它起源于普鲁士的军事训练演习。1866年,被普鲁士军队击败后,奥地利军队采用了这种游戏进行军事训练,而冯·诺依曼则玩过这个游戏的儿童版（高桥是清或许知道这个游戏，因为日本军方也采用了它。一些人将日本在1905年击败俄国归因于此。这些想法对孔祥熙来说并不奇怪，因为中国著名的《孙子兵法》也是有关博弈策略的，并且与象棋也有相似之处）。冯·诺依曼以博弈论的视角预测第二次世界大战，他对同事坚称盟国将会获胜，部分归因于这些国家的工业优势。不久后，随着冷战的发展，他也开始对美国和苏联之间发生冲突的可能性感兴趣。在此期间，他继续在洛斯阿拉莫斯为"曼哈顿计划"工作。

1945年年中，谜底终于揭晓，原子弹轰炸的首个目标选定了日本，这是因为日本地方军事领导人呼吁针对美军可能在日本本岛登陆展开大规模的自杀性防御。洛斯阿拉莫斯会议的主要议题是选择投放原子弹的具体目标，并为此设立了一个目标小组委员会，冯·诺依曼被聘为顾问。美国空军提出了六个目标：京都、广岛、横滨、东京皇宫、小仓兵工厂（南部福冈附近）和新潟。第二组目标由美国情报部门提供，包括东京的邓禄普橡胶厂、一家钢铁厂、一家机身厂、一个船坞和一个军火库。原子弹目标小组委员会希望原子弹可以对日本（最好连苏联也算上）造成恐怖的示范效应。冯·诺依曼反对所有的工业目标，认为它们更适合当时正在进行的大规模常规轰炸。他的首选是京都，但遭到战争部长亨利·斯蒂姆森（Henry Stimson）的否决，他认为京都是佛教和神道教的圣地，选择这个目标是不文明的（这个观点没有说服冯·诺依曼）。

到6月时，横滨的大部分已经被摧毁，因此在名单中被另一个港口城市长崎取代。冯·诺依曼也同意最终目标可以在广岛、小仓兵工厂和长崎中选择。7月16日，冯·诺依曼在新墨西哥州沙漠中观测到"三位一体"核试验的成功,这表明他提议的钚弹引爆装置发挥了作用。他面无表情地计算出,由此产生的 2 万吨 TNT 当量的爆炸将使一座近 50 万人口的城市化为灰烬。这些计算表明,与欧洲轰炸不同,其目的不是破坏已经被有效摧毁的日本经济能力。冯·诺依曼此时还不知道放射性那挥之不去的影响(后来得知这一情况后,他非常痛苦),他的目标选择意在杀死尽可能多的平民,以此来证明霸权的可怕。然后,他构建了一个基于博弈论的数学模型,用于规划美军的轰炸航线,从而最大限度地减少被击落的概率。

剩下的就和历史上所知的一样了。1945 年 8 月 6 日,U-235 原子弹("小男孩")在广岛市投下。三天后,原计划在小仓投下使用冯·诺依曼点火装置的钚弹("胖子"),但遇到云层覆盖,美国空军飞行员继续飞行,把这第二枚原子弹投在了长崎市。两枚炸弹都按计划爆炸,破坏力十分可怕。对冯·诺依曼而言,这是一次巨大的成功。他目睹了爱因斯坦和奥本海默领导的科学家们对此流露出既喜悦又悔恨的情感。他有些嘲讽地评论道:"有些人因带来光明而承认有罪。"(Macrae,1992,第 245 页)

半个世纪前,高桥是清在日本银行西部分行开始了他的经济学生涯。他经常访问广岛市。由于日本意在图谋占领西伯利亚和中国东北,广岛迅速发展成军事中心。1945 年 8 月 6 日,由于冯·诺依曼的计算和选址,高桥是清记忆中的广岛中心消失了,随之而去的是日本的军事冒险。

冯·诺依曼（右）与罗伯特·奥本海默（左）在 IAS 计算机前

第 8 章 战后经济学家

1946 年，战后的经济学家

"即使原子弹没有被投下"

广岛，高桥是清开始学习经济政策的地方，已被夷为平地。1/4 的人口当场死亡，另有 1/4 的人受伤，物质损失巨大。然而，美国对日本的轰炸调查却糟糕地指出，"可以肯定的是，即使原子弹没有被投下，即使苏联没有参战，即使没有入侵计划或设想登陆，日本最终也会在 1945 年 12 月 31 日之前，很可能在 1945 年 11 月 1 日之前投降"（《美国战略轰炸调查》概要，1946，第 1 页），主要原因是日本的物资已经消耗殆尽。

1946 年本应是和平的第一年，但与之相反，这个新时代的开始充满了动荡和混乱，去军事化、局部内战、去殖民化的压力、大国关系的日益紧张、核武器，最后还有冷战。

战败日军的残部落荒而回，在反抗的边缘徘徊。当他们撤出中国时，国共两党的军队再次爆发了激烈的冲突。与此同时，世界各地内战频发：希腊、伊朗、朝鲜半岛、菲律宾、荷属东印度群岛和印度，一些是为了追求独立，一些则是因为意识形态的碰撞所致。

由于盟国和苏联在欧洲各地的相互对峙，《波茨坦宣言》受到冲击，冷战的氛围日益突显。1946年2月9日，斯大林发表讲话，称资本主义和帝国主义之间的分歧是不可调和的，这意味着未来的战争不可避免。两周后，美国外交官乔治·凯南从莫斯科的美国驻苏联大使馆给美国国务院发了他那封影响深远的"长电报"，称战后的苏联应该受到怀疑和遏制。英国战时首相丘吉尔早就对此提出了警告。在凯南的电报发出两周后，已经下野的丘吉尔在密苏里州发表了著名的"铁幕演说"："从波罗的海的斯德丁（什切青）到亚得里亚海的里雅斯特，一幅横贯欧洲大陆的铁幕已经拉下。"斯大林愤怒地回应，指责丘吉尔的好战和对东欧的干涉。

同年晚些时候，美国国务卿宣布美国打算无限期保留在欧洲的驻军。而苏联在华盛顿的驻美大使则撰写电报对凯南的"长电报"进行了回应，称美国正在"谋取世界霸权"。不久后，杜鲁门总统提出了"杜鲁门主义"，即向欧洲具有战略意义的国家提供重建援助，以防它们落入苏联的势力范围。一个月之后，美国政府顾问伯纳德·巴鲁克（Bernard Baruch）发表讲话，将美苏关系恶化描述为"冷战"。这个定义被广泛接受并沿用下来。

在战时，经济学家一直为如何强化本国经济、削弱敌方经济出谋划策，现在却发现他们的世界也在发生变化。他们不再将重点放在限制国内消费、促进军事生产以及在金融市场瘫痪的情况下为战争必需品提供资金的政策上。相反，他们需要将注意力放在为国内生产改造工厂，满足积累已久的家庭消费需求，并协助复员和就业市场调整的进程，改造大型军工企业，重新培训劳动力。在海外，他们的注意力更具战略性：重建受损的基础设施、资助弱国发展，以及为实现稳定的世界新秩序制定政策。

1946 年：东方的和平

纪念高桥是清

1946 年 2 月 26 日是日本前大藏大臣高桥是清遇刺 10 周年。每年忌日，他的孝子贤孙（们）定会去给他扫墓。他的墓地位于福丘镇附近的多磨灵园（Tama Reien Cemetery），距离东京市中心 20 英里，这个灵园从东京遭受的饱和轰炸及炮火中幸存。高桥是清在东京美丽的传统木屋也得以幸存，现在是江户东京建筑园的一部分。

1946 年，美国就对于日本的轰炸效果进行了一次调查。结果证实，日军曾经围绕经济资源需求制定了战时战略，并计划"迅速从马来西亚、缅甸、菲律宾和荷属东印度群岛开采铝土矿、石油、橡胶和金属，再将这些原材料运到日本加工"（《美国战略轰炸调查》摘要，1946，第 2 页）。在某种程度上，这是基于高桥是清设想的东亚经济一体化战略，但是通过征服和掠夺，而非贸易和投资来实现。与德国相比，这一战略严重依赖海上供应链。最初日本建造了大量海军和民用船队，然而其中很大一部分被美国潜艇鱼雷和空投水雷击沉。据估计，到日本投降时，80% 的日本军事和商业航运船队在战斗中被击沉。轰炸调查的结论是，无法从被征服国家转运原材料是日本战争经济崩溃的主要原因。

相比之下，对日本本土的空中轰炸则不那么重要。它最初是相当不精确的，后来美军开始对日本城市采取了简单的夜间空投燃烧弹战术。美国曾批评英国对欧洲平民的无差别轰炸，但他们在日本也采取了同样的策略。1945年3月9日晚，16平方英里的东京市中心被美国空军B-29轰炸机投放的炸弹点燃的大火焚毁，造成10万平民伤亡，相当于广岛原子弹的破坏程度。武器生产和粮食供应受到严重影响，但事实证明，这种中断是暂时的。

美国的调查报告显示，美国空军对日本几乎所有主要城市都实行了战略轰炸。许多平民被杀害，但有相当一部分生产设备仍然得以幸存（34%的工业机械被摧毁，但只有10%的道路和铁路车辆受损），这表明工业生产对轰炸的破坏具有相当大的复原力。该报告的结论是，美国的轰炸应该更有效地针对铁路，而非民宅。

随着远东国际军事法庭将许多日本军官作为战犯审判，东京正在发生巨大的变化，其中包括高桥是清的接班人之一、大藏大臣贺屋兴宣（Okinori Kaya），他最终被判处20年监禁。1946年2月，麦克阿瑟将军的占领军公布了日本新《宪法》草案。日本天皇裕仁宣称，他将不再被当作神，取而代之的是在以威斯敏斯特体系[①]为基础的君主立宪制中担任国家元首的角色。《宪法》规定了民选议会和行政内阁的作用，并对其权力进行了特别限制，以防止20世纪30年代导致高桥是清被暗杀的军国主义复活。《宪法》明确放弃了政府的宣战权，并在九章简明条款中阐述了公共财政的原则，这会让高桥是清感到自豪。内阁（现在只由平民组成）必须编制年度预算并提交国会，后者则根据严格的准则来审

[①] 威斯敏斯特体系又称西敏寺制度，以英国议会所在地西敏寺命名。该制度是以民选的方式产生议会，首相由多数党领袖自动担任，是国家的最高元首。国王是国家的象征，实行世袭制。——译者注

批所有开支、审计账目并收集所需的任何财务信息；预算外不允许其他支出。如果这部《宪法》以前存在的话，高桥是清可能就不会死，也不会有数百万中国人牺牲。

孔祥熙功成身退

除了人口损失之外，当时的中国经济也陷入了困境。德国一直支持日本，而苏联支持中国共产党。孔祥熙（"行政院"副院长，还有一些其他头衔）长期以来一直把美国作为战时盟友和有利可图的资金来源国。早在1940年6月，他派小舅子宋子文到华盛顿作为行政院长的私人代表筹集战争资金，同时继续照顾家族在美国的商业利益。战争的大部分时间，宋子文都待在美国。最初，他试图为未来中国钨的出口筹集5 000万美元的贷款。当日军开始南下进攻印度时，美国国会批准向中国借出这笔贷款的一半。

自1940年以来，孔祥熙和家人主要居住在安全的香港。他在那里大量印刷"法币"，并将现金空运到重庆。但是，在没有任何适当资产支持的情况下，这些现金只会导致通货膨胀，无法用来进口中国迫切需要的武器。中国的通货膨胀率从1938年的49%飙升到1942年的235%。官方汇率为20法币兑1美元，但黑市汇率低至3 000法币兑1美元，而重庆政府则千方百计地利用官方汇率来抬高美国援助项目的成本，实际上却在黑市交易中赚取差额。

"珍珠港事件"之后，美国再次看到了支持蒋介石对抗日本和共产党的新理由。感到机会来临，孔祥熙指示宋子文打电话给美国财政部长亨利·摩根索，要求美方提供一笔5亿美元的巨额贷款，这是最初要求金额的10倍。蒋介石坚持要求对该笔贷款不担保、不付息、不附加还款条件、对贷款的使用没有限制。出乎意料的是，美国国会在一个月内就批准了这笔条件非常宽松的贷款。

在接下来的几年中，包括联邦银行（FB）在内的美国官员越来越关注美国援助资金的去向，对孔祥熙等人一直在中国内战中谋取家族利益的做法表示担忧。罗斯福总统任命劳克林·柯里①为白宫经济顾问，并派他到重庆与孔祥熙和中国政府的其他成员讨论财政和武器援助问题（应他的要求，他还在英国大使馆秘密会见了周恩来）。和里昂惕夫一样，柯里是哈佛经济学家。1934年他调到美国财政部，在那里他与摩根索和怀特一起宣传凯恩斯主义政策。他从中国回来报告说，美国对那里的改革前景过于乐观，不了解国民党中根深蒂固的浪费、效率低下和腐败。柯里是苏联的同情者，这可能影响了他的立场。然而，像往常一样，孔祥熙成功地迷惑住了他。柯里向蒋介石建议，他应该任命孔祥熙为中国驻美大使，以取代极度不被信任的小舅子宋子文。

美国继续对国民党提供战争援助，但国民党的反馈极其嘲讽。1942年，孔祥熙被指控利用2亿美元的援助款从日本占领的上海购买物资，通过其家族和控制的日本合资公司进行交易。人们普遍对这种行为感到愤怒。1943年开罗会议归来后，蒋介石不得不处理年轻军官旨在推翻包括孔祥熙在内的国民党腐败核心圈子的行动。

尽管有这些压力，根据孔祥熙的指示，宋子文和宋美龄先后

---

① 劳克林·柯里（Lauchlin Currie，1902—1993），美国官员、经济学家。早年协助罗斯福推行新政，曾任美联储研究与统计处助理处长、罗斯福总统的行政助理和经济顾问。协助制定了美国对华政策。——译者注

代表蒋介石，花费了大量时间成功游说了美国政界人士和公众。他们表示，国民党和中国是反对法西斯主义和共产主义的最后堡垒。尽管腐败日益明显，但他们还是获得了财政援助和政治支持。

孔宋家族似乎总有办法可以在官方援助、武器运输或政府采购中分得一杯羹。据不完全估算，大约在这个时候，孔祥熙和妻子宋霭龄已成为中国第三大富豪。据说最富有的是宋子文，其次是杜月笙，而蒋介石是第四位——财富都归家族所有。据估计，到1944年，孔宋家族的资产价值超过20亿美元，可能是世界上最富有的家族（Seagrave，1985，第416页）。

孔祥熙在重庆又面临新的压力：黄金丑闻。几年来，美国一直在借黄金给中国。从理论上讲，这些黄金应该由中国国有银行负责销售，以便起到稳定通货膨胀的效果。而孔祥熙却宣布，银行将在实物黄金到达之前出售"黄金券"。尽管没有任何可靠的监管，但这实际上是一个早期的商品期货市场。有传言说市场被操纵了。不出意外，被怀疑的对象就是宋家。对异常交易量的调查表明，宋家一间银行的两名职员参与了此事。两人被控操纵市场，因此遭到审判。尽管他们令人信服地声称只是奉命行事，也许命令就来自孔祥熙本人，但这两名初级雇员却因努力工作而被毫不留情地判处了死刑。一如往常，孔祥熙在丑闻中全身而退。

然而，随着家族财富的不断积累，他们内部开始出现争执。宋子文攻击孔祥熙，开始了对蒋介石的报复。为了讨好其他中国团体，他转而反对自己的家族。美国外交官罗伯特·瑟维斯写道："目前最明显的事实是，财政部长孔祥熙博士正受到几乎所有派别的攻击。被攻击的目标还有他的妻子和妻妹宋美龄。"（Seagrave，1985，第413页）

为了争夺对家族业务的控制权,这几大家族开始内讧:电视里播放着有关孔祥熙和他夫人以及宋美龄的谣言,宣传的调子是"孔爸爸变得太强大了"。在动荡的战时中国,这样的谣言是很危险的。此外,共产党方面也有宣传:孔祥熙参与了美国将军乔·斯蒂尔威尔(Joe Stillwell)发起的所谓美国战略情报局暗杀蒋介石的应急计划。这的确耸人听闻。

为了避免任何帮派或家族的报复,宋霭龄和她的妹妹宋美龄当机立断,决定离开中国前往巴西避险。此次出行的目的是保护自身的安全,但也提供了为家族在拉丁美洲购买资产的机会。巴西在第二次世界大战中一直保持中立,并且通过向作战双方供应商品而获利颇丰。宋霭龄转走了大笔资金。她一到南美就购入一批房产,并和当地有权势的人建立了业务关系。借助于在巴西、委内瑞拉和阿根廷等国银行中的大量存款,他们将家族投资分散到整个拉丁美洲的石油、矿产、航运、铁路和航空公司。

到战争即将结束时,估计有 400 万中国士兵死于日本侵略、派系斗争或饥荒,而平民伤亡人数则可能是这个数字的两倍。但孔祥熙的富有、人脉广阔、天性谨慎使他的家人能够继续享受舒适和安全的生活。1946 年,他最后一次回到上海家中。共产党正在依托他们的北方根据地来加强对沿海地区的控制。中共接手上海尚需一两年的时间,但孔祥熙明白,这只是时间问题。他处置了房产并搬走了家里的财产。在接下来的一年里,他以同样的方式处理了家族的其他房产。他意识到,当时只有在英国控制下的香港才是安全的。

他将一些资产运到了台湾,这里是国民党正在巩固的基地,但台湾本身并不稳定。蒋介石的军队填补了日军撤退的空白,但他们的表现不好，并没有受到普遍欢迎。到年底，台湾地区和日本一样通过了新宪法，但看起来这里并不是一个稳定的落脚点。从长远看，孔祥熙认为，美国是对于自己和家人来说更安全的地方。他声称宋霭龄病了，需要赴美治疗。这或许就是一个借口。为未来打算，他在纽约投资建造了新的宋家大宅。这是位于曼哈顿东北角里弗代尔的一栋宅邸，俯瞰着哈得孙河。

第二年，孔祥熙最后一次回到山西北部的祖宅，在该地区最终被红色政权占领之前关闭了祖宅。这是一次伤感的经历，因为他永远不会再回来了。他知道，他不可能与正在夺取政权的共产党和解。那一年，毛泽东宣布，没收蒋介石、孔祥熙、宋子文等四大家族和其他战争罪犯的财产。

抗战结束时，所谓的"剿共"援助还在继续，大量物资、食品、衣服和武器从美国运往中国，其中很大一部分由美国政府支付。到处都充斥着腐败，供应商、募捐者和中间商层层克扣。到1945年8月日本投降日，美国已经向中国运送了大量黄金和美元。

为确保持续的美国援助，孔祥熙十分有效地建立了一个美中支持游说团。然而，当杜鲁门总统于1945年上任时，美国政府变得更加现实和不讲情面。美国的调查显示，援助预算存在巨额赤字，而由孔祥熙和他的儿子孔令侃控制的一批公司则受到指责。孔令侃是唯一留在中国的家庭成员。随着日本投降，美国试图促成国共之间停战。乐观的美国人认为，这可以结束长达20年的毁灭性的中国内战。但是，像孔祥熙等本土顽固的现实主义者却将共产党视为继日本人之后的主要敌人。

不出所料，蒋介石于1946年7月20日对共产党的根据地发动了大规模进攻。共产党军队采用游击战反击。一年来，国民党军队伤亡100余万人。共产党北方根据地依然强大，其他根据地也得到了发展壮大。早期的一些战斗发生在孔家山西的祖籍地周围，这里已非乐土。孔祥熙是个现实主义者，他看到了中共的节节胜利，但蒋介石还将战斗下去。通过多边机构，美国援助还在继续。联合国善后救济总署（UNRRA）在1945—1947年向中国运送了价值近7亿美元的物资，其中很大一部分运抵上海，这些物资大部分卸在了杜月笙控制的码头，随后被转移到黑市（Seagrave，1985，第424页）。

孔祥熙此时已经不太关心中国的经济问题了。他专注于紧迫的个人利益，保护他的家庭和财富。他投入了大量精力和关系，将财富从中国转移到美国和中国台湾地区，以防落入共产党（和任何其他）政府手中。

早在1944年6月，孔祥熙的吹风行动已说服蒋介石解除了孔祥熙财政部长的职务。但面对着满城风雨，孔祥熙知道他现在必须离开中国才能确保自身的安全。考虑到面子问题，国民党政府给了他一个特别的任务，即去美国新罕布什尔州参加布雷顿森林会议。这是一种大家各得其所的安排：会议正在就战后时期的国际经济秩序进行谈判，孔祥熙有跨境资金转移经验，他也可以无忧无虑地进行国际投资。

1946年：西方的和平

凯恩斯的遗产

经过多年的筹备，布雷顿森林会议汇集了全球最多的经济学家和经济学理论。早在1941年，凯恩斯在华盛顿就遇到了哈里·

德克斯特·怀特，他在某些方面是凯恩斯的对立面和强硬对手。怀特是个身材矮小、秃顶、没有安全感的上班族和傲慢的犹太人。大萧条时期，凯恩斯作为教授在剑桥大学过着舒适的生活，而怀特能找到的唯一工作是在威斯康星州农村的一所小学院担任助理教授。凯恩斯写道："他不是个好同事，专横、总是想用刺耳的嗓音在思想上和举止上压制你，他对言谈举止和遵守文明的交往规则根本没有概念。同时，我也非常尊敬甚至喜欢他……他强大的意志力和建设性思维的结合意味着他所向无敌，很少有人能像他一样。"（Skidelsky，2000，第684页）

后来人们才发现，怀特原来是一个秘密间谍，专门向苏联人泄露情报。他非常钦佩苏联计划经济的方式并认为这种方法有助于新政。此外，他曾希望说服美国政府支持苏联经济。现在知道，他向苏联情报部门传递了大量机密情报。美国布雷顿森林代表团的一些成员，包括怀特和劳克林·柯里在内，被认为属于"银大师小组"。① 他们向苏联泄密，其中可能包括了"凯恩斯计划"。

1941年的圣诞节前，凯恩斯已经完成了计划草案。怀特也一样。在新年前夜，后者完成了他的《盟国间货币和银行业行动建议》。该《建议》提出了两个新的机构：一个国际货币基金和一家国际银行。该基金将帮助稳定汇率，鼓励生产性资本流动，疏通余额，调节市场，并促进稳健的信贷政策。该基金不是一种国

---

① 银大师小组（The Silvermaster group）是二战期间苏联间谍机关在美国活动的一个主要组织，1945—1959年受到美国联邦调查局的调查。该团伙主要由27名克格勃特工组成，他们从至少6个联邦机构收集情报。该组织成员大多在财政部工作，一些成员在陆军、空军和白宫工作。——译者注

际货币，但它将固定其成员国货币之间的汇率，只允许在协商一致的基础上（美国有一票否决权）进行调整，以纠正根本的不平衡。到1942年年中，怀特重新起草了他的计划，并号召召开包括苏联和中国在内的所有主要盟国的财政部长会议，审议这一计划。罗斯福最初拒绝了这样的会议安排，他认为为时过早，但最终著名的布雷顿森林会议在新罕布什尔州举行。

国际主义者高桥是清是最早看到需要达成这种多边协议的人之一，但他已撒手人寰。最早就此问题提出具体建议的人是沙赫特，他公布了他的国际汇率计划，但他当时在德国音讯全无。

1943年初，美国同时向英国、苏联和中国提交了自己的计划，并标明这是美国的独家倡议。英国人有些恼火，他们推出了与"沙赫特计划"类似的"凯恩斯计划"，但该计划根据成员国的资本份额按照一个公式进行分配，并区分了短期国际贸易融资和长期资本流动融资。随后，英国人将他们的计划交给了苏联和中国。在中国，该计划由孔祥熙审查。凯恩斯还要求苏联驻英国大使派专家讨论其计划。出人意料的是，怀特和凯恩斯的计划都得到了德国媒体的精心报道，德国人也认为后者更胜一筹，因为它建立在沙赫特和冯克的提议之上。

凯恩斯率领了一个庞大的英国代表团前往华盛顿，与怀特和美国政府进行了为期六周的艰难会谈，其间争论不断，结果令人沮丧。令人略感安慰的是，尽管盟友不赞成但敌人认同他的观点。为表彰他在战时的贡献，他被授予男爵头衔，但这并没有撼动平等主义的美国人。

有关国际金融秩序的讨论还在继续。1944年4月，华盛顿、伦敦、莫斯科和重庆（由孔祥熙主持）的财政部联合签署了一份文件，提出了召开一次大型会议来讨论此事的方案。

当士兵们发起诺曼底登陆战时，凯恩斯正在前往美国参加布雷顿森林会议的途中。这次是乘坐玛丽女王号轮船。在孔祥熙的带领下，中国代表团（会谈中规模最大的代表团）也登上了这艘船，双方有机会进行讨论。尽管战时国内积贫，但孔祥熙却率领庞大的中国代表团一路招摇。

1944年7月，筹备已久的国际会议终于召开，来自44个国家的736名代表在新罕布什尔州布雷顿森林的华盛顿山酒店聚集一堂，制订战后国际支付计划。在整个谈判过程中，凯恩斯表现出对事实的超凡掌控力。他言语清晰，非常有说服力，但他经常认为不同意他观点的人是愚蠢的。他时不时地表露出这样的个人观点，这对美国人而言则显得傲慢、霸道、不宽容和自以为是。在一次这样的会议之后，他的拥趸兼同事詹姆斯·米德沮丧地写道，"这个人在国际谈判中是个威胁"（Skidelsky，2000，第319页）。

会议开幕当天，凯恩斯在他的客厅里组织了一次私人晚宴，以庆祝剑桥大学国王学院和牛津大学新学院之间的"友好协定"签署500周年。国王学院近期还与耶鲁大学有类似的协定。为此，凯恩斯邀请了迪安·艾奇逊和他的耶鲁校友孔祥熙，艾奇逊后来因成为冷战时期的美国国务卿而闻名。英国代表莱昂内尔·罗宾斯（Lionel Robbins）记录道："凭借一位知名公司律师的精湛技巧，艾奇逊试图让阴晴不定的孔祥熙承认当前中国政策的分裂本质。不出所料，老海盗太狡猾了，孔祥熙没有入套……他把话题岔开到他与罗斯福总统和张伯伦的长期关系上……两人真是棋逢对手。"（Steil，2015，第275页）

孔祥熙在第二天召开了一次特别会议，试图唤起各国代表对中国抗日的支持。他为中国战后工业发展制订了一个庞大的外援计划（Schenk，2015，第275页）。尽管孔祥熙成功地激起了美国的民族主义情绪，但在召集国际援助方面却不太成功。在此期间，他与凯恩斯见过几次面，并使尽浑身解数和凯恩斯交了朋友。

会议期间，孔祥熙还会见了美国助理财政部长怀特，当时怀特继续在布雷顿森林体系的设计中扮演着关键角色。孔祥熙也不知道怀特是苏联的间谍和同情者。现在看来，怀特当时打算通过推迟向蒋介石政府交付美国援助来帮助中国共产党。怀特的行动得到了20世纪40年代美国财政部驻华顾问、经济学家所罗门·艾德勒（Solomon Adler）的协助。艾德勒强烈反对国民党提出的黄金贷款计划。"维诺那计划"①（Venona Papers）后来透露，艾德勒也是苏联间谍，他后来为中共政府工作。

在与凯恩斯深入讨论之后，孔祥熙同意中国将支持布雷顿森林会议中的"凯恩斯计划"，但相应的条件是中国将获得第四位的资本份额（仅次于美国、英国和苏联）。这一要求很难根据中国经济规模给出令人信服的理由，因为中国当时的GDP（包括东北但不含台湾）大约只有80亿~90亿美元。这一地位赋予了中国扩大投票权和很高的借贷潜力。孔祥熙敏锐的交易意识再次获得成功。

在会议期间，凯恩斯主持了其中一些委员会，在全体会议上（座位按字母顺序排列），他坐在苏维埃代表团团长斯捷潘诺夫的旁边（两人都不会说对方的语言）。凯恩斯向来善于抓住机会，

---

① 维诺那计划（Venona Project），是指1943年美国怀疑苏联与法国拟下缔结密约而实施的一项反情报计划，旨在截获和破译苏联情报机关发出的信息。该计划一直持续到冷战时期。——译者注

他试图借机说服苏联在第二年派遣莫斯科大剧院芭蕾舞团到考文特花园演出，但人民对外贸易委员会非常担心可能的叛逃行为。

此时，盟国在欧洲战场获胜已经没有悬念，而苏联在人力物力方面都付出了最高昂的代价。苏联利用这种道德和军事优势，从会议谈判中获取了重大利益。然而，最终由于政治上的猜疑，苏联拒不同意《布雷顿森林协定》，冷战的信号已经显现。

在由凯恩斯亲自主持的全体会议上，英国代表团再次强烈主张"凯恩斯计划"。但越来越明显的是，美国人拥有所有的谈判优势，而英国却没有。最终，"凯恩斯计划"被否决，布雷顿森林会议接受了修订后的关于未来国际金融监管的"怀特计划"。尽管孔祥熙在游说美国政府方面很成功，但凯恩斯没有那么成功。在接下来的两年里，凯恩斯和莉迪亚多次访问美国，讨论英国的金融安排。路途劳顿使他俩都不堪重负。

凯恩斯一直盼望着战争结束，并成为赔偿和经济安全的官方委员会成员。在他的影响下，该委员会的报告提出了战后赔偿的支付和使用原则。凯恩斯根据他从第一次世界大战中得出的经验，敦促应根据实际情况核定赔偿金额并应侧重于经济重建。在波茨坦会议上，三位盟国领导人商定了应遵循的基本原则。后来，英国政府试图澄清如何应用这些原则。凯恩斯的前同事阿莱克·凯恩克劳斯是讨论这一议题的国际代表团中的英国财政部代表。他非常了解凯恩斯在1918年得出的经验，并基于这些经验提出自己的论点。然而，美国和英国政府最终都认为，商定的原则行不通，因为他们不能眼睁睁地看着苏联占领东欧并有计划地掠夺那里的工业基础设施。

凯恩斯的美国之行最终以《美英借贷协议》告终，该协议让凯恩斯非常沮丧，称之为"金融敦刻尔克"。他再次被证明是对的：原子弹在广岛投下一周后，美国在没有任何协商的情况下，以非常强制的方式取消了借贷协议。英国人背负了巨额债务（超过200亿美元的美国贷款）。具有讽刺意味的是，以他在第一次世界大战后的自由主义立场来看，这次美国给战败国德国的财政协议比给其英国盟友的要好得多。英国政府再次依靠凯恩斯的论点来反对这一解决方案，但这次他们几乎无牌可打。此外，刚刚在英国当选的工党新政府对他们接手的财政问题知之甚少，他们对凯恩斯的信心有限（尽管新财政大臣休·道尔顿是他的学生），而且政治立场不同。凯恩斯感到被冷落、疲惫、年迈和沮丧。

1945年底，美国的艰难之旅彻底拖垮了凯恩斯，他自此再未康复。那一年，他为农场工作人员和布卢姆斯伯里的朋友们在蒂尔顿举行了一顿丰盛的圣诞晚餐。凯恩斯知道他应该减少工作量，但仍然觉得必须完成一些经济和文化报告。他警告英国政府，开支仍然过高，需要紧急削减开支。他写了另一篇题为《海外政治和军事开支》的论文，强调了英国的紧缩政策、进口和国际融资问题。

尽管才60多岁，但凯恩斯已明显衰老，健康状况一直很差。他时常受到一系列心脏病轻微发作的困扰，这迫使他每天至少卧床12个小时。然而，这并没有影响他的工作产出，也没有减弱他对可能建立一个更好的国际组织的强烈向往，他的目的是帮助重建被战火摧毁的世界，避免重蹈第一次世界大战之后引发第二次世界大战的覆辙。他目睹了国际联盟的失败。如今，他看到了新一届联合国大会的第一次会议于1946年初在伦敦举行，而他迫切希望更好的结果。

尽管遭受了种种挫折和争议，但凯恩斯认为布雷顿森林体系还是为国际金融稳定提供了最好的保障。他没有听从医嘱，而是做了最后旅行，前往佐治亚州的萨凡纳，参加国际货币基金组织和世界银行的揭牌仪式，并被任命为英国理事。经过多年的思考、政策论证和谈判，国际货币基金组织和世界银行的最终设计并没有完全遵循凯恩斯模式，但无论如何，他都对这一结果产生了巨大影响。凯恩斯所到之处受到所有与会者的欢迎，现场充满了赞美的语言和热烈的掌声。他似乎知道这将是他最后一次出访。

1946 年 3 月，他回到英国。这是一次艰难的旅行，他的病情越加严重。尽管如此，他还是完成了关于萨凡纳会议的正式报告。据传他还写了另一篇文章，谴责美国的布雷顿森林政策，并敦促英国政府不要批准该协议，当然从来没人见过这篇文章（Moggridge，1992，第 834 页）。

回到伦敦后，凯恩斯很快又忙碌起来。他和往常一样，把时间花在了各种兴趣上：各种会议、参与财政部的预算讨论、履行他在政府和企业的工作职责，以及参加各种俱乐部的晚间会议。他甚至起草了关于萧伯纳和牛顿的文章。他认识萧伯纳，同时一直在收集牛顿的著作。最后，随着复活节的临近，他带着一大盒官方文件，回到萨塞克斯的蒂尔顿农场"度假"。在那里，他每天工作、阅读、写作，和农场经理交谈并去查尔斯顿访问布卢姆斯伯里的朋友们。他每天和莉迪亚以及他的母亲一起沿着萨塞克斯丘陵进行锻炼。4 月 20 日，他和莉迪亚在一个晴朗的春天开车到丘陵的山顶，享受着异常温和的天气。他决定步行几英里回到农舍。这一行为太过冒险，他当晚上床睡觉时感到特别疲惫。第二天凌晨他心脏病发作，再也没有醒来。

几天后，约翰·梅纳德·凯恩斯在布莱顿的一个小型私人仪式上火化，只有几个亲密的朋友和家人参加。他的骨灰撒落在蒂尔顿的萨塞克斯丘陵地区，他过去常在那里散步（35年后，莉迪亚的骨灰也撒落在那里）。一周后，在威斯敏斯特教堂举行了正式的追悼会，一大群杰出的哀悼者来悼念这位天才。

很难相信凯恩斯的时代终于结束了，因为他长期主导着经济政策思维，并彻底改变了宏观经济学。与他一起参加布雷顿森林会议的同事莱昂内尔·罗宾斯爵士在日记中写道："凯恩斯一定是有史以来最杰出的人之一，他有快速的逻辑思维能力、像鸟一样敏锐的直觉、充满灵性的渊博知识和宽广的视野，尤其是无与伦比的准确用词。这些加在一起，使等闲之辈望尘莫及。"

沙赫特是经济学的罪人吗？

尽管战争和冲突造成了分裂，但许多西欧经济学家彼此是相互了解的。凯恩斯逝世的消息在1946年传遍了全世界，但对于在纽伦堡监狱中的哈马尔·沙赫特来说却姗姗来迟。

在战争期间，沙赫特的生活发生了巨大变化。60多岁的他已经被纳粹政权遗弃，他的原配（长期分居）在战争初期因病去世，他的两个孩子长大后也离开了家。沙赫特曾被认为是一位杰出的老牌政治家。他的传记作者约翰·魏茨（John Weitz）说，他看似冷酷的外表下隐藏着一个崇拜女人的男人，而这个男人对某些女人是有吸引力的。尽管如此，他严肃且越来越让人不可接近。他遇到了慕尼黑艺术学院的艺术家曼奇。她魅力四射、年轻并有文艺范儿，比他小30岁。他说，和大多数人一样，她起初认为他是"一个呆板、冷漠、不苟言笑的人"，随后她惊讶地发现，在冷酷的外表下，他有着更多人性化的一面。曼奇拥有"苗条的身材、玲珑的曲线、美丽的卷发和蓝眼睛，这几乎就是博格豪森教堂埃普尔（epple）天使的模样"（Schacht, 1956，第370页）。起初，沙赫特担心与她关系过于密切，因为他知道，在一些纳粹分子眼中，他已成为政治不可靠人物，身处危险之中。然而，他还是给希特勒打了电话（最后一次）并明确告诉他，他要再次结婚。次月，他和曼奇成婚。他们去瑞士度蜜月，造访了卢加诺和甘德里亚。即使在度蜜月和退休期间，沙赫特也让瑞士人从他关于如何对待德国煤炭政策的建议中获益。

  蜜月回来后，这对夫妇从柏林搬到位于古伦的偏远乡间别墅。通过私人关系，沙赫特了解到德国打算进攻苏联。与高桥是清和凯恩斯一样，沙赫特也是国际主义者。如同孔祥熙和凯恩斯，他对苏联没有爱，"只要苏联政府继续宣传世界革命，我们显然一定会把这看作对德国的威胁"。像德国这样的高度工业化国家在任何情况下都不能容忍布尔什维克主义。尽管如此，沙赫特还是相信入侵苏联是纯粹的疯狂之举（据战略情报局的多诺万说，沙赫特警告美国驻柏林大使馆注意即将到来的纳粹袭击。事实证明，他是正确的，德国的战败也导致了他个人的悲剧）。

  尽管远离政坛，他还是坚持自己的政治立场，让纳粹知道他是反战的。他不愿相信他的建议不再受欢迎，甚至写信给希特勒，建议其应该采取积极的和平政策。他与赫尔曼·戈林通信说："你们一再宣布苏联的抵抗运动已被彻底摧毁的消息其实是个谎言。盟军向苏联提供的武器，加之苏联的人力储备，这足以对我们东部阵线给予持续反击。"（Schacht, 1956，第349页）他还指出，补给线过长、军备原料缺乏、劳动力短缺和民用物品配给等问题日益严重。不出所料,事实证明沙赫特是正确的。但同样不出所料的是,没人认同他的警告。戈林愤怒地回答:"我对你的失败主义来信的回答是你低估了德国人民战斗的决心,我要将你逐出国会。"甚至,希特勒最终也失去了耐心。1943年1月,沙赫特被解除了"不管部"部长的职务,并被剥夺了在国会的名义头衔。这结束了沙赫特在德国经济政策中长期存在的地位。

沙赫特终于意识到希特勒称霸世界的野心是无可挽回的,这将对德国造成伤害。他随后做出了另一个非常危险的举措。沙赫特开始思考如何推翻这个政权。他小心翼翼地在熟悉的高层中开展游说,但这些人都装聋作哑。他甚至向英格兰银行的朋友蒙塔古·诺曼高声疾呼支持政变,诺曼转而向那位不讨人喜欢的总理张伯伦发出了警告。最终,沙赫特与冯·维茨莱本①将军取得了联系,后者是希特勒政权的坚定反对者,并与志同道合的军方高级官员保持联系。早在1938年9月,他们就策划了逮捕希特勒的计划,但由于慕尼黑会议②,计划不得不取消。

战争期间,沙赫特住在他的乡村庄园里,但与策划者仍然保持着联系,他似乎对这样做的后果很无知。他借口狩猎,邀请了一些友好的官员和军官,他认为这些人对纳粹政权没有同情心。他注意到其他几起暗杀希特勒的计划,但也开始意识到卷入此事

---

① 冯·维茨莱本(von Witzleben,1881—1944),德国元帅,曾在第二次世界大战期间担任指挥官,并参与了刺杀希特勒的密谋案。——译者注
② 慕尼黑会议(Munich Conference),1938年9月29—30日举行,英国首相张伯伦、法国总理达拉第、纳粹德国元首希特勒和意大利首相墨索里尼在德国慕尼黑举行的关于割让捷克斯洛伐克的德意志族聚居区苏台德领土给德国的四国首脑会议。德国则保证不再继续向捷克进行领土扩张。——译者注

的可怕。这一次，策划人是他的老同事、物价专员戈德勒。在波茨坦桑苏奇的一个公园散步时，他试探性地问沙赫特是否愿意加入除掉希特勒之后的新政府内阁。沙赫特还经常与另一位抵抗组织领导人西奥多·斯特伦克交谈，当斯特伦克的房子被炸毁时，他就借住在沙赫特的家中并时常在那里召开秘密会议。沙赫特和另一位将军林德曼谋划刺杀希特勒的行动，由于希特勒的行踪不定而不断延期。

虽然沙赫特与一些策划者关系密切，却从未直接卷入其中。一旦政变成功，他的名字甚至被提名为希特勒潜在的接班人。但随着计划的深入，策划者对他的有用性或可靠性越来越缺乏信心。换作任何人，早就会发现情况不妙，但沙赫特对危险视而不见。有一天，当注意到自己被一辆满载盖世太保官员的汽车跟踪时，他似乎还很惊讶。

1944年7月，希特勒在狼穴①遭暗杀未遂。沙赫特知道，任何与策划者有联系的人都不会被怜悯。他清楚自己涉嫌与同谋者交往，但他现在才开始意识到他和他的家人面临的危险。他最担心他的妻子和两个孩子，他把孩子送到巴伐利亚的大女儿家以保平安，他和妻子则一起回到乡下的家中。一天清晨，他们被盖世太保粗鲁地唤醒。令他气愤的是，他们在他还穿着睡衣的时候就逮捕了他。他们拒绝解释，把沙赫特关进了可怕的拉文斯布鲁克集中营。

随后，他受到纳粹政权长期的严厉监禁。最初，他被归类为

---

① 希特勒狼穴位于波兰东北部森林深处的一座废弃的防空堡垒中，是第二次世界大战期间希特勒的主要军事指挥部之一。——译者注

"显赫"囚犯,并和一些类似的政治犯关押在一起。有时,他可以给狱卒一些小恩小惠(如使用他收藏的一点雪茄)来换取报纸。而其他时候,他受到非常严厉的对待,没有盥洗设施,食不果腹。几个月后,情况变得更糟,他被命令换下他的便服,换上粗糙的狱袍和木拖鞋,然后被扔进一间小牢房,在那里他被单独监禁了一年多,条件非常恶劣。

在此期间,沙赫特的性格特点暴露无遗。尽管感到恐惧,但他表现出对关押感到困惑并对受到的待遇感到愤怒。他大声抗议并试图向冷漠的狱警解释他只是"嫌疑犯",而不是"犯人"。在没有任何解释的情况下,他被转移到其他一系列监狱。通常,他被关在单独的牢房里,灯总是开着,唯一的食品是卷心菜汤或类似的东西,他仅有的消遣就是在监狱的墙壁上碾臭虫。他整天都会被问及自己在暗杀希特勒未遂事件中扮演的角色、同谋者和其他"阴谋"。他声称,他一直拒绝透露同谋者的姓名。他认为他的审讯者是白痴,沙赫特傲慢的气质占了上风,并给了他力量。尽管受到酷刑威胁和偶尔的暴力,但他似乎乐此不疲地向盖世太保审讯人员讲授纳粹在政治、战争策略以及最重要的战时经济学方面的错误。

随着苏联人向西推进,并逐渐逼近监狱,形势更加恶化。沙赫特被转移到离前线更远的其他监狱。狱卒告诉他,作为一名政治犯,他应该被绞死。当他在被运送途中穿过被炸得千疮百孔的柏林街道时,他感到万分震惊。车子在火焰和烟雾中穿行,周围到处是燃烧的废墟,冯·诺依曼的爆炸计算和里昂惕夫的目标选择随处可见。他最终被送到恐怖的弗洛森堡灭绝营。在那里他每天目睹狱友被处决,晚上可怕的尖叫声和枪声混合在一起,而尸体则在早晨被运出。

两个月来，他在食物不足、残暴的对待和恶劣的环境中等待自己的死期。他写了一首糟糕的哥特式诗歌来记录他的感受："……漫漫黑夜，你的灵魂在颤抖；亡魂整夜出没，对你发出嘲笑……"当他听说苏联人的战线推进时，他也非常担心妻子和两个小孩的安全。在一个可怕的日子里，他看到他最亲密的四个狱友被绞死，下一个将是他自己。然而，随着苏军越来越近，他又被转移到臭名昭著的达豪集中营。令他相当惊讶的是，那里的营地指挥官开始善待他，似乎在为投降的结果做准备。

在灭绝营度过了绝望的日子后，幸运眷顾了沙赫特，营地被盟军解放。这些部队是美国军队，不是苏联军队。他们释放了他。在出狱后的黄金日子里，他在当地一系列酒店和营地中享受到几乎被遗忘的奢侈：食物和清洁。

然后，沙赫特困惑、烦恼和十分惊恐地发现一队美军抵达了酒店，他们说他在纳粹战犯嫌疑人的名单上，他被逮捕了。他又一次进了牢房，开始是被关押在意大利，最终返回德国并被囚禁在克兰兹堡。在那里，沙赫特通过无线电听到一份德国领导人名单，他们将在纽伦堡国际军事法庭上受审。令他大为惊讶和愤慨的是，他在名单里听到了自己的名字。他震惊地发现，他要受审，他根本无法理解为什么他会因为在经济政策中扮演的角色而被指控。他好像几乎没有想到，由于他与希特勒和纳粹有着多年的密切联系，他可能被认为是战争的共谋。

到法庭开始审理时，沙赫特已经被囚禁了很长时间，在十几所监狱之间穿梭。1945年底，他被国际军事法庭指控犯有"共谋战争罪"和"策划战争罪"。在纽伦堡和他一起受审的还有二十几名高级纳粹分子,他们是纳粹最高军事、工业和政治领导人。对于这些人被指控,沙赫特可以理解,但他简直不敢相信自己会因为经济政策而应该承担任何罪行。

他不断以与众不同的方式向美国监狱当局投诉,指出他们对他十分无礼。沙赫特(在狱中)在抗争里渐入佳境:他喜欢成为一个名人,给美国看守监狱的人签名。和纽伦堡所有受审战犯一样,他经过了智商测试,并以 143 分名列榜首而自豪。

主要被告一起出庭受审。在听证会的大部分时间里,沙赫特坐在一旁,特意和纳粹分子保持距离,蔑视地聆听着对他的指控。为了配合庭审盘问,他站在被告席上,没戴耳机,以向所有人表明,他可以听懂原告们的英语、法语和俄语。在一个充满敌意并竭力证明他有罪的美国检察官面前,他经历了漫长的审判。控方的重点是他用于筹措资金的 MEFO 法案计划,以及这些(融资)工具是否故意用于备战,还有就是他在设计外汇管制制度和储存稀缺材料方面的作用。沙赫特乐此不疲地提出各种合乎逻辑但复杂的论点,说明为什么他的经济政策旨在实现德国的繁荣,而不是让德国发动战争,以及融资计划如何用于国防军备而非用于侵略。

沙赫特声称,尽管他与包括希特勒在内的高级官员关系密切,有时还佩戴纳粹党徽和勋章,但他从未正式加入纳粹党。他还声称自己从未反对过犹太人,同时承认,"我一直宣称自己赞成在一定程度上限制犹太人在所有这些领域的活动:一个数字限制,绝对不是基于人口数字,而是基于一定的百分比"(国际军事法庭,1946,第 4—6 页)。

他的辩护集中在阿尔伯特·施佩尔[①]对法庭说的一句话上，即希特勒抱怨沙赫特打乱了他的战争经济计划。沙赫特告诉法庭，"事实就是如此，我确实打乱了希特勒的经济计划，这是有重要原因的。我不希望他发动侵略战争，也无意帮助他这样做。事实上，就希特勒而言，我冻结了帝国银行的资金。他被迫向大银行申请融资，可想而知，他对我是什么看法"（Schacht，1956，第421页）。他用德语清晰、明确和毋庸置疑地回答了对他的指控。他热衷于持续地采用这样的逻辑在法庭上进行抗辩，并不断地给他人上课。当他的律师问他为什么不向阿道夫·希特勒解释他拒绝帝国银行贷款是因为后者想利用这些贷款发动战争时，沙赫特回答道，"那样的话，我当时就会死。就不能享受现在这种口头交流的乐趣了。我就需要一个牧师而不是律师了"（Weitz，1997，第315页）。对他来说，这是一次智力练习，但这种傲慢的聪明是危险的，因为他在为自己的生命而战。

1946年10月，法庭终于做出判决。在受审的囚犯中，有20人被判有罪，其中一半被判处死刑，并立即执行。美国检察官敦促对沙赫特定罪，苏联法官也同意了。沙赫特的经济论据并没有挽救他。然而，英国法官辩称，沙赫特在战争爆发前就失去了官方权力，与抵抗运动有过接触，并且还受到过纳粹的惩罚。这真是千钧一发。当他的名字被宣读出来时，他发现自己被判无罪，仅有两名被告被判无罪。

[①] 阿尔伯特·施佩尔（Albert Speer，1905—1981），德国建筑师，纳粹时期的军备和战时生产部部长。第三帝国诸多标志性建筑出自施佩尔之手。战后成为纽伦堡审判的主要战犯。——译者注

带着自己在经济和个人行为方面本就无罪的态度，沙赫特再次被释放。但他发现，他的磨难还没有结束。几天后，令他再次惊讶的是，他又被止在肃清纳粹分子的德国斯图加特警察逮捕了。最终，他们的指控被撤销，他被释放。然而，事情远未平息。几个月后，他再次被巴伐利亚警察逮捕。这些警察在经过10年的国家社会主义之后，急于证明他们也可以坚决地反对纳粹。直到1948年，所有指控都被撤销，沙赫特终于获得完全的自由。他被各种当局监禁了近四年之久。

战争结束后又过了一段时间，沙赫特得知他的两个孩子还活着。后来他才知道在他们位于古伦的庄园里发生了一场武装战斗，他的妻子躲过了入侵苏军的追赶。他欣喜若狂地再次与妻子和好，并和两个小女儿久别重逢。和前妻一起生活的大女儿嫁给了一位公务员，也在战争中安然无恙。

在希特勒的集中营、盟军战犯法庭和德国的去纳粹化起诉中幸存后，沙赫特陷入了没房、没钱、家庭支离破碎的困境。当最终在被囚禁四年后获释时，他发现他的家园现在掌握在苏联人手中，他拥有的三栋小房子被炸毁，还欠了一大笔律师费。那时他已经71岁了，口袋里只有2.5马克。他发现自己在欧洲大部分地区，特别是在他的祖国，受人憎恨，被视为旧政权的遗物。他饱受折磨但坚不可摧。

虽然他在德国的职业生涯结束了，但坚韧的沙赫特决心重建他的生活。他想通过写书《清算希特勒》（*Settling Accounts with Hitler*）来赚点钱。事实证明，它非常受欢迎，销量达25万册。

在战后世界，一些新独立的国家开始发现自己面临经济管理问题，常见的是贫困、教育水平低、经济基础设施少、对独立的期望值高以及战后商品价格较高。虽然沙赫特在国内不被赏识，但这些国家的政府却向他征求意见。他创立了一家小型投资银行——德意志奥本汉德银行，并将自己重塑为发展经济学家。作为不结盟的第三世界经济发展专家，他领先于世界银行和其他多边机构的许多同行。这些同行努力将传统的凯恩斯主义应用于发展中国家，尽管它们的市场尚未得到很好的发展。沙赫特的想法遵循了冯·诺依曼的经济模式：一个经济体可以通过正确的政策和正确的投资来实现平衡增长。他的第一个任务是让印度尼西亚努力从日本侵占和独立战争中恢复过来。沙赫特后来继续为伊朗、印度、埃及、叙利亚和不结盟运动的其他国家提供建议。

沙赫特的儿子詹斯是德国陆军的一名上尉。几年后，沙赫特才知道他在战时的悲惨遭遇，在残酷的东部战线战斗接近尾声时，詹斯被苏联人俘虏并拘留。他在被囚禁期间忍饥挨饿，受尽折磨。在战争的最后几天，他被强行带出德国，进入苏联。经过几天的艰难跋涉，他由于饥饿和疾病倒毙在路边。沙赫特用异常温柔的话语形容詹斯是一个温柔的灵魂。在笨拙地试图表达自己的爱时，他写道，"他很安静，很保守，很聪明，会成为一位杰出的经济学家"（Schacht，1956，第110页）。直到1970年他93岁高龄去世前，沙赫特一直憎恨苏联人。

康托洛维奇面临的新挑战

沙赫特的儿子入侵苏联，与德军一起撤回德国，然后作为俘虏被押回苏联。他的死只是在苏联领土上发生的数百万的战时惨剧之一。当康托洛维奇回到家乡列宁格勒时，那里已有150万居民死亡。这个城市处于可怕的状态，公寓、工厂和公用设施被毁，人口大量减少，食物短缺。围困区外的郊区遭到洗劫和破坏。有观点认为，这是现代城市中遭受的最严重的破坏和最大的生命财产损失。

即使在停战之后，战时的破坏仍然在造成损失，战后经济的调整也非常困难。1946年和次年冬天，苏联经历了一场大饥荒，粮食收成仅为战前水平的40%，农村劳动力和农具短缺，政府强制征收粮食使局势更加恶化。大清洗和第二次世界大战造成数百万人丧生，在战后第一年，可能有100万或更多的人死于饥饿（准确数字尚有较大争议）。战后早期的生活仍然非常严峻。

苏联人意识到他们面临着极其艰难的重建工作。最初，他们通过要求赔偿、从被占领区掠夺工厂设备和征用物资来克服这一困难。凯恩斯和他的同事目睹了苏联拒绝签署《布雷顿森林协定》，以及开始设置外交障碍。现在，苏联人也目睹了美国"马歇尔计划"资助西欧的重建，他们也不再相信西方的意图。苏联的回应是资助世界共产主义，包括向共产党领导的新中国提供援助，而国民党（如孔祥熙）正在逃离中国大陆。这是一个政治敌意和对抗日益加剧的时代。

战后，斯大林将列宁格勒命名为苏联的"英雄城市"。一项庞大的重建基础设施，并重建被毁的20 000所住房的市政重建计划已经开始。一些学校和大学重新开放，剧院也被重建（其中包括凯恩斯的亲戚家）。

康托洛维奇和他的家人在战争中幸存。但是，对于他和妻子以及他们在战火中出生的两个年幼的孩子伊琳娜和埃舍沃洛德来说，在饱受创伤和穷困的城市中，生活仍然非常艰难。从精神层面看，形势并没有好转，当时的意识形态是危险和狭隘的。康托洛维奇后来对 1945 年的记录是，"我甚至有一段时间陷入抑郁状态，不确定我是否能回到经济学上来"（Nitusov，1997，第 6 页）。

列宁格勒大学开始复课，在科学院数学研究所，康托洛维奇被任命为一个别出心裁的名为近似方法（Approximate Methods）系的主任，他给经济学专业的学生讲授线性规划，同时继续为军方进行研究工作。1946 年，他撰写了《概率论》，主张将这一理论运用于军事行动。这项工作收效甚微并被视为"反马克思主义"。他想将其早期的线性规划方法应用于整个经济规划，但他知道，如果概率论可以被认为是反马克思主义的，那么这样做的机会微乎其微。

这时，康托洛维奇来自列宁格勒的老同事谢尔盖·索伯列夫被任命为代号是"巨人"（Enormoz）的一个政府最高机密项目的首席科学家。苏联一直在跟踪"曼哈顿计划"的进展。美国投向日本的原子弹让他们非常担心，苏联会成为下一个目标吗？"巨人"计划就是帮助苏联研发自己的原子弹。索伯列夫正在研究为原子反应准备铀和钚的数学原理，他很快就会寻求他的老同事列昂尼德·康托洛维奇的帮助。

瓦西里·里昂惕夫重返工作

在康托洛维奇适应列宁格勒大学战后艰苦工作条件的同时，另一位来自彼得格勒的年轻天才瓦西里·里昂惕夫正在重返哈佛大学的惬意生活，他现在被任命为教授。战略情报局完美谢幕，新的中央情报局取而代之。战略情报局曾是二战时的机构，但中央情报局的成立则是为了进行新的"冷战"。在哈佛大学，里昂惕夫正忙于消化他在华盛顿的战时经历，帮助建立哈佛大学苏联研究中心。他在那里指导经济研究，教授一门关于苏联经济的课程，同时辅导战后新涌入的退伍军人学生学习他的投入产出法，并编写关于美国经济的最新著作。

1946年，欧洲战略轰炸调查的第一批报告已经面世，投入产出的技术系数部分由里昂惕夫亲自审定。他无疑为这份报告做出了贡献。罗斯福总统指示美国军方对轰炸欧洲和日本的影响进行全面调查。此次欧洲调查已经变成一次大规模行动，有100名工作人员参与其中，其中1/3是平民和学者。该项目的主任之一是J. K. 加尔布雷斯，他曾在英国剑桥大学的凯恩斯门下学习，1934—1937年与里昂惕夫一起在哈佛大学担任经济学讲师。1938—1939年，他在普林斯顿还认识了冯·诺依曼。调查组从欧洲被轰炸地区收集了大量证据，并提出了有200份支持文件的庞大报告。

报告指出，欧洲的轰炸在经济上取得了一些重大成功，但报告还警告称，不要以为对经济方面的战略轰炸在多大程度上导致了德国的政治和军事崩溃。报告的结论是，长期以来，德国经济一直比外界预想的更好：无论是军事还是民用经济活动直到1942—1943年都一直保持旺盛，粮食和服装生产仍然充足。当轰炸行动开始严重扰乱生产时，德国仍有相当大的空间来增加产量：比如工厂双班制和将妇女纳入劳动力队伍。虽然食物必须更严格地配给，但基本保证了营养充足的供应（德国战时口粮提供的卡路里摄入量与英国的大致相同）。

德国的主要经济问题是支付日益不平衡、宏观政策的随意性和关键原材料短缺。盟军的封锁限制了它进入国际市场。德国利用煤气来填补石油短缺，严重依赖罗马尼亚的石油生产。它一直依靠瑞典生产的铁矿石,依赖西班牙和葡萄牙生产的钨,粮食和其他原材料来自苏联。这种对外国工业材料的依赖是德国人入侵苏联西部的原因之一,但他们焦土式破坏的强度意味着几乎没有植物能够存活。纳粹更成功地从被占领的西欧国家掠夺材料,如法国、奥地利和挪威,这些国家的物质破坏较少,还强迫这些国家的人们劳动并征收"驻扎费"。

盟军后来针对汽油、原油和润滑产品及其合成替代品的轰炸行动更加成功。轰炸和封锁尤其打乱了弹药生产:到1944年,德国武器生产商不得不用岩盐包装炸弹和炮弹,因为德国已经耗尽了硝酸盐的供应。卡车工厂遭到严重轰炸:停战时,三大生产商中的两家被摧毁,产量下降了2/3。潜艇建造已完全停止。与这些轰炸的成功相比,德国的飞机生产量在整个战争期间仍然很高,坦克和装甲车的生产基本持平,虽然轰炸大大减少了钢铁和轴承的生产,但这对战时产量的影响有限。

这些研究提供了几乎所有主要经济体主要经济部门遭受打击的证据。有一个例外:战争结束时,美国的经济状况相对较好,是唯一有能力资助一项重大国际重建计划的国家。美国在许多方面与众不同:经济更加富裕、工业部门发达、战争开始时生产能力和劳动力大量闲置、从未遭到轰炸或围困,在参战之前,它有几年时间进行备战。因此,美国在宣战后可以迅速调动劳动力和资源,公共和私人投资快速增长。虽然不像其他国家那样极端,但美国也必须把资源从个人消费转移到军事投资上,部分采用配给制。总体而言,尽管存在"战争繁荣"的假象,但生活水平略有下降。

美国军备生产商利用钢铁和汽车工业的大规模工业化技术,

迅速扩大卡车、坦克、船舶和飞机的生产。例如，在战争年代，美国生产了近5 500艘海军舰艇、8万艘两栖船、240万辆卡车和近30万架飞机。原材料是现成的，主要来自中立的南美洲。为了执行《租借法案》，英国工业家不得不把一些投资交给美国人。战时的一个持久遗产是监管和政府部门规模的大幅增长。

战争结束时，苏联与美国在东欧的对抗加剧以及对共产主义的担忧导致接任的杜鲁门总统突然终止了美国对苏联的援助。1946年，由于担心这些资金被用于共产党的扩张，旨在援助战争受灾地区的难民署基金也被突然取消。取而代之的是根据战略情报局里昂惕夫等人的报告，美国提议为苏联重建提供10亿美元的贷款，莫洛托夫断然拒绝了这一提议。

同事艾布拉姆·伯格森继续里昂惕夫在苏联经济方面的研究。到1947年，美国空军研究机构兰德公司①成立，专注于苏联经济，同时也研究了康托洛维奇的理论。这一工作最终被纳入中情局。在莫斯科，美国大使乔治·凯南使用里昂惕夫的战略情报局报告和后来的最新报告来支持他著名的"长电报"，其中概述了苏联统治东欧的威胁。那时，里昂惕夫回到哈佛大学。乔治·马歇尔将军在那里发表了关于美国"马歇尔计划"的著名演讲，描述了支持欧洲战后经济复苏的宏伟蓝图。

除了苏联方面的研究，里昂惕夫也在开展他的产业部门间研

---

① 兰德公司是美国最重要的以军事为主的综合性战略研究机构。它先以研究军事尖端科学技术和重大军事战略而著称于世，继而又扩展到内外政策各方面，逐渐发展成为一个研究政治、军事、经济、科技、社会等各方面的综合性思想库，被誉为现代智囊的"大脑集中营""超级军事学院"，以及世界智囊团的开创者和代言人。它可以说是当今美国乃至世界最负盛名的决策咨询机构。——译者注

究。他对战后就业的研究使他调查了工资和劳工问题。对他来说，这是一个富有成效的时期。他在顶级期刊上发表了一些重要的论文，其中最重要的（虽然当时被忽视）是他 1946 年在《政治经济学杂志》上的文章《保证年薪合同的纯理论》（The Pure Theory of Guaranteed Annual Wage Contract）。本文考虑了围绕劳动力工资和监督的治理问题，以及如何协调劳动力所有者和雇主的利益。这项工作利用了冯·诺依曼的博弈论，开创了后来关于市场经济中生产要素控制的委托代理理论或契约理论。里昂惕夫从他在彼得格勒的家乡一路走来，他的研究方向与当时的苏联经济学家，如康托洛维奇的关注点有着天壤之别，因为康托洛维奇研究的资源配置必须集中控制，根据马克思列宁主义理论只有劳动力才是价值的源泉。

冯·诺依曼的"确保相互摧毁"策略

第二次世界大战因为原子弹的降落而结束，但约翰·冯·诺依曼并不认为世界的未来是和平的。他确信，除非美国保持警惕，否则未来将与苏联爆发战争。对他来说，原子弹的主要目的不是破坏已经处于瘫痪状态的日本经济，而是在即将到来的共产主义和资本主义的斗争中向苏联展示美国政府执行其意志的技术能力和政治决心。

令冯·诺依曼感到沮丧的是，他认识的一些最聪明的人（如普林斯顿的同事爱因斯坦和奥本海默）无法意识到苏联日益增长的威胁。爱因斯坦希望把核弹的秘密提供给所有大国。当其他美国科学家建议将核开发移交给国际控制时，苏联轻蔑地拒绝了这些提议。冯·诺依曼不信任独裁者斯大林，也不信任他对东欧的提议（包括冯·诺依曼的祖国匈牙利，共产党正在接管那里），这不足为奇。对冯·诺依曼来说，战后的世界已经变成了一场零和博弈。

苏联遭受了战争的重创（正如康托洛维奇经历的和里昂惕夫研究的），许多战略家认为它无法发动可信的军事威胁。相比之下，冯·诺依曼相信，在五年内，它将会恢复到足以发展自己的核武器。他已经意识到，下一代核武器较之第一代更有毁灭性。他的军事目标是帮助美国获得新的核威慑。

冯·诺依曼在1945年影响深远地说，"如果我们要冒着战争的危险，最好在我们有原子弹的时候冒险，因为他们还没有"（Macrae，1992，第332页）。这句话是他双人博弈理论的经典应用。他的理论发现告诉他，如果双方信息对称，谈判地位就会增强：他希望苏联领导人明白，在核战争的最初几分钟里，美国将发射一枚原子弹，目标是杀死他们所有人。他还说："如果你说为什么不是明天轰炸他们，而我会说为什么不是今天呢？如果你说在5点钟，我会说为什么不在1点呢？"一些人认为这种说法是好战的。对冯·诺依曼来说，公开声明很重要，因为美国的威慑需要可信。这被称为"确保相互摧毁"（MAD）理论，这是他运用博弈论的结果，博弈论将主导冷战时期的战略思维。

冯·诺依曼继续在洛斯阿拉莫斯实验室兼任咨询工作，与美国军方的合作越来越密切。1946年7月，他收到了一份有趣的邀请：他会去美属密克罗尼西亚被称为比基尼的太平洋偏远环礁吗？在那里，他可以观察到美国对新一代原子弹试验的受控爆炸。有大气层和水下爆炸，有些就在冯·诺依曼和其他专家驻足的环礁不远处的海面。其中最具威力的试验是大气层爆炸，释放的爆炸当量是广岛原子弹的 40 倍。由于军方可能的计算错误：爆炸产生了巨大型冲击波，巨大的蘑菇云向空中喷发并扩散放射性物质。尽管采取了基本的预防措施以保护在现场观察的科学家和船员免受爆炸的影响，但他们似乎严重低估了核武器爆炸对健康带来的风险。冯·诺依曼以他百科全书般的知识和摄影机般的记忆，可能还记得《圣经》中的一句话："凡动刀剑者，必死于刀剑之下。"

第 9 章　冷战中的经济学家

1946—1955 年的金钱、电脑和模型

孔祥熙的热钱

在战后的 10 年里，战时经济学家变成了冷战时期的经济学家，他们每个人都以自己的方式实现了转变。为了威慑苏联，冯·诺依曼正在为美国军方建造一种更大更厉害的炸弹。康托洛维奇现在也在为苏联的原子弹项目出力。沙赫特作为一名经济学家，为那些夹在美苏之间的不结盟运动充当代言人。里昂惕夫则认为，各方的军费开支过高，对世界和平构成了威胁。在这个充满敌对的世界里，孔祥熙正在利用冷战时期美国的反共情绪为自己谋取私利。

与其他一些战时财政部长不同，孔祥熙从未重视过经济理论。相反，他是个现实主义者，只关心一己私利。与许多不切实际的国民党同僚不同，他觉得重返中国大陆的希望微乎其微。他对台湾的分析是：当局独裁、政客腐败，美国也厌倦了对这场斗争的持续资助。他最终得出的结论是：台湾无法提供他和家人想要寻求的稳定、安全和赚钱的机会；相反，他决定不遗余力地抓住一个更纯粹的资本主义制度提供的最佳机会——华尔街。作为

一名银行家，孔祥熙在美国的生活没有什么危险。他在里弗代尔豪宅和其家族控制的中国银行的华尔街办公室里打发时光。正是在这个办公室，孔家和宋家管理着他们在世界各地的许多金融资产、房地产和商业利益。

然而，他依然和中国事务脱不了干系。孔祥熙花了相当长的时间游说美国继续支持在台北的国民政府。从二战结束到国民党从大陆撤退，持续的美国援助为国民政府运送了25亿美元的军援物资。然而，国民政府却愈加腐败和结党营私。例如，有传言说，国军少校孔令杰一直向中国共产党出售贵重金属锡。对他而言，在任何情况下，赚钱是第一位的。

孔祥熙试图通过向美国共和党慷慨的政治捐款来反驳美方对贪腐的看法。他认为，声誉像其他任何东西一样，是可以买到的。纽约里弗代尔大厦成为国民党游说团体的新神经中枢，任何支持国民党反共事业的美国国会议员都可以得到经济支持。孔祥熙深谙并操纵着美国的行政和国会政治。

国民党在1949年撤退到台湾之后，华盛顿举行了麦卡锡听证会，而且朝鲜战争的爆发也很快导致了中美交战。在美国，有人对"谁失去了中国"发出政治抗议。孔祥熙从里弗代尔大厦中策划并由国民党游说团体资助，向美国政府施压，指责罗斯福的经济顾问劳克林·柯里等人，同时要求美国国务院和其他部门解雇那些被认为是支持中华人民共和国政府的顾问。据估计，国民党游说团体在1948年美国总统大选上花费了200万美元，接下来几年则花费更多。

孔祥熙或其他家庭成员偶尔也会拜访在台湾的国民党老同事，但他们的家现在在美国。他们改用了英文名。大女儿孔令仪

（Rosamond）嫁给了国民党军官，而二女儿孔令伟（Janet，又名孔令俊）成为强势姨妈宋美龄在美国游说的顾问，她经常女扮男装，神秘且善于幕后操纵。儿子孔令侃（David）跟孔祥熙进入家庭银行业务，小儿子孔令杰（Louis）则在达拉斯开采石油，娶了迷人的女电影演员黛布拉·佩吉特，他还帮助理查德·尼克松竞选总统。

孔祥熙家族变得极其富有。时任美国总统杜鲁门关注到他们的财富传闻，并对其支持共和党的行为感到恼火，遂下令联邦调查局调查孔宋家族染指美国援助的事情。联邦调查局对孔祥熙的别墅进行了监视，但在追踪他们的金融交易方面进展有限。大部分家庭财富都存放在纽约的中国银行（由孔祥熙控制）和旧金山的广东银行（由宋子文和宋子安两兄弟控制），这两家银行没有配合联邦调查局的调查。联邦调查局估计，该家族在美国银行的存款约有8亿美元，这还不包括房地产和工业的投资回报，以及分布在各个国际金融中心的金融资产。这些资产的价值难以估算，也不可能知道这是否真的是世界上最富有的家庭。据估计，孔祥熙和宋霭龄的财富总额可能超过10亿美元，相当于今天的几十亿美元，金额极其巨大。杜鲁门总统沮丧地总结道："他们都是小偷，他们每个人都是小偷……他们从我们给蒋介石的38亿美元中偷走了7.5亿。"（Seagrave，1985，第437页）

1959年晚些时候，77岁的孔祥熙回到母校欧柏林学院，参加欧柏林山西纪念协会的聚会。他捐赠了一笔奖学金，当被问及他的财务状况时，这位老人却夸大其词地说，由于国民政府的垮台，他失去了大部分财产，现在靠微薄的积蓄生活。

1966年，孔祥熙辞去银行董事职务，搬进了长岛的新豪宅。

他患有严重的心脏病，健康状况恶化，于第二年病危，被送进纽约一家医院。他一直也没有康复，在医院病逝，享年87岁。蒋介石的儿子和妻子、来自台湾的仪仗队，以及许多美中游说团体的重要人士出席了他的葬礼，包括此前曾任美国副总统的理查德·尼克松。孔祥熙的遗产不是台湾的经济，而是他的个人财富。

强势而隐秘的宋霭龄6年后也在纽约去世。她可能至今仍是世界上最富有的女人之一。

冷战中的冯·诺依曼

战后10年，外交气氛十分冷淡：世界处于冷战的氛围之中。虽然没有传统意义上的战场，但战争无处不在：苏联占领东欧、美国麦卡锡主义盛行、中国共产党战胜国民党、柏林危机、"马歇尔计划"、朝鲜战争、许多战后殖民地的独立运动、北约在西欧的成立，以及冯·诺依曼的"确保相互摧毁"的核理论。

1953年斯大林去世后，赫鲁晓夫成为苏联最高领导人。1956年，他批判斯大林的罪行，震惊了苏联共产党。然而，苏联人仍然相信共产主义战胜资本主义的历史道路。华沙条约组织的建立、对匈牙利革命的严厉镇压、用坦克镇压波兰的异见分子，所有这些都向世界表明，东西方之间存在着巨大的分裂。除了地缘政治分裂之外，两大阵营中经济学家的角色和观点几乎没有共同之处，市场经济和中央计划经济之间也没有合适的解决方案。

冯·诺依曼晚年与美国军方关系密切，他非常了解冷战时期博弈论的现实政治影响，并从根本上对博弈论的结果持悲观态度。在他看来，博弈论的观点意味着美国必须在军备竞赛中保持领先地位，如有必要应做好利用其核优势的准备，且苏联必须始终相信这是一个可信的威胁。

分析这种核威慑的可信度需要一个理论基础，冯·诺依曼的博弈论提供了框架。然而，与开创性的博弈论模型相比，构建了美苏核僵局的政客们则显得不那么现实和成熟。经济学家们逐步了解了冯·诺依曼的博弈论。普林斯顿的数学家、兰德公司的冷战研究员和美国海军研究室先后对博弈论开展研究。直到1950年，诺贝尔经济学奖得主约翰·纳什才推导出更一般的均衡条件，使博弈可以扩展到（更现实的）非零和、非合作与合作博弈，博弈论研究才进入经济学主流，开始被更严格地运用于市场环境。

其他经济学家紧随其后，对多方博弈、联盟博弈、随机博弈、混合博弈和其他更现实的行为挑战等特定情况构建模型。数学家A. W. 塔克（里昂惕夫的哈佛同事，1935年莫斯科会议认识康托洛维奇并保持通信，也是冯·诺依曼在普林斯顿大学的同事）研究复杂的非线性博弈，并帮助得出著名的"囚徒困境"（其中两名囚犯都有机会认罪，他们都知道在对方还没有认罪之前，自己承认了就是有利的一方）。冯·诺依曼对这种可能同时允许冲突与合作的变和博弈持怀疑态度。在纳什和塔克完成他们的工作之前，他基本上把超级大国的对抗看作囚徒的两难境地，但这种两难困境不会以"纳什均衡"而告终（Field，2014）。冯·诺依曼在接下来的几十年里一直保持着密切的军事咨询联系，为美国三军遍布国内的不同基地工作。同时，他也接受IBM、兰德等公司的一些工作。如他所料，苏联的威胁越来越大。他的大部分工作都与美国在核时代应该如何规划战略防御有关。普林斯顿同事中的左翼人士不赞成他参与这种军事工作，也不喜欢他日益强硬的右翼观点。冯·诺依曼被描绘成典型的冷战战士。在斯坦利·库布里克执导的讽刺冷战电影《奇爱博士》中，他可能是坐在轮椅上的杰出核科学家主角的原型，因为其扮演者是带有中欧口音的彼得·塞勒斯。

  冯·诺依曼担忧苏联的意图和能力，这在很多方面被证实是正确的。美国政府没有想到苏联能够拥有高度复杂的核技术，但1949年8月苏联试验了第一个被美国人称为"Joe-1"的核装置，这让美方大为吃惊。美国情报界以前认为他们的研究比苏联领先，因此对苏联这种核能力的展示感到尤为惊讶。苏联科学家（包括康托洛维奇）得到了很多间谍和美国机构里同道中人的协助。特别是德国物理学家克劳斯·福克斯，他曾与冯·诺依曼在洛斯阿拉莫斯共事，并一直将有关美国核弹研究的信息泄露给苏联（如果苏联更加关注冯·诺依曼和福克斯的爆炸装置，他们也许可以缩短研发时间）。令冯·诺依曼惊讶的是，福克斯被捕并曝光，次年被囚禁在英国。福克斯案是头条新闻，但苏联间谍活动涉及的远不止一个人，向苏联泄露战略信息的包括凯恩斯的华盛顿同行德克斯特·怀特和劳克林·柯里、美国财政部其他官员、他的几个剑桥同学（如臭名昭著的唐纳德·麦克莱恩[①]）。

  此时，北约国家中一些有影响力的人士认为，美国应该认真考虑尽早对苏联发动先发制人的核打击。这包括一些政治右翼人士和许多其他有影响力的思想家，冯·诺依曼便是其中之一。其

[①] 唐纳德·麦克莱恩（Donald Maclean, 1913—1983），时任英国外交部美国司司长，是苏联克格勃的间谍。——译者注

他还有左翼英国哲学家伯特兰·罗素，甚至美国冷战外交官乔治·凯南。在朝鲜战争初期，麦克阿瑟将军曾要求对中国使用原子弹。许多其他战略家根据博弈论发展出了自己的"预防性战争"策略。杜鲁门总统和艾森豪威尔总统都认真考虑了对苏联采取先发制人打击的可能性，美国军方为此制订了详细的计划（如1950年美国国家安全委员会递交给杜鲁门总统的第68号报告）。很少有经济学家或军方人士热衷于发动无端打击，但他们利用博弈论来模拟相互之间的核战略互动、研究操作规则与判断、进行最佳信息流和概率评估。类似的博弈论方法之后被用于指导货币政策。

美国核霸权的一个意外结果是政府得以大幅削减五角大楼的预算。然而，朝鲜战争的爆发表明，美国亟须发展常规武力。它还表明，核威慑在保障国防需要方面的作用非常有限。为此，根据1949年国家安全委员会的报告，五角大楼的常规军备预算增加了两倍。

随着核垄断地位不再，美国无法继续进行单向核威慑。重压之下，美国希望采用下一代技术来发展破坏力更大的氢弹。关于这一举措的争论在科学界产生了分歧。可想而知，冯·诺依曼支持研制氢弹，尽管他不像爱德华·泰勒和欧内斯特·劳伦斯的态度那样坚定。这一情况遭到了冯·诺依曼的许多普林斯顿大学同事的强烈反对，但鹰派再次获胜。1954年，美国氢弹研制成功。仅仅一年后，苏联紧随其后也造出了氢弹。从博弈论的角度看，世界正处于一个更加平等的双边博弈中，信息不完全，合作有限。尽管凯恩斯等经济学家如此重视国际合作，但冯·诺依曼认为自己生活在一个零和世界里选择是输还是赢。他并不孤独：20

年前在莫斯科见过的苏联年轻经济学家康托洛维奇正在积极参与苏联核弹的研究，苏联的宣传也鼓吹胜者为王的世界。

20世纪50年代初是一个非常考验人的时期，朝鲜战争爆发、麦卡锡主义歇斯底里的反共指责蔓延到美国学术界、任何不支持右翼路线的人都可能被指控为共产主义的同情者。一些左翼经济学家遭到政治迫害，包括里昂惕夫的哈佛大学和战略情报局同事保罗·斯威齐（Paul Sweezy），以及布雷顿森林会议的一些代表。尽管事业受挫远没有斯大林的惩罚那么严厉，但麦卡锡听证会让人联想起康托洛维奇目睹的苏联审判。尽管冯·诺依曼持右翼观点，但他拒绝在麦卡锡的政治迫害中扮演任何角色。当他的杰出同事罗伯特·奥本海默被错误地指控为共产主义间谍时，冯·诺依曼组织了一组证人为其辩护，尽管他个人不同意奥本海默的政见和政策。

1953年，艾森豪威尔总统上台。根据冯·诺依曼的可信核威胁理论，时任国务卿约翰·福斯特·杜勒斯宣布，如果苏联试图发动战争，美国将采取"大规模报复"政策。几年来，冯·诺依曼一直是美国核可信战略（nuclear credibility strategies）的关键设计师。他的科学理解、实践方法、数学和经济上的洞察力，以及他在军中的威信，使他成为华盛顿的关键人物。他很享受这样的社会地位。

随着军备竞赛升级和其他国家开始拥有核武器，冯·诺依曼修正了他的双边博弈理论。他强调，与第二次世界大战结束时相比，美国所处的经济、政治和战略地位已经发生了彻底的变化。核武器不再昂贵和稀缺，也不再是美国独有的（Macrae，1992，第358页）。这完全改变了游戏规则，他的分析还指出，美国需要拥有强大的核武器库。

核竞赛继续的同时，冯·诺依曼也在关注不断发展的EDVAC计算机的设计，观察"冯·诺依曼结构"在计算机领域的传播，并进一步考虑它如何在概念上更接近人脑。他开始意识到，人们设想的快速计算设备也许能够为人类带来更大的进步。他说，计算机可能比炸弹重要得多。

许多著名大学邀请冯·诺依曼继续推进他的计算机研究。这让他有些心动，因为他在普林斯顿高等研究院已经没那么受欢迎了。一些同事认为应用计算对严肃的理论科学是无益的，而爱因斯坦和其他人则认为冯·诺依曼的研究已经被其军方背景以及军国主义的行为玷污了。

尽管遭到学术界同事的反对，普林斯顿高等研究院、兰德公司和美国军方还是同意共同资助普林斯顿大学的一个实验室，根据冯·诺依曼的设计建造一台新的高级计算机。该实验室承诺它将比现有机器快数千倍。最初，冯·诺依曼预想它可以用于诸如提供更好的天气预报等应用。他回忆说，关键的诺曼底登陆战因糟糕的气象预报而受到威胁。此外，他认为这种机器可以开辟新的实验经济学方法，最终使经济学家和其他人能够从过于简单的（里昂惕夫和康托洛维奇使用的）线性计算转向更复杂但更现实的非线性关系。冯·诺依曼非常清楚，这种非线性关系在商业、经济、其他科学以及生活中无处不在。他在研究战争期间的炸弹冲击波时已经证明了这一点。经济学家们将首次能够以更现实的方式检验他们的理论，最终能够与他们的科学家同事一起在实验室中尝试想法。计算机仿真（Computer Simulation）技术正在诞生。

与 EDVAC 一样，冯·诺依曼说服军方公开了他的 IAS 计算机研究。1946 年 6 月，他的第一份报告被送到了不同国家的 275 个机构和研究人员手中。接下来的五年，更多关于 IAS 计算机项目的论文随之而来。这些论文建立了"冯·诺依曼结构"（内存、处理器、程序指令和数据），现在这依然是当代计算机的基础。

尽管诸事繁多，但冯·诺依曼总是对同事们有求必应，他的思绪在各种主题中飞快地游荡。一个例子是线性规划的发展，最初由康托洛维奇开创。1947 年，美国经济学家乔治·丹齐格拜访了冯·诺依曼，就优化技术进行了交谈。冯·诺依曼感到很忙，他敦促对方尽快提出论点。丹齐格很快在黑板上以几何和代数的方式写出了他的论点。冯·诺依曼简短地看了一眼，说"哦，那……"，然后做了一个 90 分钟的即兴演讲，介绍如何开发它。丹齐格说，他独立发现线性规划方法是源于这次谈话的最初见解。

1949 年，冯·诺依曼设计了第一个自复制的计算机程序（本质上是世界上第一个计算机病毒）。IAS 计算机于 1951 年完成，冯·诺依曼用它进行氢弹的计算。与此同时，其他研究人员正在利用 IAS 论文构建自己的变体，包括洛斯阿拉莫斯的 MANIAC、兰德公司所谓的 JOONNIAC（以冯·诺依曼的名字命名），以及更快的 IBM 701 "防御计算机"，这促成了第一台获得重大商业成功的 IBM 714 计算机的诞生。IBM 公司随后在计算机上的成功很大程度上要归功于冯·诺依曼的思想和运算。这些计算机更为强大，很快给里昂惕夫等经济学家提供了新的应用领域。俄罗斯也在关注该领域：到 20 世纪 50 年代初，莫斯科的苏联科学院也建造了一台类似的机器。

1955 年，冯·诺依曼成为原子能委员会的委员，他和克拉里搬到华盛顿。三个月后，他活跃而令人兴奋的生活戛然而止。他的左肩出现剧烈疼痛，术后被诊断为骨癌。起初，医生希望疾病能够得到控制，但经过一系列检查后噩耗传来：他被诊断出患有骨髓白血病，源于骨癌或胰腺癌。这可能是（虽然未经证实）由于他在比基尼环礁核弹试验场受到辐射所致。

担心时日无多，冯·诺依曼疯狂地工作，集中精力完成最后的作品。在一系列治疗之后，他的病情未见好转，脊椎病严重到影响行走，这将是致命的。冯·诺依曼对朋友和同事隐瞒了诊断结果并加快了工作进度。他的日程疯狂地排满了会议、旅行和研究。

晚年，他对研究电脑和人脑产生了新的兴趣。冯·诺依曼着迷于通过对人类生物学的学习来改进思维和计算技术的可能性。这是他与诺伯特·维纳（控制论的发明者）的共同兴趣所在。他们一起组织了关于这一主题的会议（Heims, 1982）。他开始准备将在耶鲁大学举行的关于神经生物学的著名客座讲座（guest lecture）：比较人脑和存储程序的计算机，尽管他最终得出结论，它们在概念上不同，计算机是一个顺序处理器，而大脑可以同时并行思考很多问题。他完成了讲稿，但遗憾的是他病得太重，无法发表客座演讲。在病重阶段，他仍挣扎着完成了一本有关这一主题的书。这本名为《计算机与人脑》的书在他去世后出版。它提出了新的数学方法，即现在的人工智能。它还与早期社会心理学和军队用作宣传（或"洗脑"）的"心理"或心理行为的发展有关。

1956 年，悲剧接踵而至：他聪明的大脑开始出现功能衰退。预感时日无多，他先是担心，然后越来越害怕在去世前来不及解决一些正在思考的问题。健康状况恶化得很快。同年2月，他坐在轮椅上最后一次公开露面，接受艾森豪威尔总统给他颁发的总统自由勋章。1956年4月，他住进了华盛顿特区的沃尔特·里德医院，仍然挣扎着在病床上继续工作。不断有同行和军方的人来访，都渴望得到他最后的真知灼见。

他的女儿玛丽娜·惠特曼是一位著名的经济学家。她记录了目睹这位天才逝去的悲剧（Whitman，2012）。当意识到自己末日将至时，他惶惶不可终日。他经历了精神折磨：深深的恐惧、心理崩溃、整夜尖叫。他绝望地认为自己死得太早。在最后的日子里，他重新皈依天主教。特别是他提到："只要对不信教者有永恒的诅咒，在最后的日子里做一个信徒就更合乎逻辑了。"他与牧师就生死以及神的问题进行了长时间的交谈。然而牧师说，即使这种重新恢复的信仰也未能消除他的恐惧。

冯·诺依曼在生活中如此聪明，但似乎不知道如何面对死亡。他被迫服用越来越强的止痛药，美国军方甚至在他的病房里派了一名警卫，以防止痛药使他出现幻觉而泄露军事机密。事实上，他确实开始出现幻觉，但神志不清时说出来的是母语匈牙利语，而不是英语。

高桥是清30年前就去世了。他曾在广岛工作，帮助广岛发展经济，却过早地被极右分子杀害。冯·诺依曼本人是右派，通过投下原子弹摧毁了广岛。他的早逝可能是由于在核弹研究中受到了辐射。冯·诺依曼再也没有离开过医院，于1957年2月8日去世。他的同事、物理学家汉斯·贝瑟（Hans Bethe）在《生活》杂志上说："我有时想知道，像冯·诺依曼这样的大脑是否表明一种优于人类的物种。"

他的妻子克拉里再婚后一直很脆弱，于六年后自杀。

战时与和平年代的康托洛维奇

冯·诺依曼一直在学术界为美国军方从事计算和国防问题的研究。在战后的岁月里，康托洛维奇在苏联也从事着类似的工作。他们两人曾于1935年在莫斯科会面，然而世事难料，10年后，他们伟大的数学才能却被用在了美苏两国的对抗上，这是一种两人都没有想到的更加私人化的博弈形式。

苏联政府的政治部门一直对康托洛维奇的经济工作持敌对态度，但苏联军方已经认识到他的能力并请他负责高度机密的原子弹研发项目。从1948年起，斯大林加快了对热核爆炸的研究工作，希望打破美国的核垄断。安德烈·萨哈罗夫领导的顶级科学家和数学家团队也参与了该项工作，政府给他们提供一切便利条件和资源。这些小组由苏联内务人民委员会秘密警察控制，并从在美国的同情者和间谍网络中获取情报。

康托洛维奇的老同事谢尔盖·索伯列夫从事这个项目已有几年了，他当时是原子能研究所副所长。可能正是由于索伯列夫的推荐，1948年5月，康托洛维奇受苏联部长会议的指示，领导了一个有多达15名数学家组成的小组，协助进行原子反应堆的计算。这一绝密项目的代号为"巨人"（Enormoz），苏联迫切希望使用英美核武器工程（包括美国"曼哈顿计划"）的秘密资料来制造核弹。最初，他的工作重点是分析和审核获取的美国研究成果和结论。几年后，苏联人对自己的研究更加有信心，康托洛维奇开始计算原子爆炸所需的可裂变物质的临界质量，估算中子密度和移动原子排列所需的力。[这项工作的全部细节从未被透露,但苏联部长会议1948年的最高机密指令第1990－774ss/op(1948)提到了这项任务。]

美国中情局存有康托洛维奇的档案,对他的角色了如指掌。此事后来被公之于众。1971年伊朗人质危机①期间,学生从德黑兰的美国大使馆查获了一份副本。中情局的文件指出,康托洛维奇一生大部分时间都在与苏联官僚机构斗争,以赢得人们对他的线性规划工作的应用与接受(被破译的"维诺那计划"文件显示,在他的间谍同事克劳斯·福克斯参与"曼哈顿计划"之后,克格勃也保存了冯·诺依曼的档案)。1949年,在苏联边境梭巡的美国间谍飞机发现了空中放射性物质的痕迹:苏联试射了第一枚原子弹,比美国分析家预期的要早得多。冷战即将进入新的阶段。

第二次世界大战时,在雅罗斯拉夫尔期间,康托洛维奇应邀参加了在莫斯科举行的关于未来计算机发展的研讨会。这主要涉及慢速模拟机和老式机电计算机。然而,他自此入迷。当康托洛维奇在战后回到列宁格勒时,他深入思考了计算问题,并开始致力于编程的自动化和计算机结构方面的研究。

康托洛维奇的兴趣点在于,他认为提高经济效率需要更好的计算技术。但是,首先意识到先进计算技术重要性的不是苏联的经济规划者,而是苏联军方,他们希望在核武器和导弹武器的研

---

① 伊朗人质危机,也称伊朗人质事件,即伊朗伊斯兰革命后,美国大使馆被占领,52名美国外交官和平民被扣留为人质的一次危机。这场人质危机始于1979年11月4日,一直持续到1981年1月20日,长达444天。——译者注

究中应用这一技术。战时，苏联通过在美国大型军工企业工作的特工获得了两万多页的机密文件，从而保持了和美国旗鼓相当的计算机发展水平。1945年，苏联计算机先驱谢尔盖·列别捷夫根据他对美国ENIAC和EDSAC设计的了解，制造了一台简单的模拟计算机来运算一组微分方程。此时在苏联已可接触到冯·诺依曼1946年关于计算机原理的著作，但这些著作直到20世纪50年代才得以公开出版或发表。早在1946年，苏联就可以从外国期刊上看到一些有关美国计算机发展的信息。那一年，苏联的一家现代数学期刊（Advances in Mathematial Sciences）专门发表了关于模拟计算和美国布什微分分析仪方面的文章。在接下来的几年里，该期刊又出版了关于美国数字电子计算的文章，包括冯·诺依曼对其"ENIAK"机器的描述。列别捷夫报告说，他能够获得18种有关美国计算机设计的数据。1949年，苏联出版了冯·诺依曼存储程序概念的提纲，但苏联第一台全存储程序式数字计算机（MESM）在几年后才诞生。

康托洛维奇在列宁格勒大学的近似计算系从一开始就参与了苏联原子弹项目的研究。最初的计算使用了从德国获取作为战时赔偿的台式半自动机。与冯·诺依曼一样，康托洛维奇引进了原本用于处理1939年苏联人口普查结果的打孔卡机，他提出了适应这些结果的新方法，将这项工作描述为"并行的类似计算，这使得在插接板上（当然是手工）引入简单的程序更改成为可能"（O'Connor and Robertson，2014，第5页）。

康托洛维奇随后设计了一个简单的电子继电器计算器，进行数学运算。在他的指导下，当地一家模拟计算机生产商在接下来的10年里制造了大约40 000台这种计算器。直到20世纪70年代,这些计算器仍有商业应用。此计算器允许对贝塞尔函数进行测算:计算贝塞尔函数很重要,因为它是解决诸如现代经济模型中的微分方程系统的标准技术。美国也在哈佛大学"马克二号"和 ENIAC 机器上进行类似的工作,但苏联人在 1948 年美国公布完整的计算结果表格之前几年就完成了对贝塞尔函数的计算,并为此感到自豪。1948 年,康托洛维奇和他的同事 M. K. 加夫林在列宁格勒大学数学分析系内建立了一个计算数学小组,康托洛维奇是苏联最早教授数值分析的人之一。三年后,该小组被扩大为计算数学系。

直到 20 世纪 50 年代,康托洛维奇的大部分经济研究均受制于手工计算。例如,在胶合板问题上,康托洛维奇估计有数十亿个可能的结果,除了最简单的解决方案之外,其他所有解决方案都超出了人工计算的可能性。他对计算机的未来有着与生俱来的兴趣。但正如他的大部分研究一样,这并不简单。康托洛维奇曾接触过冯·诺依曼开创性的 IAS 计算论文,但后者关于计算机架构的新想法与美苏的军事对抗有关并受到严格保密。此外,苏联的宣传人员在 1951 年谴责美国日益发展的控制论研究是美国资本家的梦想,他们想用自动化来取代有阶级意识的工人。在战后的苏联,控制论被斯大林称为"西方的",这实际上禁止了这方面的应用。诺伯特·维纳的开创性著作《控制论》中含有冯·诺依曼的一些内容,这在苏联是被禁的。

1951 年,根据冯·诺依曼的 IAS 计算机蓝图,BESM-1(苏联第一台"大型电子计算机")在莫斯科建成。苏联机械制造部和苏联科学院还推出了苏联首台大型高速计算机 STRELA。曾有人讨论过使用计算机进行经济研究的可能性,但直到 20 世纪 50

年代末，苏联才认真尝试将计算机技术应用于经济规划。

1953 年，康托洛维奇在列宁格勒大学获得了一台早期的电子计算机，并报告了自动编程问题，最终开创了一种名为 PL–I 的早期编程语言。这种编程语言比冯·诺依曼的更为通用，在应用上非常灵活。康托洛维奇描述它特别适合任何类型的智力问题，能够在任何类型的模拟或数字计算机上运行，能够自动处理复杂和冗长的问题。标准处理程序存储在计算机内存中，并执行数据计算，最初进行所谓"大块"的系统测试，然后再开始精细计算（Nitusov，1997）。

康托洛维奇随后开设了一门课程，讲授为苏联最新大型计算机设计的编程技能。尽管受冷战隔绝，列宁格勒的计算机科学家和数理经济学家正在迅速赶上西方，这是普林斯顿大学和列宁格勒大学等学术机构之间的博弈。

苏联的生活水平终于得到了提高。康托洛维奇的家人在战争中幸存，孩子们正在成长，不久将在大学里脱颖而出。这时期的照片显示出一种较为轻松的生活方式：在海滩上野餐、在克里米亚度假。康托洛维奇喜欢游泳、散步、下棋，偶尔打打乒乓球、采集野生蘑菇，据说他甚至连可疑的蘑菇也喜欢吃。

1953 年，斯大林去世。几年后，赫鲁晓夫在历史性的苏共二十大上谴责了斯大林主义。随后，赫鲁晓夫允许在经济思想领域一定程度的开放。苏共第一书记成为数理经济学的积极支持者，这的确出人意料。立竿见影的效果是苏联经济研究所开始出版来自西方的经济论文和书籍。苏联当局开始接纳像康托洛维奇这样的经济学家来协助解决经济问题。他接到的任务是一个典型的规划问题：对城市出租车进行最优配置。他组织了一个由 15~20 名数学家组成的小组，给每个人一个单独的问题和大量的数据进行分析，然后让他们每周以头脑风暴的形式汇报研究结果。这使他首次能够计算需求的价格弹性，并建议苏联全面调整出租车的收费标准。该建议得到了采纳。

康托洛维奇是斯大林时代的幸存者，并一直保持中立，拒绝加入苏共。他被贴上了"反马克思主义"的标签，他的书必须以解释错误并为"错误"道歉来开头，而且他也不得担任要职。这让他非常谨慎，即使在赫鲁晓夫解放思想的年代，他也谨言慎行。美国驻苏联大使雷蒙德·波尔（Raymond Pohl）1957年访问康托洛维奇后报告说，他似乎仍然对会见一个西方人感到非常紧张，很小心地用磕磕巴巴的英语表达他的观点，有时缄默不语。荷兰裔美籍经济学家T. C. 库普曼斯写信给凯森，"他的贡献被他在写作风格上自我强加的政治谨慎掩盖了"（Duppe，2013，第28页）。

但改革正悄然进行：自1956年以来，康托洛维奇一直在列宁格勒大学教授经济学，介绍他1939年和1942年的突破性学术成果，讲授"经济计算"课程，并积极参与学术研讨。1957年初，康托洛维奇与列宁格勒大学的同事一起应邀参观莫斯科科学院经济研究所。该研究所被誉为传统马克思列宁主义经济理论的堡垒。他在那里向一小群主要官员和学者介绍一篇关于线性规划的论文，首次得到积极评价。这是对后斯大林时代观念变化的重要试水，也同时检验他们对任何挑战劳动价值至高无上地位的理论是否继续保持敌意。

第二年，学术氛围更为宽松。在康托洛维奇的同事瓦西里·涅姆奇诺夫的领导下，科学院建立了数理经济研究所。康托洛维奇在1959年的一次会议上采取了勇敢的立场，公开批评正统的斯大林时代的政治经济学，他立即受到苏联传统经济学家的抨击。但时代在变，这次他得到了同事们的支持。

新的研究机构在出版方面更加自由。康托洛维奇终于被允许重新发表他在1939年关于线性规划的论文，他关于最优规划的研究也扩展成书而出版。只有涅姆奇诺夫为他写了长篇前言，他称赞康托洛维奇早期的线性规划研究（以及里昂惕夫的投入产出理论，他将投入产出理论视为线性规划的一个有用特例），但对康托洛维奇声称已经将线性规划方法推广到经济规划提出了批评。他特别指出，"使用客观确定的估值"（例如"影子价格"）是"不一致和不正确的"，尽管他承认康托洛维奇至少与"资产阶级经济学家的概念划清了界限"（Nemchinov，1959，第vi—xvi页）。

在过去，唯一可以接受的经济观点是那些被视为符合马克思社会主义理论的观点。20世纪50年代末，涅姆奇诺夫曾试图将里昂惕夫的投入产出理论引入苏联，以改进经济规划。他认为这项研究源自苏联，尽管如此，还是遭到那些视之为资本主义工具的官员在意识形态上的抵制。康托洛维奇认为投入产出理论并不是一种实用的规划工具。尽管如此，作为俄罗斯移民的里昂惕夫的想法似乎更容易为苏联规划者接受。当苏联人看到里昂惕夫的宏观经济投入产出表之后，也逐渐认同了康托洛维奇的看法（Katsenelinboigen，1978，第142页）。里昂惕夫的《美国经济结构研究》一书早在1955年（侵权版）就已在苏联翻译和发行，但直到1959年才正式以俄文出版。

到1960年，苏联国家计划委员会再次与学术界接触，最终承认他们对经济学家和控制论能为苏联规划工作可能带来的助益感兴趣。他们在莫斯科就数学模型在经济和规划中的应用问题召开大型会议，康托洛维奇作为主要发言嘉宾应邀参会，提交了一篇论文，题为《数理方法在经济学中的应用》。会上争论激烈，但这次康托洛维奇采取了更强硬的立场，批评苏联主流经济学家不喜欢优化技术。为此，他被贴上了"资产阶级"的有毒标签并受到强硬派的攻击（Gardner，1990，第639页）。但他的新方法受到赫鲁晓夫总理的公开青睐。赫鲁晓夫认为机械化、标准化和自动化是苏联现代化的关键。第二年，苏共第二十二次代表大会明确宣布"经济调控"是党的官方路线。关注的人越来越多，不久就有40多个苏联研究机构参与相关研究。一些苏联科学家对新方法非常谨慎，但一些年轻的经济学家对这些可能性感到兴奋。

有了这种最优工具和政客的首肯，人们开始猜测国家计划委员会能否基于大型线性规划计算出一个经济计划（economic plan），而投入产出法则被用于线性规划中的部门构成。康托洛维奇是最早意识到计算机可以解出这样一个经济系统的人之一，但他明白，在20世纪60年代，没有一台计算机能够存储、处理和传输数十万影子价格所需的所有数据。因此，国家计划委员会在大规模采用这项技术方面进展缓慢。

如果说苏联人在学习美国经济思想，那么美国人则从未停止对苏联经济发展的关注。冷战期间，美国兰德公司最初以里昂惕夫的战时研究为基础，设立了许多研究苏联经济的项目。兰德公司显然翻译过康托洛维奇的书，但直到1965年才以英文公开发行（Bockman and Bernstein，2008，第586页）。直到那时人们才意识到，20世纪50年代的一些新的西方经济思想，如投入产出法、增长模型和发展经济学,已经受到苏联的重视。

在美国军方的敦促下,兰德公司又完成了一份关于控制论在苏联的发展现状以及苏联政府接受程度的报告。其中提到,莫斯科保守派经济学家和新生代的控制论学者之间存在较大的分歧。康托洛维奇是新生代的领头人,尽管他当时在党内仍然不受信任(兰德报告直到1963年才完成,关于康托洛维奇在党内不受信任的评论可能已经过时了)。

1960年,康托洛维奇一家做了一个重大决定:举家搬迁到西西伯利亚的新西伯利亚城。战时大量工厂向东部搬迁至此以躲避德军的轰炸,因而新西伯利亚也成了苏联最大的工业中心之一。随着冷战的加剧,人们认为新西伯利亚可以免于西方的情报监视。20世纪50年代,苏联政府在新西伯利亚以南30千米处建造了一个新的科研中心,即"科学城"(Akademgarodale)。康托洛维奇被任命为新西伯利亚大学数学系副主任,隶属于苏联科学院西伯利亚分院,该系由他的老同事谢尔盖·索伯列夫建立(由于非党员的原因,康托洛维奇无法出任主任)。

科学城位于西伯利亚森林中,有35个院系的2万名科学家在此工作。实验室装备精良,大部分人从事与国防有关的秘密工作。尽管在苏联人看来,西伯利亚仍是流放之地,但这里也有它吸引人的地方。如科学家可以获得额外的工资补贴,拥有舒适的公寓,食品供应充足,小孩可以入学名校,体育设施、音乐会条件和艺术场地一流。

康托洛维奇远离了政府经济政策的中心,至今也不确定他当初是自愿搬迁还是被迫的。无论新的工作条件如何优越,从西方的历史都城列宁格勒来到遥远森林中的工业城市,肯定有着巨大的文化冲击。但康托洛维奇可能认为离开冷战政治日益加剧的苏联欧洲地区，会给他提供更好的研究经济学的条件。

他的确迎来了新的机遇，在科学城，他得到了最新的计算设备和顶尖的研究生。在新的岗位上，他领导建立了新的经济学派。他从列宁格勒招募了大量的前同事，并吸引了许多有技术背景的年轻经济学家而不是年长的理论家。这个学派不拘泥于传统的马列主义，而是在"社会主义经济优化运行系统"的标签下开展新一代的数理经济学研究。这就是后来众所周知的苏维埃式的经济控制论。与社会主义政治经济学相比，它强调生产的优化技术。尽管这不是革命性的，但用数据说明问题比纯理论要好得多。它采用了先进的计算方法，旨在提高国有企业的经营和经济计划的优化。

1960 年，康托洛维奇的同行朋友库普曼斯应邀访问苏联。他和康托洛维奇在莫斯科简短会晤后乘飞机来到 3 000 千米外的新西伯利亚。在此，他参观了康托洛维奇的数学研究所，并称他们俩就数学在经济学领域的应用进行了深入交流。

此时，康托洛维奇已经在新西伯利亚建立了一个高水准的经济数学建模学派。在开展先进理论研究的同时，他和团队也就一些实用工业项目开展研究，比如拖拉机停车场的布局、轧钢厂的生产优化，国家采购部门的自动化管理系统、当地仪表和汽轮发电机厂工作流程的改进、国家采矿公司的采煤目标优化，以及当地化工联合企业生产人造纤维的线性规划方法。

康托洛维奇设计了一款电子计算器。几年后，他又设计了一台更大的设备并称之为"A. M 计算机"。在《通用数字计算机和微型计算机组成的计算系统》中，他称这一设备为一种专门的微型计算机处理器。这种嵌入在硬件中的多级管道直接访问内存，这是他之前在程序架构中设想的。他获得了多项设计要素专利，后来在苏联和外国的计算机中广泛应用。他位于新西伯利亚的实验室制造了 A.M 计算机的样机，但从未投入商业生产。

赫鲁晓夫的去斯大林化仍在继续，学术氛围明显改善。1964 年，尽管康托洛维奇不是党员，但他还是入选了苏联科学院，他独特的经济贡献最终得到了正式认可。苏联的正式院士很少，他们拥有相当于苏联将军的高等级别，此外还享有许多特权。

康托洛维奇还得到了其他荣誉。1965 年，在许多有影响力的学者游说下，康托洛维奇凭借以前被压制的出版物《最优利用资源的经济计算》获得苏联最高学术奖列宁奖。苏联政府对经济学和规划已从反对转为热捧。这最终促成了 20 世纪 60 年代柯西金改革，把部分市场化引入苏联，将销售和盈利能力作为企业成功的两个市场指标。康托洛维奇的数学模型方法符合战后苏联新一代领导人的需要，他们希望提高资源配置效率，以满足消费经济的需求，事实证明，所有这些都比战时生产复杂得多。最终，马克思列宁主义意识形态及其劳动价值论的束缚将被充分放松，以适应这些变化。

几年后，康托洛维奇的列宁奖被提升为列宁勋章，这是苏联的最高荣誉。在后来的岁月里，他抱怨说，他宁愿获得社会主义劳动英雄勋章。从实用角度来说，在这个反应迟钝的经济体系里，由于商店和餐馆的工作人员对这个常见的奖项更为熟悉，它能确保获得预定以及更好的服务。风雨过后见彩虹。经历了战争的艰辛和作为多年局外人的冷落，康托洛维奇成为苏联大家庭受人尊敬的成员，终于过上了舒适的生活。

康托洛维奇也开始获得一些国际认可。起初，他被授予多项东欧院校的经济学方面的荣誉称号和荣誉博士称号，后来也获得了西方院校的认可。他开始收到出国邀请，但是冷战时期的猜疑一直持续，他起初无法接受这些邀请。1965 年，库普曼斯邀请康托洛维奇访问美国，但没有成功。此后他再次访问苏联，在康托洛维奇家中进行了私人会见，这在当时是非同寻常的亲密邀请。几年后，康托洛维奇组织了一次关于国民经济模型的大型研讨会，获得了向西方经济学家发出一些邀请的许可，以便库普曼斯能够再次来访。

20 世纪 70 年代初，苏联官方发出进一步认可康托洛维奇的信号，他被邀请搬回西部，这次是去苏联政府的心脏莫斯科。在那里，他被任命为商学院数理经济教研室主任，又被调到全联盟系统研究所（All-Union Institute of Systems）。1971 年，国民经济管理学院在莫斯科成立，以发展数理经济研究，鼓励发展计算机和经济规划。在那里，康托洛维奇继续致力于改进计算设备和编程自动化。国民经济管理学院在阿列克谢·柯西金总理的倡议下成立，旨在培训现代管理、经济规划和计算机使用方面的官员，这表明苏联对西方管理科学的兴趣日益浓厚。中情局的康托洛维奇档案显示，柯西金总理和苏共中央书记处书记基里连科都出席了该学院的开幕仪式，这是一项不同寻常的荣誉，象征着官方的鼓励。苏联政府终于认识到康托洛维奇对经济学的贡献，并希望他更接近决策层。他被公认为苏联经济最优规划新思想学派的创始人。他进行了大量的经济研究，但也被指责利用数学来回避反复出现的思想批评（Gardner，1990，第 642 页）。随着时间的推移，他收到了许多其他邀请，包括被要求担任苏联部长理事会价格委员会的成员。这有些讽刺意味,因为他早期在价格方面的研究非常先进,但在意识形态上很不合时宜。

1975年,喜报频传,诺贝尔经济学奖获奖者名单公布,最不寻常的是苏联人获得了其中两项。和平奖争议性地颁发给了核科学家、和平倡导者安德烈·萨哈罗夫,康托洛维奇曾参与过他在军事方面的工作。另一个奖项颁给了康托洛维奇,他与荷兰裔美国同行佳林·库普曼斯一起被授予诺贝尔经济学奖,以表彰他"对资源优化配置理论的贡献"。据说,诺贝尔奖委员会两年前曾决定授予他这个奖项,但康托洛维奇没有信心接受,并要求将奖项延迟(Bockman and Burnstein,2008,第608页)。康托洛维奇跻身苏联诺贝尔奖获得者的极小精英群体,其中包括鲍里斯·帕斯捷尔纳克和亚历山大·索尔仁尼琴等知名人士。他是苏联唯一一位获此殊荣的经济学家(虽然有一位移民美国的诺贝尔经济学奖得主瓦西里·里昂惕夫)。

康托洛维奇获准前往瑞典接受古斯塔夫国王的颁奖,这是苏联政府对他进一步认可的标志。虽然他当时已64岁,但这次旅行是他第一次走出国门。颁奖典礼引起了人们的广泛关注,部分原因是围绕苏联原子能专家安德烈·萨哈罗夫的争议。由于萨哈罗夫的和平主义立场,他被禁止出国。在斯德哥尔摩的颁奖台上,康托洛维奇接受了瑞典国王颁发的经济学奖,发表了获奖感言。他自豪地指出,十月革命造就了苏联独特的国情:历史上第一次,所有生产资料都归人民所有,因此,中央政府有机会也有必要对经济实行集中管理。这意味着苏联经济学家面临着与西方经济学家截然不同的挑战,他们把经济理论从研究市场转向以静态或动态的方式、以可察和不可察的手段来系统地控制价格、租金和利息。其结果是，苏联经济学家开发了多产品线性优化模型作为他们的主要方法。里昂惕夫和冯·诺依曼也继而独立地分别走上了这条道路。

在斯德哥尔摩，几位美国的诺贝尔经济学奖得主举行了非正式招待会，康托洛维奇和彼得格勒神童瓦西里·里昂惕夫终于得以相见。他参加了在瑞典举办的一个研讨会，作为研讨成果，他和库普曼斯共同出版了《优化方法在工业中的应用问题》一书。

康托洛维奇随后前往美国，出席当年1月在大西洋城举行的美国经济学会年会。这是一个大型专业年会，有超过1 000名经济学家参加，提交的几百篇论文涵盖了经济学的诸多领域。可想而知，美国学院派经济学家沉醉于其中的广泛议题、开放的态度和激烈批评一定给他留下了深刻印象，更不用说大西洋城的度假村和赌场了。大会中有一场专门介绍当年诺贝尔奖得主的分会议，康托洛维奇的前同事斯坦尼斯拉夫·门希科夫将他介绍给观众，其中包括佳林·库普曼斯和劳伦斯·克莱因。还有一场分会议专门讨论了投入产出分析和里昂惕夫悖论，但不清楚里昂惕夫本人是否参加了这次会议。离开美国后，康托洛维奇前往印度，之后赴维也纳参观了新成立的国际系统分析研究所，该研究所的目的是建立跨越冷战鸿沟的科学桥梁。在那里，他与线性规划的另两位先驱库普曼斯和丹齐格一起参加了一个会议。

后来，他获准访问其他国外机构。在接下来的10年里，他获得了许多国际荣誉，西方终于认可了他巨大的开创性成就。他有机会去旅行，看到了其他经济制度，这些给他留下了深刻印象，但没有改变他对社会主义制度有良好潜力的基本经济思想。

康托洛维奇毕生坚定地支持社会主义制度，即使在晚年也没有表现出任何动摇。在 1979 年的一次采访中，他说，与斯大林时期相比，现在有一种理解，即影子价格应该被用来反映稀缺性：批评家必须记住，苏联的制度仍然相对较新，并且还在不断演变。随着数学和计算技术的进步，物质平衡的早期原则现在可以体现在模型中，这些模型将提供影子价格，可能比西方不完美的"自由"市场更有效率（Pizano，2009，loc. 1749）。

在他的职业生涯中，康托洛维奇发表了 300 多篇论文和著作。他把这些成果视作主要是关于最优规划和价格研究方面的数学问题，并侧重于计划经济中的经济问题。1979 年，当被问及他认为最有影响力的经济理论是什么时，他回答说，"我认为凯恩斯及其学派的著作、里昂惕夫和冯·诺依曼的著作，以及苏联经济学家在最优规划理论及其实施方面的著作，都是最重要的贡献"（Pizano，2009，loc. 1971）。

在 20 世纪 80 年代退休后，他在莫斯科过着舒适安静的生活。他坚持自己对共产主义制度可行性的看法。他比冷战时期的苏联领导人活得更久，看到了苏共新任总书记米哈伊尔·戈尔巴乔夫的公开性（glasnost）改革以及与美国总统里根的首次和平峰会。

和冯·诺依曼一样，康托洛维奇在巅峰时期发现自己患了癌症。尽管没有证据表明辐射导致了他的病情，但他也和冯·诺依曼一样一直在从事原子实验。虽然获得了良好的医疗服务，但他已病入膏肓，无法治愈。列昂尼德·康托洛维奇 1986 年 4 月在莫斯科逝世。他也为战时生活付出了代价——他只活了 74 岁。

一位爱戴他的前学生当时身居要位，利用与克里姆林宫的关系，安排苏共的官方机关《真理报》发表讣告。这一最高级别的宣布使这个家庭有可能在莫斯科市中心著名的诺沃-德维希公墓获得一块特别的墓地。康托洛维奇的妻子、两个孩子和孙子们参加了他的盛大葬礼（两个孩子和儿媳四人都追随他的脚步，成为数理经济学家）。

讣告由苏联共产党总书记戈尔巴乔夫和其他人共同签署。戈尔巴乔夫可能对苏联经济体制的最终崩溃，负有最大的责任。

和平时期的里昂惕夫

如果康托洛维奇在1973年时接受了诺贝尔奖，他就会在斯德哥尔摩的颁奖典礼上与瓦西里·里昂惕夫站在一起。里昂惕夫当年被授予诺贝尔经济学奖，以表彰他"发展投入产出理论并应用于重要的经济问题"。为了向同年出生的彼得格勒的另一个男孩康托洛维奇表达敬意，诺贝尔委员会认可了他们工作中的关联性。

此时，里昂惕夫仍然对苏联经济非常感兴趣。他的档案文件里有苏联好几年来的基本投入产出表。与康托洛维奇的坎坷相反，里昂惕夫在美国过着轻松的学术生活。然而，他也遇到了敌对的学术氛围和冷战造成的紧张气氛，以及麦卡锡时代的各种限制。

在苏联，投入产出法被批判为资本主义。在美国，对它的批判却截然相反，它被视为专为计划经济设计的工具，不适合以市场为基础的资本主义，根本上是"非美国式的"。美国政府迫于政治压力终止了建立美国经济模型的劳工统计局的投入产出研究资金，后来又终止了美国空军的投入产出研究经费，后者正在战术层面对经济脆弱性建模。美国私营公司在意识形态方面则没有这么保守。此时，里昂惕夫非常需要对产业技术变革的影响建模。他为许多大公司工作，同时又受聘于几家大型咨询公司。

1950年，参议员约瑟夫·麦卡锡发表了声名狼藉的演讲，声称共产党人及其同情者正在危害美国制度。华盛顿的猜疑和偏执气氛越来越浓。里昂惕夫曾试图获取一些政府统计信息用于建模研究，但他被告知，这些机密信息只能提供给拥有高级别安全许可的人。他争辩说，他在战时已经拥有了高级别的安全许可，但后来才发现，他在战略情报局的安全许可已被撤销，理由是据称他同情共产主义阵线组织（他曾经属于俄罗斯战争研究组织，一个由移民参与的机构）。此外，他对美国政府说错了他的出生地（这可能是真的，事实上他并不知道自己出生在德国）。实际上，真正的原因可能是里昂惕夫的俄国名字、他的出身以及他对军备竞赛日益公开的批评。这是一个充满了谣言和指责的困难时期。他的妻子艾丝特拉声称，约瑟夫·熊彼特的妻子向当局报告，他们以斯大林女儿斯维特拉娜的名字为女儿命名（尽管如此，熊彼特夫妇和他们仍然保持了朋友关系）。中情局有康托洛维奇的档案，现在看来美国联邦调查局也有里昂惕夫和他妻子的档案。

里昂惕夫向来都不向当局屈服。尽管他也可以通过其他途径获取数据，但他没有另辟蹊径，而是用他的决心、自由权利和金钱进行抗争。他聘请了一名顶级律师，经受了漫长而昂贵的司法程序。他从同事那里收集了有关自己诚信的证言，并在纽约东部工业人事安全委员会的听证会上与当局对质。委员会注意到他的俄国血统和口音，起初没有同情心：他的名字似乎出现在战时俄国经济期刊发表的一些文章上，委员会成员指责他是苏联的同情者。里昂惕夫乐此不疲地证明，作者其实是另一个同名的苏联经济学家。里昂惕夫是一个社会主义者，但像许多苏联移民一样，绝不是共产主义者。早在 1937 年，他的观点就在他的论文《马克思对现代经济理论的意义》中公开。1954 年，美国政府最终恢复了他的安全许可。

从二战的轰炸经验中可以清楚地看到，投入产出分析提供了一种识别和找出现代经济体中脆弱部门的方法，这对国防十分重要。1947 年，里昂惕夫想更新美国经济的投入产出表，但劳工研究局面临资金削减。里昂惕夫的兴趣在于为美国的经济复苏政策提供信息。最终，这项研究被纳入一个资金充足的空军冷战项目，名为"SCOOP"（最优计划的科学计算）。这时，美国关注冷战动员的瓶颈。这项研究最终提供了一份巨大的美国经济投入产出表，拥有 25 万个单元，涉及 450 个工业部门和 50 个其他部门的细节和大量的新增数据（在里昂惕夫 1951 年出版的版本中限制为 42 个）。

在战争快结束时，美军航空情报部（US Armys Air Intelligence Division）战略弱点处（Strategic Vulneralility Branch）成立，负责汇集有关欧洲和日本轰炸目标的材料。这本"轰炸百科全书"汇编了军事设施、重要工业工厂、服务设施和基础设施的信息，包括生产、雇员和投入数据（按照战时投入产出指南编制，并使用缓冲、深度和可替代性等轰炸概念）。最初，该数据库覆盖了战时轴心国的力量，但随着冷战紧张局势的加剧，"轰炸百科全书"被扩展，将苏联作为潜在目标涵盖在内。

依据博弈论，战略弱点处知道如果将苏联列为潜在目标，苏联很可能也在做同样的事情。因此，下一个显而易见的步骤是在数据库中加入可能成为苏联袭击潜在目标的美国国内设施。这个数据库变得十分庞大（到20世纪50年代有70 000份详细清单），主要问题不仅仅是收集数据，而是处理数据。1952年，由ENIAC开发的Univac计算机问世：第一台是为美国人口普查局生产的，第二台提供给五角大楼，供美国空军用于编制"轰炸百科全书"。在20世纪50年代，美国国防动员办公室利用投入产出法建立了更复杂的模型，以预测核攻击对美国的影响。自那时以来，美国军方大量使用投入产出模型来模拟补给线、敌方目标和脆弱区域。

虽然军方在投入产出模型方面继续追求自己的技术兴趣，但里昂惕夫对其民用应用更感兴趣，并展示了它如何与经济增长模型相联系，以及国际贸易可能对它产生的影响。他发现，美国是世界上资本最充裕的国家，但出口的商品却是劳动密集型而非资本密集型，这被称为"里昂惕夫悖论"。1944—1946年，里昂惕夫用投入产出法撰写了三篇突破性的论文，以预测最终需求变化对个别部门的产出、就业、工资和价格的影响。投入产出分析将在20世纪40年代和20世纪50年代发展一般均衡理论方面发挥重要作用，最终里昂惕夫将进一步建立开放经济的投入产出模型，到20世纪70年代中期，他为联合国建立了一个简化的世界经济模型，含15个地区和45个部门。

1948年，里昂惕夫创立了哈佛大学的经济学研究项目，该项目建立了区域投入产出表和资本系数矩阵，以评估需求变化对投资的影响，并描绘增长路径。最初，该项目只有里昂惕夫、一名助理和一把计算尺（slide rule）。不久，该研究项目就成了一个落户在哈佛大学坎布里奇公园附近的一栋杂乱无序的木屋里的大型项目。经过几年的工作，里昂惕夫不情愿地承认，投入产出分析已经变得如此数据密集，以至于汇编投入产出表已成了官方统计机构的工作，而不是学者的工作。

在20世纪50年代，美国经济学家曾质疑康托洛维奇是否真的开创了线性规划。现在，里昂惕夫听到其他苏联经济学家称，投入产出分析实际上也是苏联的发明。鉴于帕维尔·波波夫等苏联规划者及其同事的早期工作，这种说法并非毫无根据。早期的苏联人没有发明投入产出公式，尽管他们确实发明了跨产业部门流动的行列表示法，而波波夫似乎是最早想到将国家核算表与数学模型相结合的人（Akhabbar，2006，第16页）。

战后，里昂惕夫在奥地利等欧洲地区参加了一系列年度夏季研讨会，让欧洲经济学家有机会与美国同行进行交流，这些研讨会按照战前冯·诺依曼参加的维也纳座谈会的思路设计。1959年，在开放时期，里昂惕夫有机会对莫斯科和他的故乡列宁格勒进行了一次为期三周的访问。10年前，普林斯顿大学的冯·诺依曼和列宁格勒大学的康托洛维奇各自站在美苏大裂隙的对面。里昂惕夫意图弥合这一分歧，致力于在哈佛大学和列宁格勒大学的学者之间建立联系。

在这次访问中，许多年轻的苏联经济学家和数学家给他留下了深刻印象，其中一些人也在研究投入产出法。许多学者是康托洛维奇和涅姆奇诺夫的博士后。里昂惕夫参观了康托洛维奇所在的列宁格勒大学，并在那里拜访了康托洛维奇。他说，即将调到新西伯利亚的康托洛维奇被认为是新贵，甚至能够在公开场合批评马克思列宁主义时代的"空话"。在《哈佛深红报》上，里昂惕夫说，他看到包括他的理论在内的一些西方经济理论被部分采用，他认为这可能会给苏联人民带来实质性的经济进步。

毫无疑问，他们进行了一次有趣的谈话。对康托洛维奇来说，苏联的去斯大林化意味着他一直研究的资源配置体系不需要再盲目地基于马克思列宁主义的劳动价值论，尽管他的诺贝尔奖演讲表明，他对马克思主义理论从来没有动摇过。康托洛维奇在马克思列宁主义的劳动价值论中开创了线性生产模型。相比之下，里昂惕夫开创了基于西方劳动力市场的线性生产模型：他关于工资合同的开创性论文提出了所谓的"财产价值理论"。里昂惕夫关于劳动力市场的委托代理理论的研究，将引发其他经济学家的大量研究。通过关注治理不完善的黏性市场，他正在探索资本主义市场与共产主义制度之间的微观经济差异。

黏性劳动力市场也是凯恩斯《通论》的基础，解释了为什么宏观经济市场不能自我平衡。凯恩斯早已去世，但凯恩斯主义非常活跃，其影响力越来越大。到20世纪50年代，随着西方国家从战争年代的抑制消费和高负债中复苏，大多数西方政府都在考虑采用积极的财政政策和货币政策来稳定经济。与凯恩斯主义稳定需求形成鲜明对比的是，冯·诺依曼、康托洛维奇和里昂惕夫都专注于寻求有助于经济更好地增长的供给侧方法。

到20世纪50年代，其他国家的经济学家热衷于将投入产出法应用于发展规划。里昂惕夫在日本和德国都拥有一批年轻的经济学家拥趸。具有讽刺意味的是，这一方法在美国被贴上了过于社会主义的标签；而在苏联，康托洛维奇则因为技术系数的缺陷而放弃了将投入产出法用于规划目的，宁愿使用在新西伯利亚所做的动态线性规划（Pizano，2009，loc. 1817）。

其间，里昂惕夫又去了几次列宁格勒和莫斯科。他总是寻找机会帮助年轻的苏联经济学家。他受聘于几个苏联经济学学术机构。1991年,他在圣彼得堡帮助成立了里昂惕夫中心,以支持苏联的经济转轨改革。他的档案里满是与苏联学者的通信,以及关于苏联经济会议和研究的建议。几年来,他与康托洛维奇保持着通信联系,主要是关于康托洛维奇研究成果在西方的出版事宜。他还为纪念康托洛维奇的同事瓦西里·涅姆奇诺夫撰写了一篇论文。

随着他的名声越来越大,里昂惕夫收到了诸多出访和咨询的邀请。1969年,他获准访问古巴(当时美国严禁公民前往古巴,他称此行受到政府的严重阻挠)。1972年他去了中国(尼克松总统同年访华),感受到了和1928年的截然不同。对于这两次出访,他都撰写了论文,批评了计划经济的低效率。

在20世纪60年代,美国的国防开支大幅上升,按实际价值计算几乎是战后支出的两倍。里昂惕夫已经成为评估军费预算如何影响经济的独立权威。和冯·诺依曼不同,他反对扩军并建议所有强国都应减少军费开支。同高桥是清一样,他认为财政控制是促进和平的重要手段。随着其研究工作的开展,里昂惕夫反对扩军的态度更加坚定(冯·诺依曼则坚定地走向反面),他成为一名坚定的和平主义者并加入了几个和平组织。这对于他的投入产出研究在战时大轰炸中的应用也无疑具有讽刺意味。

里昂惕夫晚年的兴趣更为广泛,对传统的经济学课题做出了贡献,比如需求理论、国际贸易、计量经济学、技术变革和动态经济。他终身从事社会主义经济与经济规划方面的研究,深入探讨了大多数研究人员尚未发现的新领域,如人口经济学、环境经济学和裁军学。

里昂惕夫的投入产出法让他以独特的视角透视经济中的军事

支出模式。他曾参与美国空军和兰德公司的研究，记录冷战军备竞赛的影响，估算美国和国际军事开支的成本、投资影响和间接影响。这些发现使他越来越质疑冯·诺依曼的"确保相互摧毁"理论。人们对核裁军的可能性越来越感兴趣，里昂惕夫对核裁军的安全和经济可能性产生了浓厚的兴趣。20世纪60年代初，他参加了很多次帕格沃什会议（在冯·诺依曼的同事爱因斯坦和凯恩斯的同事伯特兰·罗素的影响下在加拿大成立），发表了关于裁军经济学的论文。随后举行了许多其他裁军会议，里昂惕夫成为联合国裁军社会和经济后果小组的成员。1965年，他在《经济与统计评论》上发表了一篇文章题为《武器削减对经济的影响》，以学术形式表达了他的观点。

当时，他还帮助建立了一个东西方研究所，专门研究军备影响，他认为该研究所和国际原子能机构是对应的。这最终发展成为维也纳国际应用系统分析研究所，康托洛维奇后来得以到此访问和工作。它的研究成果促成了历史性的战略武器限制会谈（SALT）以及随后在20世纪70年代达成的核协议。

里昂惕夫一生都致力于以真实数据为基础的经济学研究。1970年在美国经济学会的会长演讲中，他抨击了那些置可观察到的实证可检验性于不顾而构建的经济模型。里昂惕夫还是一个精力充沛的作家和不知疲倦的技术倡导者（虽然他从来没有学会打字）。80岁时，多数人早已退休，他还发表了一篇非常现代的论文，题目为《自动化对工人未来的影响》。

在同事们的记忆中，他是一个非常健谈的人。然而他经常与同事和权威发生各种各样的争执，他又是一个"尴尬的小组成员"。1975年，在与哈佛大学同事争论之后，他义无反顾地带着一批最好的学生不辞而别，离开40年的雇主，加入了纽约大学。他以此来抗议哈佛大学拒绝给马克思主义经济学家终身教职，以及拒绝接受学生对课程安排的投诉。对他而言，这仍然是麦卡锡主义和冷战留下的阴影。他自己承认，他在同事中没有多少亲密的朋友，他妻子则加入了一个更加社会主义化的艺术团体。然而，在同事们的印象中他温文尔雅、诙谐机智、谈吐不凡。

里昂惕夫的投入产出成果指导了战时的军事政策，但他在最后几年致力于和平与裁军。1983年，他与同事费伊·杜钦（Faye Duchin）出版了一本重要的新书《军费开支：事实和数字、世界影响和未来展望》。这本书利用投入产出法分析了不同军事开支率对世界主要国家经济表现可能产生的影响。结果表明，延续当时的军事生产和采购水平可能会阻碍大多数发展中国家的发展。他的结论是，削减军费开支将极大地改善世界上最贫穷地区和东方阵营的生活状况，而美国的生活也会得到改善。军事开支对所有人都有害，但对美国人的伤害要小于对其他人的伤害。

10年后，冷战结束，美国在核攻击系统上的花费超过苏联，这证明了里昂惕夫预测的准确性。93岁的瓦西里·里昂惕夫于1999年在纽约去世。终其漫长而不断奋斗的一生，他看到了他关于财政约束的警告成真，见到了苏联解体和俄罗斯的重建，也听到了美国总统承认冷战结束。

第10章 附录 战时经济学

战争对主要战时经济体的影响

记录了第二次世界大战的大部分军事和政治历史都对经济学不以为然,人们相信战争的胜利仅仅依靠军备和战略战术。然而,如果没有经济管理,长期的军事行动是不可能实现的。将军们也需要经济学家和财政部长。

在1935—1945年这10年间①,世界大战造成了经济方面的各种巨大难题。从许多方面看,它代表了世界历史上最大的累积经济冲击。有大量关于战时主要国家经济的文献,尽管形式不同,但所有这些经济体都遭到严重破坏。它们面临许多不同的经济问题,并尝试了许多不同的经济政策。我们能否概括第二次世界大战对主要参与国经济的影响?以下摘要反映了哈里森等人对主要参战国经济的研究成果(Harrison,1998)。

战争对参战国的总体经济影响最初取决于战前几年的准备程度、国家的产业结构、闲置产能的多少,以及将生产从民用转向军

---

① 1935年法西斯德国公开宣布重整军备。第二次世界大战的序幕是1931年日本制造的"九一八"事变。——编者注

用的配置和控制机制。独裁者有直接控制的优势和个体决策不力的劣势。中央计划经济具有控制资源的优势和配置效率低下的劣势。

在所有国家，投资，特别是公共投资大幅增加，尤其是占公共资金比例较高的军备支出。纯粹用于民用目的的投资显著下降。产能利用率明显提高，新的批量生产技术投入使用，生产了大量标准化的军事装备。劳动力投入受到扩军需求的限制，涉及强迫劳动的地方存在严重的质量问题。总的来说，和平时期的正常生产受到严重干扰，计划存在相当大的不确定性。国际贸易成本上升且不安全，贸易量下降，且侧重于提供粮食和战争物资。

由于战前国际资本市场冻结，战备的资金只能主要来自国内。为此，国内税收增加，公共债券发行扩大。国民财富和资产贬值。

所有国家的家庭消费因受到限制而减少。民用产品的质量下降，消费者选择范围大大减少，大多数国家实行配给制。私人消费的减少是战争期间生活水平下降的主要原因。相当数量的私人资产被国有化或没收。

主要参战国的经济分配都受到很大影响。被占领区，饱受蹂躏的人们失去了土地、住房和其他资产。在所有国家中，纳税人和流动人口遭受的苦难最为严重。一些实业家和熟练的劳工团体在战争期间获得发展。战后的安排可能具有极大的破坏性，包括持续配给、黑市、专制政府、领土丧失，有时还有革命。除了少数例外，国家债务在战时显著增加，在战后逐渐减少（Slater，2018）。引申来看，只有有能力举债才能发动重大战争，但还款的重担却留给子孙后代。从更广泛的社会经济意义上讲，凯恩斯提出的融资政策表明，这种负担也可以在资本和劳动力、年轻人和老年人、城市和农村地区之间转移。

多数国家的战时产业公有制大幅增加，公共部门规模扩大，资源配置体系更加指令化，产业政策更加激进，监管力度加大，政府收入提高，公共赤字增加，公共债务不断积累。经济学家的作用从传统的注重增长和稳定转变为建设有针对性的工业能力，优先考虑军事生产，限制民用和家庭生产。这就需要用到配置机制、价格稳定和收入政策。这也意味着政府账户资金管理的创新，以及寻找可靠的方法将资金负担推给后代。

战后，经济发展重新回到以民用为重点的方向，但不可能回到战前那样了。

附表1　战时经济负担

章节	人口（百万）	GDP（10亿美元）	GDP（10亿美元）	武装力量（10^3）	军火生产（10亿美元）	军费开支（占GDP百分比）
	(1938)	(1938)	(1944)	(1944)	(1944)	(1944)
1 日本	72	320	360	5 380	6	76
2 中国	412	610	n. a.	4 300	n. a.	n. a.
3 德国	69	667	830	9 420	17	70（1943）
4 英国	48	540	657	5 090	11	56
5 苏联	167	684	688	12 225	16	69
6/7 美国	131	1 520	2 848	11 410	42	47

注：GDP数据以美元计价，并根据2018年价格进行调整。中国的数据仅包括国统区，不包括共产党控制区和伪满洲国。请注意，中国的数据不确切。

资料来源：Harrison（1988，1998）。

战时经济政策概述

附表2简要概述了本书关注的六个国家中七位经济学家面临的问题。

附表2 六个国家的七位经济学家面临的问题

经济问题	参战国的经济情况
资源可得性：	
• 国内经济资源的可得性	美国资源丰富；日本原材料严重依靠进口
• 经济管理沿革	日本传统上不重视宏观经济管理
• 工业基础	德国、英国和美国拥有很强的工业能力
经济治理：	
• 独裁/民主	苏联和德国是政治军事独裁，日本的经济学家作用有限
• 领导人直接干预程度	希特勒、斯大林、蒋介石和东条英机的财政需求影响了经济管理
• 经济学家在政府中的地位	英国和美国都在政府中设立了重要的经济部门
• 经济学家群体	美英政府积极听取学术界和民间经济学家的意见
• 腐败 vs 规划	中国国民政府非常腐败；德国、苏联都是一党制
军事开支的管控：	
• 预算	英国、美国按照法律进行预算管理；日本将其抛之脑后；中国的预算是杂乱无章的
• 独裁政策	中国国民政府对老百姓任意收税；德国挪用个人存款；苏联是集体所有制
• 军事征用	日本、中国、德国和其他国家根据需要随时征用物资
战争准备：	
• 战前重整军备	德国在战前秘密重整军备多年；苏联有军事基础
• 战前经济准备	苏联已经实行中央集权的计划经济；日本入侵中国东北
财政支出来源：	
• 战时税收	中国国民政府随意对商业和农民征税；英国实行"凯恩斯计划"将税务负担后延
• 内债	多国发行战争债券，中国和其他一些国家强制购买债券

(续表)

经济问题	参战国的经济情况
• 外债	日本在一战中借过外债，多数独裁国家在战时无法借到外债
• 来自海外侨胞的资金	大量捐款来自海外华人
• 来自殖民地的资金	英联邦国家对英国做出贡献；日本掠夺其殖民地；德国曾试图采取同样的方法但不成功
• 盟国的支援	美国根据《租借法案》向英国和苏联提供了大量援助，并向中国提供定向军事援助
宏观经济管理：	
• 需求总量管理	英国（"凯恩斯计划"）抑制消费；美国通过实行"新政"刺激消费
• 货币管理	德国管制货币和通货膨胀；中国国民政府货币管理彻底失败
资源配置方法：	
• 市场配置/计划分配	美国主要由市场配置；苏联主要由中央政府计划配置和控制
• 配给制	包括美国在内的所有国家都实行了不同形式的价格和数量管控
• 配给方式	英国和德国采用代金券和特别援助
国际经济环境：	
• 开放程度	德国有自由贸易的传统；苏联是封闭经济体
• 资本管制	绝大部分国家严格控制资本外流
• 汇率管理	多国货币竞相贬值；美元、英镑和金本位脱钩
• 贸易限制	多国严格管控贸易，主要通过外汇配置来管理
• 双边易货贸易	德国、中国、日本之间存在易货贸易，即以商品交换武器
• 禁运	日本、德国通过第三方突破了禁运束缚
资源管理：	
• 国内资源的获取	绝大多数国家通过有偿或无偿的方式获取

（续表）

经济问题	参战国的经济情况
• 基于市场的资源配置	美国仍基本上维持市场配置；英国市场分布广泛
• 掠夺和征用	德国掠夺苏联；日本掠夺中国；苏联在战后掠夺
生产管理：	
• 生产计划方式	苏联集中控制；美国主要是以市场为主；其他国家采用混合方法
• 军工生产管理	所有国家的军工生产都受到严格控制
• 国企和民营生产	苏联全是国企；美国绝大部分是私企；德国两者均有；日本是对国家有影响力的财阀
• 生产外包	英国利用美国工厂生产武器；德国利用欧洲占领区生产武器
• 运输方式	岛国主要以海运为主，如日本和英国；中国和欧洲大陆以铁路为主
劳动力管理：	
• 劳动力	所有国家实行工资管制；绝大部分国家实行劳动指令（labor direction）
• 征兵	所有国家征召男性入伍；有些也征用男性劳动力投入民用目的
• 强征，苦役	在日本、德国和苏联较为常见
• 妇女的作用	绝大部分国家的妇女不断加入劳动大军，但德国和日本妇女参与率较低
解除供给障碍：	
• 打破禁运	德国、日本通过和第三国的易货贸易来获取关键资源
• 打破封锁	英国、苏联通过护航舰队来保证供应线的畅通
• 打破围困	苏联将消费限制在接近饥饿的水平
战时物资损失的应对：	
• 重建基础设施	德国迅速重铺铁轨；中国的重建速度较慢
• 提供避难所	英国、德国和苏联为受到轰炸而失去房屋的平民提供紧急避难所；很多中国人无家可归
• 保护关键生产设施	德国将工厂隐藏；苏联将工厂东迁至德国轰炸机作战范围之外；美国几乎没有受到损失；中国满目疮痍

（续表）

经济问题	参战国的经济情况
对敌方的经济打击：	
• 破坏关键工厂	英国、美国轰炸了德国主要工厂；美国基本摧毁了日本的生产能力
• 攻击经济命脉	美国和苏联攻击德国铁路枢纽和桥梁；美国切断了日本的供应线
• 制造假币	德国和苏联都曾试图向敌方输送大量假币破坏敌国经济
停战期策略：	
• 复员	战胜国减缓部队复员；保证冷战需要；减缓援助，如美国的退伍军人援助
• 解除武装	德国和日本被迅速解除武装，审判战犯并修改宪法；中国陷入内战
• 延迟消费	战后在日本、德国、英国继续实行配给制
战后策略：	
• 重建和战损	德国、日本和苏联西部都迅速重建；中国依然混乱
• 战争债务的偿还	美国"马歇尔计划"、《租借法案》以及共产国际的类似方案
• 威慑和博弈论	美苏两国互相威慑
• 相互摧毁	冷战的终极战略

参考文献

Ah Xiang. *Chiang Kai-Shek's Money Trail*. http://www.republicanchina.org/MoneyTrail.
Ahamed, Liaquat. 2009. *Lords of Finance: The Bankers Who Broke the World*. Penguin Books.
Akhabbar, Amanar. 2006. *Social Technology and Political Economy: The Debate on the Soviet Origins of Input-Output Analysis*. History of Economics Research Group. Nanterre University. https://economix.fr/uploads/source/doc/journees/hpe/2006-12-21_Akhabbar.pdf.
Akhabbar, A., G. Antille, E. Fontela, and A. Pulido. 2011. 'Input-Output in Europe: Trends in Research and Applications'. *Oeconomia*. 1 (1), 73–98.
Aroche, Fidel. 2015. *Wassily Leontief, the Input-Output Model, the Soviet National Economic Balance and the General Equilibrium Theory*. Mimeo. http://www.unizar.es%3Earchivos.
Barnett, Vincent. 2005. *A History of Russian Economic Thought*. Routledge.
Baumol, William J. and Thijs ten Raa. 2009. 'Wassily Leontief: In Appreciation'. *European Journal of Economic Thought*, 16 (3), 511–22.
Beaud, Michel and Gilles Dostaler. 1997. *Economic Thought since Keynes: A History and Dictionary of Major Economists*. Routledge.
Bientinesi, Fabrizio and Rosario Patalano (eds), 2017. *Economists and War: A Heterodox Perspective*. Routledge.
Bjerkholt, Olav. 2016. *Wassily Leontief and the Discovery of the Input-Output Approach*. Memo 18/2016. Department of Economics, University of Oslo. sv.uio.no.
Blusiewicz, Thomasz. 2016. *Economics of Foreign Aggression in Nazi Germany, 1936–1939*. Mimeo.
Bochner, S. 1958. *John Von Neumann 1903–1957: A Biographical Memoir*. National Academy of Sciences.
Bockman, Johanna and Michael A. Bernstein. 2008. 'Scientific Community in a Divided World, Economists, Planning and Research Priority during the Cold War'. *Comparative Studies in Society and History*. 50 (3), 581–613.
Bossone, Biagio and Stefano Labini. 2016. *Macroeconomics in Germany: The Forgotten Lesson of Hjalmar Schacht*. Vox CEPR.
Braun, R. Anton and Alan R. Grattan. 1993. 'The Macroeconomics of War and Peace'. *NBER Macroeconomics Annual*. Volume 8.
Brivers, Ivars. 2009. 'Economic Calculation in Non-Monetary Terms – the Forgotten Ideas of Kantorovich and Siroyezhin'. *Bulletin of Political Economy*. 3 (1), 37–49.
Burdekin, Richard C.K. 2008. *China's Monetary Challenges: Past Experiences and Future Prospects*. Cambridge University Press.
Cabral, Maria Joao. 2003. 'John Von Neumann's Contribution to Economic Science'. *International Social Science Review*. 78 (3–4), 1–9.

Cairncross, Alec. 1995. 'Economists in Wartime'. *Contemporary European History*. 4 (1), 19–36.

Cha, Myung Soo. 2000. *Did Takahashi Korekiyo Rescue Japan from the Great Depression?* Discussion Paper A-395. Department of Economics, Yeungnam University.

Chalou, George C. 2001. *The Secrets War: The Office of Strategic Services and World War II*. National Archives and Records Administration.

Chen Hongmin. 2001. 'Chiang Kai-Shek and Hitler: An Exchange of Correspondence'. *Annali di Ca' Foscari*. 40 (3). 281–92.

Chiang Kai-shek. 1967. 'Biographical Sketch of Dr Kung Hsiang-hsi'. *Taiwan Today*. 10.9.67.

Coble, Parks. 2003. *Chinese Capitalists in Japan's New Order: The Occupied Lower Yangzi, 1937–1945*. University of California Press.

Coble, Parks M. 1975. *The Shanghai Capitalists and the Nationalist Government, 1927–1937*. Harvard University Asia Centre.

Cockshott, Paul. 2007. *Mises, Kantorovich and Economic Computation*. MPRA. https://mpra.ub.uni-muenchen.de/6063/1/MPRA_paper_6063.pdf.

Collier, Stephen J. and Andrew Lakoff. 2016. *The Bombing Encyclopaedia of the World*. http://www.limn.it.

Connor, Andrew and Naureen Haque. 2010. *The Defense of Hjalmar Schacht*. Mimeo. studylib.net.

Copeland, Arthur H. 1945. 'Review of the Theory of Games and Economic Behaviour'. *Bulletin of the American Mathematical Society*. 51 (7), 498–504.

Davidson, Paul. 2007. *John Maynard Keynes: Great Thinkers in Economics*. Palgrave Macmillan.

Davies, R. W., Harrison, M., Khlevniuk, O., and Wheatcroft, S. G. 2018. *The Soviet Economy: The Late 1930s in Historical Perspective*. https://ssrn.com/abstract=3166964.

Dean Best, Gary. 1974. *Financial Diplomacy: The Takahashi Korekiyo Missions of 1904–1905*. http://www.asj.upd.edu.ph.

DeBresson, Christien. 2004. 'Some Highlights in the Life of Wassily Leontief – an Interview with Estelle and Wassily Leontief'. Chapter 9 in *Wassily Leontief and Input-Output Economics*. E. Dietzenbacher and M. Lahr (eds). Cambridge University Press.

Dietzenbacher, Erik and Michael L. Lahr (eds). 2004. *Wassily Leontief and Input-Output Economics*. Cambridge University Press.

Dore, Mohammed, Sukhamoy Chakravarty, and Richard Goodwin. 1989. *John Von Neumann and Modern Economics*. Clarendon Press.

Dorfman, Robert. 1995. 'In Appreciation of Wassily Leontief'. *Structural Change in Economic Dynamics*. 6, 305–8.

Duppe, Till. 2013. 'Koopmans in the Soviet Union: A Travel Report of the Summer of 1965'. *Journal of the History of Economic Thought*. 38 (1), 81–104.

Engerman, David C. 2011. *Know Your Enemy: The Rise and Fall of America's Soviet Experts*. Oxford University Press.

February 26 Incident. http://en.wikipedia.org/wiki.

Field, Alexander J. 2014. 'Schelling, Von Neumann, and the Event That Didn't Occur'. *Games*. 5, 53–89.

Fenby, Jonathan. 2009. *Chiang Kai-Shek: China's Generalissimo and the Nation He Lost*. Hachette.

Foley, Duncan K. 1998. 'An Interview with Wassily Leontief'. *Macroeconomic Dynamics*. 2, 116–40.

Fonseca, Goncalo L. (no date) 'John Maynard Keynes, 1883–1946'. *History of Economic Thought*. http://www.hetwebsite.net/het.

Fremdling, Rainer and Reiner Staglin. 2014. 'An Input-Output Table for Germany in 1936'. *Economic History Yearbook*. 55 (2), 187–96.

Gardner, Roy. 1990. 'L.V. Kantorovich: The Price Implications of Optimal Planning'. *Journal of Economic Literature*. 28 (June), 638–48.

Gerovitch, Slava. 2001. 'Mathematical Machines of the Cold War: Soviet Computing, American Cybernetics and Ideological Disputes in the Early 1950s'. *Social Studies of Science*. 31 (2), 253–87.

Gregory, Paul and Mark Harrison. 2005. 'Allocation under Dictatorship: Research in Stalin's Archives'. *Journal of Economic Literature*. 43 (September), 721–61.

Guglielmo, Mark. 2008. 'The Contribution of Economists to Military Intelligence During World War II'. *The Journal of Economic History*. 68(1), 109–50.

Hadley, Eleanor M. 1989. 'The Diffusion of Keynesian Ideas in Japan'. Chapter 11 in *The Political Power of Economic Ideas: Keynesianism Across Nations*. Peter A. Hall (ed.). Princeton University Press. 291–310.

Hagemann, Harald. 2010. *Wassily Leontief and His German Period*. Mimeo. leontief-centre.ru.

Hagemann, Harald. 2014. *The German Edition of Keynes's General Theory: Controversies on the Preface*. Universitat Hohenheim. Mimeo. http://www.uni-hohenheim.de.

Hamilton, John Maxwell. 2003. *Edgar Snow: A Biography*. Louisiana State University Press.

Harrison, Mark (ed.). 1998. *The Economics of World War II: Six Great Powers in International Comparison*. Cambridge University Press.

Harrison, Mark. 1988. 'Resource Mobilisation for World War II: The USA, UK, USSR and Germany 1938–1945'. *Economic History Review*. 41 (2), 171–92.

Harrison, Mark. 1993. 'The Soviet Economy and Relations with the United States and Britain, 1941–1945'. Chapter 4 in *The Rise and Fall of the Grand Alliance, 1941–45*. Ann Lane and Howard Temperley (eds). Palgrave Macmillan. 69–89.

Harrod, Roy F. 1951. *The Life of John Maynard Keynes*. Macmillan.

Hays Parks, W. 1995. 'Precision and Area Bombing: Who Did Which When?' *Journal of Strategic Studies*. 18 (1), 145–74.

Heims, Stephen J. 1982. *John Von Neumann and Norbert Weiner: From Mathematics to the Technologies of Life and Death*. MIT Press.

Hjalmar Schacht. https://en.m.wikipedia.org.

Holler, Manfred J. 2016. 'What John von Neumann Did to Economics'. In G. Faccarello and Heinz Kurz (eds). *Handbook on the History of Economic Analysis*. Edward Elgar Publishing. Volume 1, 581–6.

Hoover Institution Archives Staff. *Inventory of the HH Kung Papers 1917 to 1949*. http://www.oac.cdlib.org.

Howlett, W. P. 1992. *New Light Through Old Windows: A New Perspective on the British Economy in the Second World War*. Working paper 2/92. London School of Economics.

Ikeo, Aiko. 2014. *Tameyuki Amano and the Teachings of Sontoku Ninomiya: The Japanese Foundation of Modern Economics*. International Economic Association, 17th World Congress.

International Military Tribunal, Nuremberg. 1946. *Verdict Hjalmar Schacht*. https://crimeofaggression.info.

Jacobson, Carl. 2011. 'Strengthening China through Education and the Oberlin Spirit'. *Biographies: H.H. Kung*. http://www.oberlin.edu/library.

Johnson, Zdenka. 2017. 'Financing the German Economy during the Second World War'. *West Bohemian Historical Review*. 7 (1), 115–43.

John von Neumann. https://en.m.wikipedia.org.

Josephson, Paul R. 1997. *New Atlantis Revisited: Akademgorodok, the Siberian City of Science*. Princeton University Press.

Kaliadina, Svetlana A. 2006. 'W.W. Leontief and the Repressions of the 1920s: An Interview'. *Economic Systems Research*. 18 (4), 347–55.

Kaliadina, Svetlana A. and Natalia Pavlova. 2006. 'The Family of W.W. Leontief in Russia'. *Economic Systems Research*. 18 (4), 335–45.

Kantorovich, L. V. 1960. 'Mathematical Methods of Organising and Planning Production'. *Management Science*. 6 (4), 366–422.

Kantorovich, L. V. 1965. *The Best Use of Economic Resources*. Pergamon Press.

Kantorovich, L. V. 1968. 'Trends of Development in Automatic Programming Based on Large-Block Systems'. *Steklov Mathematical Institute*. 96, 1–6.

Kantorovich, Leonid Vitaliyevich. 1975. 'Mathematics in Economics: Achievements, Difficulties, Perspectives'. *Sveriges Riksbank Prize in Economic Sciences in Memory of Alfred Nobel*. https://www.nobelprize.org.

Katsenelinboigen, Aron. 1978. 'L.V. Kantorovich: The Political Dilemma in Scientific Creativity'. *Journal of Post-Keynesian Economics*. 1 (2), 129–47.

Katsenelinboigen, Aron. 1979. *Soviet Economic Thought and Political Power in the USSR*. Pergamon Press.

Katsenelinboigen, Aron. 1986. 'Mathematical Economics in the Soviet Union: A Reflection on the 25th Anniversary of L. V. Kantorovich's Book, the Best Use of Economic Resources'. *Acta Slavica Iaponica*. 4, 88–103.

Kemeny, John G., Oskar Morgenstern, and Gerald L. Thompson. 1956. 'A Generalisation of the von Neumann Model of an Expanding Economy'. *Econometrica*. 24 (2), 115–35.

Keynes, J. M. 1920. *The Economic Consequences of the Peace*. Harcourt, Brace and Howe.

Keynes, J. M. 1925. *The Economic Consequences of Mr Churchill*. L. and V. Woolf.

Keynes, J. M. 1928. 'The Financial Reconstruction of Germany: The Men Who Engineered It'. *Sydney Morning Herald*. 13.

Keynes, J. M. 1937. 'The General Theory of Employment'. *The Quarterly Journal of Economics*. 51 (2), 209–23.

Kindleberger, C. P. 1999. 'Some Economic Lessons from World War II'. Chapter 14 in *Essays in History: Financial, Economic, Personal*. University of Michigan Press.

Kirshner, Jonathan. 2007. *Appeasing Bankers: Financial Caution on the Road to War*. Princeton University Press.

Klein, Burton. 1948. 'Germany's Preparation for War: A Re-Examination'. *American Economic Review*. 38 (1), 56–77.

Klein, Daniel B. and Ryan Daza. 2013. 'Wassily Leontief: Ideological Profiles of the Economics Laureates'. *Economic Journal Watch*. 10 (3), 417–28.

Klein, Daniel B., Ryan Daza, and Hannah Mead. 2013. 'Leonard Vitaliyevich Kantorovich: Ideological Profiles of the Economics Laureates'. *Economic Journal Watch*. 10 (3), 385–8.

Kohli, Martin C. 2001. 'Leontief and the US Bureau of Labor Statistics, 1941–54: Developing a Framework for Measurement'. *History of Political Economy*. 33 (Supplement), 190–212.

Kuhn, H. W. and A. W. Tucker. 1958. 'John von Neumann's Work in the Theory of Games and Mathematical Economics'. *Bulletin of the American Mathematical Society*. 3 (2), 100–22.

Kuhn, Harold W. 2004. 'Introduction' in *Theory of Games and Economic Behaviour*. John von Neumann and Oskar Morgenstern. Rev. edn. Princeton University Press.

Kung, H. H. https://en.m.wikipedia.org.

Kung, H. H. 1939. *China's Wartime Progress*. China Information Committee, Chungking.

Kung, H. H. 1945 'China's Financial Problems'. *Foreign Affairs*. 23 (2), 222–32.

Kurz, Heinz D. and Neri Salvadori. 1993. 'Von Neumann's Growth Model and the "Classical" Tradition'. *The European Journal of the History of Economic Thought*. 1 (1), 129–59.

Kutateladze, S. S. 2007. 'Kantorovich's Phenomenon'. *Siberian Mathematical Journal*. 48 (1), 1–2.

Kutateladze, S. S. 2007. 'The World Line of Kantorovich'. *International Society for Mathematical Sciences*. January, 1–9.

Kutateladze, S. S. 2011 *Mathematics and Economics of Kantorovich*. http://www.math.nsc.ru.

Kutateladze, S. S. 2012. 'Mathematics and Economics of Leonid Kantorovich'. *Siberian Mathematical Journal*. 53 (1), 2012–14.

Kutateladze, S. S. et al. 2002. 'Leonid Kantorovich 1912–1986'. *Siberian Mathematical Journal*. 43 (1), 3–8.

Kutateladze, S. S. 2008. *Sobolev of the Euler School*. http://www.researchgate.net.

Lange, Oskar. 1979. 'The Computer and the Market'. *Comparative Economic Systems: Models and Cases*. Morris Bornstein, ed. 126–9, Homewood.

Lee, Changmin. 2013. *The Role of the Private Sector in Japan's Recovery from the Great Depression*. Discussion Paper 2013-11. Department of Social Engineering, Tokyo Institute of Technology.

Leeds, Adam E. 2016. 'Dreams in Cybernetic Fugue: Cold War Techno-Science, the Intelligentsia, and the Birth of Soviet Mathematical Economics'. *Historical Studies in the Natural Sciences*, 46 (5).

Leonard, Robert. 2008. *New Light on von Neumann: Politics, Psychology and the Creation of Game Theory*. CESMEP working papers 200707, University of Turin.

Leonid Vitalyevich Kantorovich. https://en.m.wikipedia.org.

Leontief, Wassily. 1925. 'The National Economy Balance of the USSR'. *Planowoye Hoziaystvo (The Planned Economy)*. No. 12.

Leontief, Wassily. 1936. 'The Fundamental Assumptions of Mr Keynes' Monetary Theory of Unemployment'. *Quarterly Journal of Economics*, 51 (1), 192–7.

Leontief, Wassily. 1941. *The Structure of the American Economy 1919–29: An Empirical Application of Equilibrium Analysis*. Harvard University Press.

Leontief, Wassily. 1946. 'The Pure Theory of the Guaranteed Annual Wage Contract'. *Journal of Political Economy*, 54 (1), 76–9.

Leontief, Wassily. 1960. 'The Decline and Rise of Soviet Economic Science'. Republished in *Essays in Economics*. M. E. Sharpe, 223–36.

Leontief, Wassily. 1970. Theoretical Assumptions and Non-Observed Facts. *American Economic Review*. 61 (1), 1–7.

Light, Alison. 2008. 'Lady Talky: Review of Bloomsbury Ballerina by Judith Mackrell'. *London Review of Books*. December, 19.

Linz, Susan J. 1984. *World War II and Soviet Economic Growth 1940–1953*. BEBR working paper 1038. University of Illinois.

Littleboy, Bruce. 1996. 'The Wider Significance of "How to Pay for the War"'. *History of Economics Review*, 25, 88–95.

Luke, Rolf E. 1985. 'The Schacht and the Keynes Plans'. *Banca Nazionale Del Lavoro Quarterly Review*, 152, 65–76.

Macrae, Norman. 1992. *John von Neumann: The Scientific Genius Who Pioneered the Modern Computer, Game Theory, Nuclear Deterrence, and Much More*. American Mathematical Society.

Malinovsky, B. N. 2010. *Pioneers of Soviet Computing*, edited by Anne Fitzpatrick. http://www.sigcis.org.

Meek, Ronald L. 1953. 'Stalin as an Economist'. *The Review of Economic Studies*. 21 (3), 232–9.

Miner, Luella and Fei, Ch'i-hao. 1903. *Two Heroes of Cathay, an Autobiography and a Sketch*. Fleming H. Revell Company.

Moggridge, Donald E. 1992. *Maynard Keynes: An Economist's Biography*. Routledge.

Nanto, Dick K. and Shinji Takagi. 1985. 'Korekiyo Takahashi and Japan's Recovery from the Great Depression'. *American Economic Review* 75 (2), 369–74.

Nathan, Otto. 1944. *Nazi War Finance and Banking*. National Bureau of Economic Research.

Nemchinov, V. S. 1959. 'Editorial Preface'. *The Best Use of Economic Resources*. L. V. Kantorovich. 1965 translated edition, vii–xvi. Pergamon Press.

Nitusov, Alexander. 1997. *Leonid Vitalyevich Kantorovich: Mathematician, Economist and Cyberneticist Academician of the USSR Academy of Sciences Nobel Prize Winner in 1975*. Russian Virtual Computer Museum. http://www.computer-museum. ru>english.

Nove, Alec. 1991. *The Economics of Feasible Socialism*. Harper Collins.

O'Connor, J. J. and E. F. Robertson. 2014. *Leonid Vitalyevich Kantorovich*. School of Mathematics and Statistics, University of St Andrews. https://www-history.mcs. st-andrews.ac.uk/Biographies/Kantorovich.html.

O'Neil, William D. 2003. *Interwar US and Japanese National Product and Defence Expenditure*. CNA Corporation.

Ohno, Kenichi. 2006. *The Economic Development of Japan*. National Graduate for Policy Studies, Tokyo.

Peterson, Edward Norman. 1954. *Hjalmar Schacht, For and Against Hitler: A Political—Economic Study of Germany, 1923-1945*. Christopher Publishing House.

Pilkington, Philip. 2013. *Hjalmar Schacht, MEFO Bills and the Restoration of the German Economy 1933-1939*. http://www.nakedcapitalism.com.

Pizano, Diego. 2009. *Conversations with Great Economists: Hayek, Hicks, Kaldor, Kantorovich, Robinson, Samuelson, Tinbergen*. Jorge Pinto Books.

Pollock, Ethan. 2001. *Conversations with Stalin on Questions of Political Economy*. Working paper 33. Woodrow Wilson International Centre for Scholars.

Poundstone, William. 1992. *Prisoner's Dilemma: John Von Neumann, Game Theory, and the Puzzle of the Bomb*. Anchor Books.

Ramsden, Dave. 2015. *The First 50 Years of the Government Economic Service*. Mimeo. King's College London.

Romanovskii, I. V. 2006. 'A Modern View of LV Kantorovich's Work in Software'. *Journal of Mathematical Science*. 133 (4), 1398–401.

Rosenhead, Jonathan. 2003. 'IFORS Operational Research Hall of Fame: Leonid Vitaliyevich Kantorovich'. *International Transactions in Operations Research*. 10, 665–7.

Ruggles, Richard and Henry Brodie. 1947. 'An Empirical Approach to Economic Intelligence and World War II'. *Journal of the American Statistical Association*. 42 (237), 72–91.

Samuelson, Lennart. 2000. *Plans for Stalin's War Machine: Tukhachevskii and Military—Economic Planning, 1925-41*. Macmillan.

Samuelson, Paul A. 1989. 'A Revisionist View of Von Neumann's Growth Model'. In *John von Neumann and Modern Economics*. M. Dore et al. (eds). 100–22. Clarendon Press.

Samuelson, Paul A. 2004. 'The Portrait of the Master as a Young Man'. Chapter 1 in *Wassily Leontief and Input-Output Economics*. E. Dietzenbacher and Michael L. Lahr (eds). Cambridge University Press.

Schacht, Hjalmar. 1922. 'Discount Policy of the Reichsbank'. In *Reconstruction in Europe*. J. M. Keynes (ed). Manchester Guardian Commercial Supplement Number 11. December 7.

Schacht, Hjalmar. 1931. *The End of Reparations: The Economic Consequences of the World War*. J. Cape.

Schacht, Hjalmar. 1956. *Confessions of the Old Wizard: The Autobiography*. Houghton Mifflin.

Schacht, Hjalmar. 1967. *The Magic of Money*. Oldbourne.

Schenk, Catherine R. 2015. 'China and the International Monetary Fund 1945-85'. Chapter 13 in *History of the IMF: Organisation, Policy and Market*. K.Yago, Y. Asai, and M.Itoh (eds). 275–310. Springer.

Schuker, Stephen A. 2014. 'J.M. Keynes and the Personal Politics of Reparations', *Diplomacy and Statecraft*. 25 (3), 453–71.

Seagrave, Sterling. 1985. *The Soong Dynasty*. Harper.

Seneta, Eugene. 2004. 'Mathematics, Religion and Marxism in the Soviet Union in the 1930s'. *Historia Mathematica*. 31 (3), 337–67.

Shabad, Timoddre. 1975. 'Leonid V. Kantorovich'. *The New York Times.* October 15.

Shibamoto, Masahiko and Masato Shizume. 2011. *How Did Takahashi Korekiyo Rescue Japan from the Great Depression?* http://eh.net%3EShibamotoShizume.

Shizume, Masato. 2009. *The Japanese Economy during the Interwar Period: Instability in the Financial System and the Impact of the World Depression.* Institute for Monetary and Economic Studies, Bank of Japan.

Shoah Resource Centre. 2000. *The Historian Albert Fischer on the Minister of Economics and the Expulsion of the Jews from German Economy.* The International School for Holocaust Studies.

Skidelsky, Robert. 1983. *John Maynard Keynes: Hopes Betrayed 1883-1920.* Macmillan.

Skidelsky, Robert. 1992. *John Maynard Keynes: The Economist as Saviour 1920-1937.* Macmillan.

Skidelsky, Robert. 2000. *John Maynard Keynes: Fighting For Britain 1937-1946.* Macmillan.

Slater, Martin. 2018. *The National Debt: A Short History.* C. Hurst and Co.

Smethurst, Richard J. 2007. *From Foot Soldier to Finance Minister: Takahashi Korekiyo, Japan's Keynes.* Harvard University Press.

Smethurst, Richard J. 2017. 'Japan's Keynes. Takahashi Korekiyo'. Chapter 14 in *The Diffusion of Western Economic Ideas in East Asia.* Malcolm Warner (ed.). Economic Books. 266-84.

Smethurst, Richard J. and Masataka Matsuura. 2000. *Politics and the Economy in Pre-war Japan.* Discussion paper JS/00/381, the Suntory Centre, London School of Economics.

Spahn, Peter. 2013. *On Keynes's 'How to Pay for the War'.* University of Hohenheim. https://wipol.uni-hohenheim.de.

Steil, Ben. 2013. *The Battle of Bretton Woods: John Maynard Keynes, Harry Dexter White, and the Making of a New World Order.* Princeton University Press.

Sutela Pekka and Vladimir Mau. 1998. 'Economics under Socialism: The Russian Case'. *Economic Thought in Communist and Post-Communist Europe.* Hans-Jurgen Wagener (ed). Routledge. Chapter 2, 33-79.

Szasz, Domokos. 2011. 'John Von Neumann, the Mathematician'. *The Mathematical Intelligencer.* http://www.math.bme.hu.

Takahashi Korekiyo. https://en.m.wikipedia.org.

Tassava, Christopher J. 2008. 'The American Economy during World War II'. *EH.Net Encyclopedia.* Robert Whaples. http://www.eh.net/encyclopedia.

Tcheremnykh, I. N. (no date) 'Input-Output Models'. Volume 2 of *Systems Analysis and Modelling of Integrated World Systems.* http://www.eolss.net.

Temin, Peter. 1990. *Soviet and Nazi Economic Planning in the 1930s.* Economics working paper 554. Massachusetts Institute of Technology.

Tooze, Adam. 2007. *The Wages of Destruction: The Making and Breaking of the Nazi Economy.* Penguin.

U.S. Government. 1946. Summary Report. *United States Strategic Bombing Survey (Pacific War).* Government Printing Office.

Vane, Howard R. and Chris Mulhearn. 2009. *Wassily W. Leontief, Leonard V. Kantorovich, Tjalling C. Koopmans and J. Richard N. Stone: Pioneering Papers of the Nobel Memorial Laureates in Economics.* Edward Elgar Publishing.

Vershik, A. M. 2001. *L. V. Kantorovich and Linear Programming.* Steklov Institute of Mathematics. http://www.pdmi.ras.ru.

Von Neumann, John. 1945a. 'A Model of General Economic Equilibrium'. *The Review of Economic Studies.* 13 (1), 1–9.

Von Neumann, John. 1945b. First Draft of a Report on the EDVAC. US Army Ordinance Department/Moore School of Electrical Engineering.

Von Neumann, John and Oskar Morgenstern. 1944. *Theory of Games and Economic Behaviour.* Princeton University Press.

Wakatabe, Masazumi. 2014. Keynesianism *in Japan.* https://jshet.net.

Ware, Willis H. and Wade B. Holland. 1963. *Soviet Cybernetics Technology: I. Soviet Cybernetics, 1959-1962.* Rand Corporation. Memorandum RM–3675–PR.

Warner, Malcolm. 2014. *On Keynes and China: Keynesianism 'With Chinese Characteristics'.* Judge Business School, Working paper 2/2014.

Weitz, John. 1997. *Hitler's Banker: Hjalmar Horace Greeley Schacht.* Little, Brown and Co.

White, Theodore and Annalee Jacoby. 1947. *Thunder Out Of China.* Victor Gollancz.

Whitman, Marina von Neumann. 2012. *The Martian's Daughter: A Memoir.* University of Michigan Press.

Wilson, Thomas and Bryan Hopkin. 2000. 'Alexander Kirkland Cairncross, 1911–1998'. *Proceedings of the British Academy.* 105, 339–61.

比较译丛

《战争中的经济学家》
《增长的烦恼：鲍莫尔病及其应对》
《事业还是家庭？女性追求平等的百年旅程》
《韧性社会》
《人类之旅》
《绿色经济学》
《皮凯蒂之后》
《创造性破坏的力量》
《人口大逆转》
《不公正的胜利》
《历史动力学》
《价格的发现》
《信念共同体》
《叙事经济学》
《人类网络》
《贸易的冲突》
《全球不平等》
《断裂的阶梯》
《无霸主的世界经济》
《贸易的真相》
《国家、经济与大分流》
《希特勒的影子帝国》

《暴力的阴影》
《美国增长的起落》
《欧元的思想之争》
《欧洲何以征服世界》
《经济学规则》
《政策制定的艺术》
《不平等,我们能做什么》
《一种经济学,多种药方》
《历史上的企业家精神》
《人为制造的脆弱性》
《繁荣的真谛》
《债居时代》
《落后之源》
《21世纪资本论》
《债务和魔鬼》
《身份经济学》
《全球贸易和国家利益冲突》
《动物精神》
《思考,快与慢》
《强权与富足》
《探索经济繁荣》
《西方现代社会的经济变迁》
《萧条经济学的回归》
《白人的负担》
《大裂变》
《最底层的10亿人》
《绑在一起》
《下一轮伟大的全球化》

《市场演进的故事》
《在增长的迷雾中求索》
《美国 90 年代的经济政策》
《掠夺之手》
《从资本家手中拯救资本主义》
《资本主义的增长奇迹》
《现代自由贸易》
《转轨中的福利、选择和一致性》